# DE LA
# SAISINE HÉRÉDITAIRE

DANS LES

## TRANSMISSIONS DE BIENS PAR DÉCÈS

*Par P.-L. Delalande*

« Si tost come oirs est nés, nous créons que li droit
» du père et de lé mère li soit descendus tempo-
» relment, et par le baptesme li héritages de
» paradis espirituelment. »

(Beaumanoir, Ch. xx, § 8.)

Εγωγ' οὖν, νομοθέτης ὤν, οὔθ' ὑμᾶς, ὑμῶν αὐτῶν εἶναι
τίθημι, οὔτε τὴν οὐσίαν ταύτην, ξύμπαντος δὲ τοῦ
γένους ὑμῶν.

(Moi, votre législateur, je ne considère ni vous,
ni vos biens comme étant à vous-mêmes, mais
comme appartenant à toute votre famille.)

(Platon, *Utopie législative.*)

## BORDEAUX
IMPRIMERIE GÉNÉRALE D'ÉMILE CRUGY
16, rue et hôtel Saint-Siméon, 16
1874

DE LA

# SAISINE HÉRÉDITAIRE

## EN DROIT FRANÇAIS

DES

# DIFFÉRENTES CLASSES D'HÉRITIERS

## EN DROIT ROMAIN

# THÈSE POUR LE DOCTORAT

soutenue le 12 Août 1874

PAR

## Pierre-Louis DELALANDE

AVOCAT

⟶ ⟶ ❖ ⟵ ⟵

BORDEAUX

IMPRIMERIE GÉNÉRALE D'ÉMILE CRUGY

16. Rue et hôtel Saint-Siméon, 16

1874

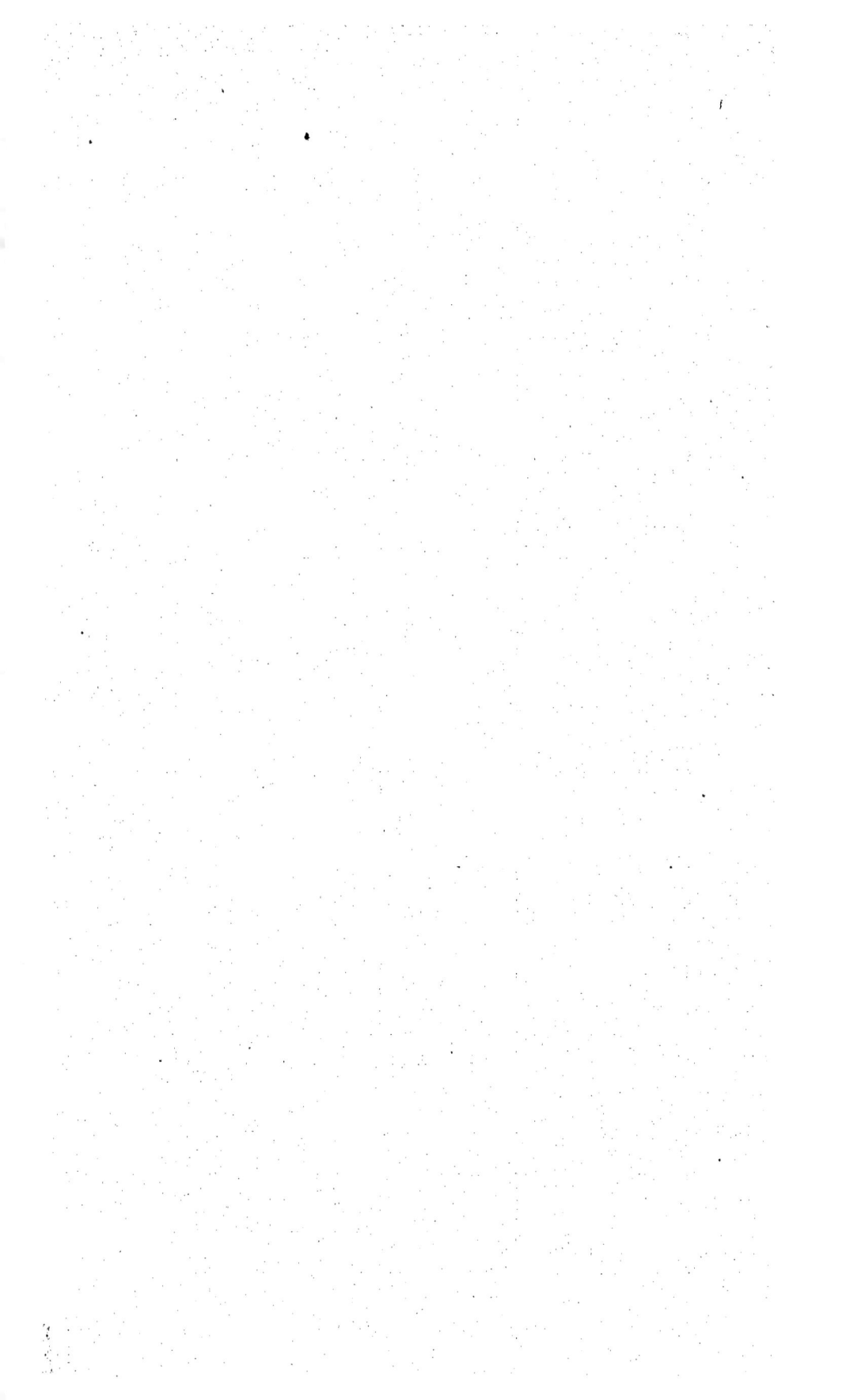

# FACULTÉ DE DROIT DE BORDEAUX

## COMMISSION DE LA THÈSE

A MON GRAND-PÈRE

A MON PÈRE — A MA MÈRE

« Si tost come oirs est nés, nous créons que li droit
» du père et de le mère li soit descendus temporel-
» relment, et par le baptesme li héritages de
» paradis espirituelment. »

(Beaumanoir, Ch. xx, § 8.)

Εγωγ' οὖν, νομοθέτης ὤν, οὔθ' ὑμᾶς, ὑμῶν αὐτῶν εἶναι
τίθημι, οὔτε τὴν οὐσίαν ταύτην, ξύμπαντος δὲ τοῦ
γένους ὑμῶν.

(Moi, votre législateur, je ne considère ni vous,
ni vos biens comme étant à vous-mêmes, mais
comme appartenant à toute votre famille.)

(Platon, *Utopie législative.*)

# DROIT ROMAIN

## DES DIFFÉRENTES CLASSES D'HÉRITIERS

Le Droit Romain n'a point créé la saisine héréditaire ; ce n'est pas dans cette législation, si féconde en définitions exactes, développée par des jurisconsultes d'une logique si rigoureuse, que nous devons rechercher les origines de cette institution, particulière à notre Droit national. Tout lui est étranger, l'idée comme le nom. La saisine, en effet, dans sa terminologie, en même temps que dans son sens juridique, caractérise la continuation immédiate par les héritiers de la possession de leur auteur, acquise de plein droit sans aucun acte d'appréhension de leur part. Jamais à Rome, à aucune époque, on n'admit un pareil principe : il eût été en désaccord avec les idées universellement reçues en matière de possession. Il eût répugné au génie d'une nation qui avait édicté sur l'acquisition de la possession cette règle générale : « Et adipiscimur possessionem cor- » pore et animo, neque per se animo aut per se corpore ». (Dig., l. 3, § 1, *De adq. vel omitt. poss.*)

Aussi, si l'on s'étonnait de voir figurer le Droit Romain au début de ce travail, commencerai-je par dire que, loin de chercher à y rattacher la saisine, je me propose unique-

1

ment de signaler la différence qui sépare les deux législations, et de rendre plus frappants par le contraste même
les traits caractéristiques du Droit Français. .

En second lieu, on a coutume de comprendre dans la saisine non-seulement la transmission de la possession, mais
encore celle de la propriété et de tous les biens héréditaires. Or, si quelques règles du Droit Romain coïncident avec
les effets de la saisine, ce n'est là qu'une rencontre fortuite
et trop rare pour qu'on puisse en induire que l'un a donné
naissance à l'autre. Mais en revanche, sous le rapport de la
transmission de la propriété, la législation romaine offre
avec la nôtre des analogies qu'il sera utile de faire ressortir.

D'ailleurs, elle a joué un trop grand rôle pendant le
moyen-âge, son influence sur le Droit Français a été trop
prolongée et trop réelle pour n'avoir pas laissé des traces
encore vivantes dans les institutions que nous ont léguées
les jurisconsultes de notre ancienne jurisprudence.

Avant d'entrer dans les détails de la matière, je vais rappeler en quelques lignes ce qu'était l'hérédité à Rome, et
quelles étaient les différentes classes d'héritiers.

Au point de vue des biens qui la composent, la succession est essentiellement un droit universel : « Nihil est aliud
» hereditas quam successio in universum jus quod defunctus
» habuit ». (Dig., I. 24, *De verb. signif.*) Mais, de plus, être
héritier, ce n'est pas seulement recueillir un ensemble de
biens, de droits et d'obligations, c'est revêtir la personnalité
même du défunt.

Il résulte de ces principes trois conséquences :

1° La vocation héréditaire, soit de l'héritier testamentaire, soit de l'héritier *ab intestat*, embrasse la totalité du
patrimoine : « Qui totam hereditatem adire potest, is pro-
» parte scindendo eam adire non potest ». (Paul, Dig., l. 1,
*De acqui. vel omitt. hered.*) Il ne peut y avoir deux ordres
de successeurs dans une même hérédité ; le testateur doit em-

brasser lui-même dans ses dispositions toutes les parties de
sa succession, sous peine de voir l'interprétation légale
suppléer à ses oublis ou à sa répartition incomplète.

2° La présence de l'héritier testamentaire exclut toute
idée d'une hérédité *ab intestat ;* le concours d'héritiers de
ces deux ordres était impossible. Mais l'héritier testamentaire jouissait, contrairement aux usages français, de la plus
grande faveur chez les Romains.

Les deux législations partaient de principes complètement opposés. A Rome, le père de famille était tout puissant ; c'était sa volonté qui faisait l'institution d'héritier :
« Uti legassit suæ rei, ita jus esto ». Dans nos Coutumes,
au contraire, on ne reconnaissait qu'à Dieu le droit de faire
un héritier.

Ce n'est plus la loi qui, s'inspirant des devoirs de famille,
de l'affection mutuelle qui règne entre le père et les fils,
l'emporte sur la volonté de l'homme ; c'est l'homme
lui-même, le *pater familias*, investi d'une puissance terri-
ble, chef suprême et redouté d'une sorte de clan militaire,
qui décide en pleine souveraineté du sort réservé à son patrimoine. — Son pouvoir est absolu et illimité.

Et c'est la conséquence nécessaire de l'organisation de
la famille romaine, où tout venait aboutir à la personne
du chef : ses enfants et ses esclaves acquéraient pour
lui ; il avait droit de vie et de mort sur les uns comme
sur les autres. Le lien qui unit au chef les enfants placés sous sa puissance, il peut le briser en les émancipant ;
cette famille qu'il a ainsi détruite, il peut la refaire par
l'adoption.

Certainement il y avait bien une succession *ab intestat ;*
les enfants du *de cujus* pouvaient arriver à sa succession,
mais cette éventualité était subordonnée à la volonté même
du père de famille, qui pouvait anéantir la succession *ab
intestat* par l'exhérédation. Ces principes, d'une rigueur
si absolue, cédèrent peu à peu à l'équité prétorienne ; mais les

institutions ne disparurent pas en entier, elles avaient trop de force. Et, contrairement à ce qui se passait chez nous, l'institution testamentaire joua toujours à Rome le plus grand rôle.

Ainsi donc, chez les Romains, c'est la volonté humaine, personnifiée dans le chef, qui domine, qui crée la famille unie sous un pouvoir despotique, qui fonde un système successoral à son usage.

Dans les Coutumes, au contraire, c'est dans le devoir, l'affection, que la famille a sa base; la succession testamentaire est bannie; c'est Dieu lui-même qui a donné à l'héritier, en le plaçant dans la famille, des droits que la volonté de l'homme ne lui saurait enlever.

A Rome, la succession *ab intestat* n'était ouverte que dans le cas où il était absolument sûr qu'il n'y avait pas institution d'héritier : « Earum que rerum naturaliter inter » se pugna est testatus et intestatus ». (L. 7, *De reg. jur.*, Dig.) Du reste, l'héritier légitime comme l'héritier testamentaire avaient mêmes droits, et étaient tenus l'un comme l'autre au paiement *ultra vires* des dettes de leur auteur, en même temps qu'ils étaient soumis aux mêmes règles pour l'acquisition de la succession.

3° Le testateur ne peut pas se donner un héritier pour un temps déterminé, tandis qu'il laisserait pour un autre temps s'ouvrir la succession *ab intestat*. Les institutions d'héritiers *ex tempore* ou *ad certum tempus*, n'auraient aucun sens aux yeux de la loi. On traitait les institués comme des héritiers purs et simples (Dig., 1. 88, *De hered. inst.;* Inst., tit. xiv, § 9, *De hered. inst.*) : « Non potest efficere, ut » qui semel heres extitit desinat heres esse ».

Il y avait donc à Rome deux classes d'héritiers : les héritiers légitimes et les héritiers testamentaires. Ceux-ci venaient toujours en première ligne; et le Romain était si jaloux de régler sa succession, de donner lui-même un continuateur à sa personne, qu'il laissait rarement ce soin à la la loi, et considérait même comme un déshonneur de mourir sans avoir pris ses dispositions dernières.

Le système des successions *ab intestat*, établi par la loi des Douze Tables, avait son fondement dans l'organisation de la famille romaine, et la subdivision des héritiers légitimes en héritiers siens et nécessaires et héritiers nécessaires avait la même origine, ou plutôt n'en était qu'une conséquence naturelle. Si bien que, pour se faire une idée de l'ensemble du système successoral tel que les Romains le comprenaient, il faut adopter une division plus générale, qui s'applique aux uns et aux autres, et classer les héritiers en héritiers siens et nécessaires, nécessaires, et externes ou volontaires.

Les premiers étaient les enfants qui se trouvaient *in patrià potestate*, au moment du décès du père de famille, soit par leur naissance, soit par adoption. Nous nous plaçons surtout à l'époque classique, parce que Justinien avait modifié les règles de l'adoption. Ils puisaient leur qualité dans une sorte de copropriété qui leur était reconnue du vivant même de leur père, sur les biens de ce dernier, et se poursuivait, se transformait à son décès en leurs personnes. Ils acquéraient l'hérédité de plein droit, à leur insu, sans que la loi leur permît d'y renoncer.

On entend par héritier nécessaire, l'esclave institué par son maître ; lui aussi acquérait malgré lui la succession, et ce qui le différenciait des héritiers siens et nécessaires, c'est qu'il n'était pas copropriétaire comme eux : la volonté du maître lui imposait une charge souvent lourde, à laquelle son état de dépendance lui défendait de se soustraire.

Enfin, l'héritier externe ou volontaire était absolument libre. Tant qu'il ne l'avait pas acceptée, c'était un véritable étranger pour la succession, et il pouvait prendre le parti qu'il jugerait avantageux à ses intérêts, choisir entre la répudiation ou l'acceptation ; l'hérédité ne lui était pas imposée, mais seulement offerte. (*Delata.*)

La classification que nous venons d'esquisser rapidement jouit d'une importance d'autant plus grande, qu'elle a presque uniquement pour base la manière d'acquérir l'hérédité. C'est sûrement ici le point le plus important dans notre matière, et sur lequel nous devons fixer toute notre attention. Nous examinerons successivement ces trois catégories d'héritiers, en faisant ressortir les différences qui les séparent et les points qui les unissent.

Mais, avant d'entrer dans le détail, je crois qu'il est utile de noter, à côté de ces trois grandes classes d'héritiers appartenant au système successoral fondé par la loi des Douze Tables, un nouvel ordre de successeurs créé par l'édit du préteur, ce magistrat dont la mission consistait précisément à compléter, confirmer, et souvent même corriger ce que la loi primitive offrait de trop rigoureux et de trop romain aux mœurs adoucies des fils de ses premiers fondateurs.

Je veux parler de la *bonorum possessio*, institution purement prétorienne qui fut créée pour venir en aide à toute une classe de personnes injustement bannies par la loi civile des successions qu'elles auraient été appelées à recueillir suivant la loi naturelle (les fils émancipés vis-à-vis de leur père, les enfants vis-à-vis de leur mère, etc.). Ces successeurs de fait, sinon de droit, appartiennent à la grande famille des héritiers externes et volontaires. La *bonorum possessio* n'était jamais déférée de plein droit, comme la succession civile; le préteur ne l'accordait qu'à ceux qui la demandaient, et, pour défendre cette succession nouvelle, cette hérédité prétorienne qui marchera longtemps de front avec l'hérédité civile, jusqu'à ce que l'une et l'autre disparaissent dans une réforme générale où triompheront les principes du droit naturel, il inventera les interdits possessoires, l'interdit *quorum bonorum*, dont nous devrons examiner le rôle, et enfin l'*hereditatis petitio possessoria*.

# CHAPITRE Ier.

## Des héritiers externes.

*De l'acquisition de la propriété.*

Ce qui caractérise l'héritier externe, c'est qu'il faut distinguer, à son égard, la délation de l'acquisition de l'hérédité. Vis-à-vis de l'héritier nécessaire, comme nous le
verrons plus tard, l'acquisition de la succession a lieu au
moment de l'ouverture ; il n'en est point de même pour
l'héritier externe, qui ne peut l'acquérir sans une manifestation de volonté : l'hérédité lui est simplement offerte, à
lui de prendre une décision. La délation a lieu d'ordinaire
au jour même du décès du testateur, lorsque l'institution
n'est pas conditionnelle.

Mais le droit n'est acquis qu'en vertu d'actes postérieurs,
qui prennent le nom d'adition. Avant d'avoir manifesté sa
volonté, l'héritier n'a acquis aucun droit, l'hérédité lui est
étrangère, elle ne figure à aucun titre dans son patrimoine ;
cette faculté, qu'il a de faire adition, ne doit pas être considérée comme un droit véritable sur l'hérédité. S'il vient à
mourir avant de l'avoir exercée, il ne transmet rien à ses
propres héritiers, car c'était à lui seul que la succession
était déférée ; lui seul pouvait l'accepter. Cette faculté résultait d'une vocation exclusivement personnelle : « Here-
» ditas non adita non transmittitur ». Cette adition ne
pouvait émaner valablement que de l'institué lui-même, et
n'avait d'effet qu'autant que la personne qui faisait adition
comprenait la valeur de son acte. Il ne suffisait pas non
plus que la succession lui fût simplement déférée, il fallait

encore que l'institué eût connaissance de sa vocation et acceptât sciemment, pour que son adition fût valable.

Dans certains cas particuliers, elle exigeait des conditions spéciales. Le sénatus-consulte Silanien décidait, par exemple, que tant que les esclaves héréditaires n'auraient pas subi la question, si leur maître était mort assassiné, l'ouverture du testament serait ajournée, et, par suite, l'adition.

A l'époque des jurisconsultes classiques, cette adition se faisait de deux manières. Elle était expresse ou tacite : expresse, elle pouvait résulter de l'emploi solennel de la crétion ou d'une simple manifestation de volonté; tacite, elle résultait de la *pro herede gessio*.

Par *nuda voluntas*, on entendait une volonté qui se manifestait verbalement, sans aucune formalité; et par l'expression *pro herede gerendo*, des actes indiquant chez l'héritier l'intention de se comporter en maître.

De ces trois modes, le plus ancien est sans contredit la *cretio*. C'était une déclaration solennelle d'acceptation ainsi conçue : « Quod me Publius Mœvius heredem instituit, eam » hereditatem adeo cerno que ». Mais cette expression prenait souvent un sens différent, lorsque l'institution d'héritier était faite *cum cretione*. Le mot *cretio* ne désignait plus alors la formule d'acceptation, mais un délai quelconque, ordinairement cent jours, que le testateur donnait à l'institué pour délibérer sur le parti à prendre et pour manifester ses intentions. Lorsque cette crétion, ainsi entendue, était suivie d'une clause pénale par laquelle le testateur exhérédait l'institué qui aurait laissé passer le délai sans prononcer les paroles sacramentelles, on l'appelait *perfecta;* elle était *imperfecta* quand cette clause faisait défaut. Il y avait une véritable importance à distinguer ces deux actes. Dans le premier cas, en effet, l'institué ne devenait définitivement héritier ou étranger à la succession qu'en prononçant ou en s'abstenant de prononcer les paroles dans le délai fixé. Un acte de simple gestion ou une simple déclaration ne pouvait pas suffire à lui donner cette qualité. Dans la seconde hypothèse, au contraire, le refus comme l'acquisition de l'hérédité étaient subordonnés, ou à une simple déclaration, ou à une simple acceptation sans solennité.

Nous devons citer ici un texte curieux de Gaius (Gaius, Com. II, 177 et 178), qui semble en contradiction avec Ulpien dans ses règles. (Tit. 22, § 31.) Il s'agit d'un cas où le testateur a institué son héritier *cum cretione*, mais sans clause pénale, de plus, il a fait une substitution : L'héritier, au lieu d'accepter en prononçant les paroles solennelles, a fait simplement un acte de gestion. Le jurisconsulte décide, dans cette hypothèse, que le substitué pourra prétendre à la moitié de l'hérédité. Ulpien, au contraire, dans un cas analogue, donnait à l'héritier la totalité de la succession, alors même qu'il n'eût fait qu'un acte d'héritier.

Cette contradiction est bien facile à expliquer, si l'on songe que Gaius était le prédécesseur d'Ulpien, et que ce dernier ne donnait cette conclusion que d'après un édit de l'empereur Marcus rendu sur la matière. Les deux jurisconsultes admettent, du reste, que le substitué arrivera à la succession si l'héritier ne fait point acte de maître, ou s'il ne prononce pas les paroles solennelles.

L'usage de la *cretion* disparut peut-être sous les successeurs de Constantin. (L. 9, C., *Qui. admitt. ad bon. poss.*) Des auteurs nombreux enseignent pourtant qu'elle ne fut abolie que par l'empereur Justinien.

Les effets généraux de l'adition se réduisent à ceux-ci :

1° L'héritier prend la place du défunt, quant à son patrimoine. En d'autres termes, il représente la personne de son auteur en succédant à l'ensemble de ses droits et obligations, à l'exception de ceux qui, étant exclusivement personnels, s'éteignent avec sa vie.

2° Il s'opère une confusion entre le patrimoine du défunt et celui de l'héritier, en tout ou partie, suivant sa vocation héréditaire, l'héritier succède aux droits patrimoniaux de son auteur, tant réels que de créance.

3° L'héritier succède encore aux obligations de son auteur, il en est tenu, au même titre que lui, et en proportion de sa part héréditaire, quand bien même les biens de la succession seraient insuffisants pour les payer. Il s'oblige à acquitter aussi les legs et fidéi-commis, sous les modifications de la loi Falcidie et des sénatus-consultes Pegasien et Trébellien.

4° Il acquiert les actions pour faire valoir son droit, la pétition d'hérédité ou la revendication, contre les tiers détenteurs des biens héréditaires.

5° Enfin, l'acquisition de l'hérédité la rend transmissible aux successeurs de l'héritier.

Mais, entre le décès du *de cujus* et l'adition de l'hérédité, il devait nécessairement se produire un intervalle pendant lequel les biens héréditaires étaient sans maître. Pendant ce temps, ce sont de véritables *res nullius*, comme le dit expressément Gaius. (Dig., 1. 1, *De div. rer. et qual.*)

On avait donc à craindre que la succession devint la propriété du premier occupant; et les esclaves héréditaires n'auraient pu, faute d'un maître qui leur prêtât sa capacité, ni acquérir, ni stipuler, ni même figurer dans un testament à titre d'institués ou de légataires. Un tel résultat n'était pas admissible; aussi les jurisconsultes inventèrent, pour l'éviter, une fiction connue sous le nom d'*heredite jacente* et formulée en ces termes : « Hereditas personam defuncti » sustinet. »

La succession était, en quelque sorte, une véritable personne morale, un être fictif sur lequel reposaient les droits du défunt, et qui les conservait jusqu'à ce que l'héritier se présentât pour les continuer : « Hereditas personæ vice » fungitur, secuti municipium et decuria et societas ». (Dig., 1. 22, *De fidej. et mand.*) Et cette hérédité continuait la personne du défunt, et non pas celle de l'héritier qui

n'avait pas fait adition : « Nondum adita hereditas personæ
» vicem sustinet, non heredis futuri, sed defuncti ». (*Insti*. II, XIV, 2.)

C'était, du moins, l'opinion la plus répandue parmi les
jurisconsultes, qui n'admettaient pas que l'on rapportât à la
personne encore inconnue de l'héritier, tous les changements qui auraient pu survenir, dans le patrimoine, entre la
mort du défunt et l'adition de l'hérédité; et, pourtant, un
texte du Digeste, la loi 24 *De novationibus*, en employant
les termes : « Transit ad heredem cujus personam interim
» hereditas sustinet », semble être en contradiction formelle
avec les principes, et jette les plus grands doutes dans
cette matière.

Mais ce texte, cité d'après le manuscrit de Florence,
jure tellement avec celui qui précède et d'autres qui vont
suivre, que l'on doit nécessairement préférer la leçon de
la Vulgate : « Transit ad heredem illius cujus personam »,
qui rétablit l'harmonie dans le système (1). Je sais bien
que nous trouvons aussi dans ces textes, à propos de l'adition, une fiction qui semblerait exclure celle de l'*hereditas jacens*. Je veux parler de la rétroactivité qui fait considérer l'héritier comme ayant succédé au moment même
du décès.

Cette seconde opinion, professée par Pomponius et les
autres jurisconsultes, qui attribuaient à l'adition un effet
rétroactif, n'a point triomphé. Elle découle des lois Dig. 24,
*De novat.*, et 54, *De acq. vel omitt. hered.*), et l'on est bien
forcé d'admettre, en présence des textes plus nombreux
et plus affirmatifs des partisans du système contraire, que
cette rétroactivité fut probablement imaginée après coup
pour motiver quelques solutions favorables à l'héritier, mais
qu'on l'abandonna pour se ranger à la première opinion,
où la succession figure, tantôt comme représentant la per-

(1) *Opinion de M. de Savigny*, p. 355, note 2, édition Guenoux.

sonne du défunt, tantôt comme maîtresse des biens, c'est-à-dire d'elle-même. (L. 15, *Proem. de usurp*, Dig., l. 13, § 5, *Quod vi*, Dig. ; l. 15, *Proem de interrog.*; l. 31, *De adquir, rer. dom.*, Dig.)

Et voici les motifs qui ont surtout déterminé les Romains à préférer la fiction de l'*hereditas jacens*. Ils se retrouvent dans la plupart des textes précités. Certaines manières d'acquérir appartenaient essentiellement au Droit civil, et exigeaient de la part de l'acquéreur la capacité nécessaire. Les esclaves jouaient un rôle fort important dans la société romaine : ils pouvaient être institués, faire des stipulations, mais en empruntant, pour ainsi dire, la personnalité juridique de leurs maîtres. Leurs capacités étaient intimement liées, et celle du maître était la condition nécessaire, indispensable à la validité de l'acte passé par l'esclave ou fait en sa faveur. C'est pour ces actes rigoureux du Droit civil que la maxime a été introduite; elle offrait de nombreux avantages pratiques. Un Romain voulait-il faire des dispositions testamentaires au profit d'un *servus hereditarius*, il lui était très-facile de vérifier s'il avait la *factio testamenti* avec le défunt, tandis qu'il lui eût été presque impossible de savoir s'il l'aurait avec l'héritier futur. Ce dernier pouvait n'avoir pas la *factio testamenti* avec le testateur, il pouvait être incapable d'être institué, posséder, en un mot, une capacité douteuse, ce qui eût entraîné les plus grandes incertitudes sur la valeur des dispositions faites au profit de l'esclave héréditaire. Avec la fiction de l'*hereditas jacens*, au contraire, si on instituait pour héritier un esclave appartenant à cette succession, l'institution était sûrement valable, pourvu que le défunt eût la *factio testamenti*, car elle représentait la personne du *de cujus*.

Un esclave qui faisait partie de l'hérédité jacente faisait-il une stipulation? Elle était parfaitement valable si on la rapportait à la personne du défunt, dont on pouvait toujours connaître la capacité, tandis qu'elle pouvait être nulle si elle avait été rapportée à la personne d'un héritier institué qui eût été *peregrinus* (Gaius, III), par exemple.

Les Romains, très-logiques dans leurs déductions, avaient embrassé d'un coup d'œil tous ces inconvénients pratiques, et ils avaient cherché à les éviter en adoptant cette fiction : « Hereditas personam defuncti sustinet ».

Pour terminer ce chapitre, nous allons examiner une dernière question qui caractérisera mieux que ce que nous avons pu dire jusqu'ici, la différence qui existe, sous le rapport de l'acquisition de la succession, entre la législation romaine et la législation française. Lorsqu'un homme appelé à une succession vient à mourir, quels seront les droits de ses héritiers ?

En principe, la personne appelée à une succession, qui meurt avant de l'avoir acquise, ne transmet pas son droit à ses propres héritiers. Pour que ce droit soit transmissible, il faut qu'il ait pris naissance dans la personne de l'auteur. Avant l'adition, nous l'avons souvent constaté, l'hérédité est complètement étrangère à l'héritier externe ; le *jus adeundi* n'est point un droit véritable qui passe dans le patrimoine de celui qui le possède, c'est une faculté personnelle que seul il peut exercer. Mais une fois l'adition opérée, les biens héréditaires passent immédiatement sur sa tête, ils se confondent avec son patrimoine personnel pour ne plus former qu'un tout, et, s'il vient à mourir, ses héritiers ne pourront pas les séparer, refuser les biens auxquels leur auteur a succédé tout en acceptant ceux qui lui étaient propres. On ne peut être héritier pour partie. (Dig., l. 7, § 2, *De acq. vel omitt. hered.*)

C'est là le principe dans toute sa rigueur, et les jurisconsultes romains l'ont formulé de la sorte : « Hereditas non » adita non transmittitur ». Pourtant, quelque absolu qu'il soit, ce principe subissait, dans le Droit classique, quelques dérogations ; mais les hypothèses étaient excessivement rares, et si le préteur corrigeait parfois, au moyen de décrets et d'actions utiles, les conséquences de la règle, c'était qu'elles étaient excessives et violaient directement l'équité :

1° La première exception fut motivée par le sénatus-consulte Silanien. Lorsque le *de cujus* avait péri de mort violente, était mort assassiné, ce sénatus-consulte défendait à l'héritier de faire adition avant que les esclaves héréditaires n'aient été mis à la question : «Ne heres propter compendium suum familiæ facinus occultaret ». (Dig., l. 3, §. 29 et 30, *De Sen. Silan.*) Dans cette hypothèse, il eût été injuste, dans le cas où l'héritier venait à mourir dans l'intervalle, de priver ses successeurs de biens qu'il leur aurait légitimement transmis si le sénatus-consulte ne lui avait interdit l'adition. Aussi, le préteur, venant à leur secours, leur accordait des actions utiles qui leur permettaient de recueillir une succession à laquelle, suivant le Droit civil, ils n'auraient pu prétendre.

2° La seconde exception se produisait encore dans les circonstances suivantes : Une absence pour cause d'utilité publique a mis obstacle à l'adition d'une personne, que va-t-il se passer? Cette espèce est prévue par la loi 86, au Dig., *De acq. vel omitt. hered.*

Pannonius Avitus, proconsul de Cilicie, institué héritier, est mort avant d'avoir appris sa vocation héréditaire. Il n'a donc pas pu faire adition. Quels vont être les droits de ses successeurs? La loi fait une distinction qu'elle n'exprime pas d'une façon explicite; elle suppose l'institution d'héritier faite *cum cretione* (je pense qu'au lieu d'*aditionis*, il faut lire *cretionis*). L'absent décède-t-il *post diem cretionis?* La position de ses héritiers est bien nette : ils peuvent demander la *restitutio in integrum propter absentiam* qu'aurait eu leur auteur, car tout droit à la restitution une fois acquis est transmissible. Ils auront donc ainsi le droit de venir à la succession comme le défunt lui-même.

Mais, dans notre hypothèse, les choses ne se sont pas ainsi passées : Avitus est mort *intra diem cretionis,* si bien

que la ressource de la *restitutio in integrum* va faire défaut
à ses héritiers, en ce sens que l'absence ne lui a rien fait
perdre, et que ses héritiers ne peuvent, en conséquence, se
prévaloir d'un droit qu'il n'a jamais eu. Malgré tout, l'empereur Antonin le Pieux avait décidé, dans un but d'humanité, que la *restitutio in integrum* serait appliquée à cette
hypothèse.

3° Le jurisconsulte Paul, dans la loi 4, § 3, Dig., *De bon.
poss. cont. tabul.*, pose l'espèce suivante : Un père meurt
laissant sa femme enceinte, il a institué un autre fils et
passé sous silence le posthume. En cet état de choses, le
fils ne peut venir à la succession : héritier institué, il ne
peut pas plus demander la possession de biens *secundum
tabulas*, tant qu'il y a des chances pour que la possession de
biens *contra tabulas* soit ouverte, qu'il ne lui est possible
d'user de la possession de biens *contra tabulas*, tant que
n'est pas né le posthume. En d'autres termes, il ne peut
venir ni en vertu du testament, car il peut être rompu, ni
*ab intestat*, car il ne peut produire effet. Sur ces entrefaites,
le fils meurt lui-même avant l'accouchement de la veuve ;
par son décès, le testament est *destitutum*, et la succession
légitime ouverte. Ici, il y a à faire une distinction : ou le
fils est héritier sien, la succession qui s'ouvre à sa mort
s'ouvre encore de son vivant, car l'instant de la mort est
compté dans la vie, et cela suffit pour qu'il transmette à ses
successeurs ; ou bien, il est émancipé. Sans doute, l'hérédité lui est déférée au moment de la mort du *de cujus*; mais il
n'a droit qu'à une *bonorum possessio*. Cette *bonorum possessio*
doit être demandée, et n'est acquise qu'après avoir été obtenue. Il ne pourra donc rien transmettre à ses héritiers. Voilà
où amenait la rigueur des principes. Paul trouve inique que le
fils émancipé fût privé du droit de transmettre à ses héritiers,
lorsqu'il n'était pas possible à lui d'éviter ce résultat en
présence de l'incertitude planant sur la validité du testament, et rendant impossible toute *bonorum possessio* aussi

bien *contra que secundum tabulas.* Pour le tirer de cette fausse situation, Paul accorde à l'enfant émancipé la faculté de demander de son vivant la *bonorum possessio contra tabulas.* Il se fonde sur cette idée, contenue implicitement dans les termes mêmes de son texte, que le fils émancipé peut, dans tous les cas, arriver à la succession. C'est aussi le sentiment qu'exprime Papinien dans la loi 84, Dig., *De acq. vel omitt hered.*, où il résout de la même manière une hypothèse analogue à celle de Paul. Il est d'avis que l'on vienne au secours de l'émancipé par un décret, et il donne, dans la fin de son texte, la raison plus haut exprimée.

Le jurisconsulte Julien alla plus loin encore dans cette voie : Dans la loi 5, Dig., *De bon. poss. contra tab.*, il ne se contenta pas de reconnaître à l'enfant émancipé le droit de demander la possession de biens, il étendit même cette faveur à ses enfants, si ce dernier n'en a pas profité.

Nous pourrions encore citer d'autres cas contenant des exceptions à la règle : « Hereditas non adita non transmittitur ». (Dig., l. 1, § 8, *Si mulier. vent. nom.*; l. 12, *De carbon. edict.*; l. 6, § 1; l. 42, § 3, *De bon. libert.*) Tous ces textes sont fondés sur cette idée que les successeurs ne doivent pas souffrir des circonstances fortuites qui ont empêché leur auteur de faire adition. Mais ce sont là des faits isolés, de rares manifestations du pouvoir prétorien, en un mot, des dispositions arbitraires; il n'y a rien de précis, rien de nettement déterminé, il faut arriver aux constitutions impériales pour voir ces dérogations particulières prendre un corps, devenir une sorte de généralité, et soustraire enfin des classes entières de successeurs à l'application souvent inique de la règle *hereditas non adita non transmittitur.*

4° Les empereurs Théodose et Valentinien, dans une Constitution qui forme la loi 18 au Code *De jure deliberandi,* rendent deux décisions dans l'espèce suivante :

Une hérédité a été déférée à un enfant de moins de sept

ans; son père ou un ascendant plus éloigné qui l'a sous sa puissance pourra faire adition en son lieu et place, ou bien encore demander pour lui la *bonorum possessio*. Mais si le père ou l'aïeul néglige de le faire, et que l'enfant vienne à décéder avant d'avoir dépassé sa septième année, les empereurs décident que son parent survivant pourra recueillir, *jure patrio*, tout ce qui composait cette succession, comme si elle avait été acquise à l'enfant. Ce sont les mots du texte *jam infanti quæsita*. Seulement, si l'enfant avait plus de sept ans à son décès, et s'il laissait d'autres héritiers que son père ou son aïeul, on revenait à l'application des anciens principes, et la règle *hereditas non adita non transmittitur* recevait son application.

5° Une cinquième exception à notre règle se trouve dans une Constitution des mêmes empereurs (L. 1, *De his, qui ant apert. tabul.*; Cod.): Ils décident que, quand l'hérédité d'un ascendant, soit paternel, soit maternel, est déférée à un descendant qui n'est pas placé sous sa puissance, alors même que ce dernier mourrait sans avoir fait adition, il transmettra néanmoins la succession à laquelle il est appelé, sinon à tous ses héritiers indistinctement, du moins à ses enfants ou descendants, qu'ils soient ou ne soient pas eux-mêmes *sui heredes*. Cette décision réalise un progrès important. La transmission, qui n'avait lieu jadis qu'au profit des enfants soumis à la puissance paternelle, appartient désormais à la ligne directe tout entière. Dès lors, le lien du sang en ligne descendante confère les mêmes droits et les mêmes avantages que la *suitas* du Droit civil.

6° Enfin, la dernière modification, la plus importante de toutes, fut introduite par Justinien. (L. 10, Cod., *De jur delib.*) Ce prince décidait que tout héritier qui, dans l'année, à partir du jour de l'ouverture de la succession, venait à mourir connaissant sa vocation héréditaire, transmettait à ses successeurs le droit de faire adition pendant le reste de l'année.

Nous pouvons donc dire que si, sous Justinien, le principe *heredilas non adila non trasmittitur* subsiste toujours comme règle générale (cet empereur l'atteste dans les § 5 et 13, Cod. l. unic., *De cad. toll.*), il est singulièrement restreint dans ses applications et ne vise plus que quelques hypothèses en dehors de celles prévues par les Constitutions que nous venons d'étudier.

## Section II.

### *De l'acquisition de la possession.*

Puisque la possession exige à la fois le *corpus* et l'*animus*, elle ne peut jamais être acquise sans le concours de ces deux éléments. Or, ce n'est pas l'héritier qui, avant l'adition, peut être possesseur, puisqu'il n'a sur la succession aucune espèce de droits. Il semble donc qu'elle devrait appartenir à l'*hereditas jacens*. C'est elle, en effet, qui continue la personne du défunt; mais la loi 1, § 15, au Dig. *Si is qui testamento*, s'oppose complètement à cette manière de voir, et elle indique les motifs de cette décision. N'est-il pas évident, en effet, que la possession n'existant qu'à la condition expresse de l'*animus* et du *corpus*, il eût été illogique d'accorder l'acquisition de la possession à l'hérédité, car si un être juridique peut avoir des droits, il ne saurait avoir de volonté. On ne peut raisonnablement supposer qu'une personne juridique puisse prendre la résolution de posséder en maître. L'*animus* ne saurait se comprendre que chez un être pensant. Ainsi donc, aucune possession nouvelle ne peut être commencée, et celle qui était commencée par le défunt devra cesser dans la vérité des principes, car l'*animus* est aussi nécessaire pour conserver la possession que pour l'acquérir.

La loi 45 (§ 1, *De usurp. et usuc.*, Dig.) présente pourtant

une exception à cette règle ; elle permet à l'esclave héridi-
taire de conserver la possession de choses comprises dans
son pécule. Il n'en est pas moins vrai que, si l'on avait toujours appliqué ces principes sans se départir un peu de leur
rigueur, on serait arrivé à des conséquences pratiques dé-
plorables dans un grand nombre de cas. Si un citoyen, par
exemple, laissait en mourant une usucapion commencée,
mais non pas accomplie, l'usucapion devait légalement se
trouver interrompue, parce que la succession était incapable
de posséder. Or, en supposant que l'héritier mît la plus
grande diligence à faire l'adition en même temps qu'à prendre possession, il existait toujours un intervalle entre
l'adition et le décès, et, quelque bref qu'il fût, il y avait
forcément un laps de temps pendant lequel la succession
était vacante et la possession interrompue. L'héritier allait
donc être forcé de recommencer l'usucapion?

Ce résultat, exact en théorie, mais trop rigoureux en pratique, avait frappé les jurisconsultes romains, qui admirent
alors, mais à titre de *jus singulare*, que l'usucapion, une fois
commencée, se continuerait et pourrait même s'accomplir
avant que l'héritier n'eût fait adition. Les lois 31, § 5, et 40,
Dig., *De usurp. et usucap.*, en témoignent de la façon la plus
claire ; mais cette règle sur l'usucapion est considérée par
tous les jurisconsultes comme une exception introduite *utilitatis causâ* (L. 44, § 3, *eod. tit.*), et il serait dangereux d'y
voir un effet de la rétroactivité de l'adition en vertu de laquelle l'héritier serait réputé avoir toujours possédé depuis
le décès de son auteur.

Ces décisions ne sont donc pas autre chose que le complément de la théorie de l'usucapion dans un cas particulier
où la place du possesseur est devenue réellement vacante
par le fait de sa mort ; et les jurisconsultes, en décidant que
le temps qui s'est écoulé dans l'intervalle qui sépare le décès
du possesseur de l'adition, ou plutôt de la prise de possession,
profitera à l'héritier, ont ici bien moins l'intention d'attribuer

un droit nouveau à l'héritier que de repousser les tiers intéressés à contester l'usucapion.

Ce n'était point dans ce cas particulier seulement que trouvait place cette théorie' de l'*accessio possessionum*. Elle recevait encore son application toutes les fois que l'héritier avait intérêt à se prévaloir de la possession de son auteur. Nous pouvons en trouver un exemple au paragraphe 151 du Com. IV de Gaius, en matière d'interdit *utrubi*. Cet interdit offrait, avant Justinien, cette particularité remarquable, qu'il était accordé à celui qui avait possédé *majore, parte anni*, tandis que dans l'interdit *uti possidetis*, celui-là obtenait gain de cause qui se trouvait en possession au moment même de la délivrance de l'interdit. Pour favoriser l'héritier et lui donner un moyen de triompher contre ses adversaires, on lui permit de s'aider de la possession du *de cujus*, à la seule condition qu'il eût possédé lui-même.

Dans le Droit de Justinien, l'interdit *utrubi* ayant été complètement assimilé à l'interdit *uti possidetis*, il ne put plus être question de jonction de possession en cette matière, puisque, dans les deux cas, il suffisait de prouver sa possession actuelle au moment de la *litis contestatio* pour avoir gain de cause. Mais elle subsista avec tout son intérêt dans la *prescriptio longi temporis* que Justinien avait fondue avec l'antique usucapion, et y joua le même rôle. On admit donc, dans les successions *per universitatem*, que la possession persévérerait sur la tête du successeur avec les mêmes caractères qui l'affectaient du vivant du *de cujus*. Succédait-il à un possesseur de bonne foi, il acquérait les choses, après les délais fixés par la loi, alors même que sa mauvaise foi personnelle, à l'époque de l'ouverture du testament, serait clairement démontrée. Prenait-il la place d'un possesseur de mauvaise foi, il ne pouvait usucaper, bien qu'à son entrée en jouissance, il eût la bonne foi la plus complète : « Quod si ille, initium justum non habuit,

» heredi et bonorum possessori, licet ignoranti, possessió
» non prodest ». (Inst., § 12, tit. vi, *De usucap.*)

Quand aux successeurs à titre particulier, les principes
n'étaient pas exactement les mêmes, car il n'y avait pas
entre la possession de leur auteur et leur possession personnelle cette identité parfaite que la continuation de la personne
créait entre l'héritier et le *de cujus*, si bien que le possesseur
de bonne foi, à titre particulier, pouvait joindre ou ne pas
joindre à son gré sa possession à celle de son auteur.

Je ne m'arrêterai point davantage à cette seconde partie
de la question, qui ne rentre que très-indirectement dans les
bornes de ce travail, et si j'insiste d'une façon particulière
sur ces idées, c'est que les légistes du moyen-âge, dans leur
ardent désir de faire remonter l'origine de nos institutions
au Droit Romain, à l'école duquel ils se formaient leurs idées
théoriques, avaient cherché à rattacher au système de la
succession romaine notre maxime *le mort saisit le vif,*
et avaient cru en trouver le principe dans la loi 30, Dig., *Ex
quibus causis majores*, connue sous le nom de *Cum miles :*
« Possessio defuncti quasi juncta descendit ad heredem, et
» plerumque, nondum hereditate adita, completur ». Cette
simple phrase suffit aux glossateurs pour conclure à l'existence, dans le Droit Romain, de la saisine proprement dite,
de la continuation non interrompue de la possession telle
qu'elle existe dans la loi française. Mais le bon sens, venant
enfin remplacer le parti pris, fit justice de pareils systèmes,
et l'on reconnut, lorsque cessa l'ardeur des études romaines
avec l'admiration aveugle qu'on leur portait, que Paul s'occupe simplement, dans cette loi *cum miles*, d'usucapion, et
qu'il applique le système de l'*accessio possessionum* tel que
nous l'avons exposé.

Cujas maltraite les légistes qui, faisant des rapproche-
ments de mots et non d'idées, ont cru voir dans cette loi
non pas ce qui s'y trouve réellement, mais l'origine de la
saisine héréditaire. Cependant, lui aussi enseigne une opi-

nion inadmissible, car il attribue l'origine de cette institution à l'interprétation erronée du texte que nous venons de
citer, et il la fait naître d'une méprise à la réfutation de laquelle elle aurait survécu : « Qui tamen hodie error plane
» abiit in mores, et absque dubio ex eo factum est, ut recep-
» tum sit, possessionem rerum hereditariarum quæ est facti,
» ab ipso defuncto protinus, et ipso jure ad heredes tran-
» sire, nec opus esse ad eam adquirendam facto et appre-
» hensione heredis. Unde vox illa de viâ collecta (*le mort
» saisit le vif*) quæ ducitur ex pravâ interpretatione horum
» verborum, quia possessio quasi juncta descendit in here-
» dem, ubi tamen possessio non est, *saisine*, ut vocant, sed
» usucapio ». (*Comment. in libr.* XII, *Paul, ad. Edict. oper.
post.*, tit. II, col. 178.)

Nous verrons plus tard, dans cette étude, que l'origine de
la saisine héréditaire ne se trouve pas plus dans le système
de Cujas que dans la théorie des légistes qu'il blâme avec tant
de vivacité. Au point de vue romain, l'indignation du grand
jurisconsulte s'explique d'elle-même. Ses contemporains dé-
naturaient l'esprit des textes en même temps que de la législation. Mais de là à conclure que c'est cette fausse interprétation qui a créé une institution en vigueur dans plusieurs
pays, c'est donner une trop petite cause à de grands effets,
méconnaître un principe immuable dans l'histoire des
nations, à savoir que les institutions répondent toujours
aux nécessités sociales, et que le Droit n'est jamais que la
satisfaction des besoins d'une époque.

C'est donc dans les tendances d'une société nouvelle,
dans son organisation particulière, que nous trouverons la
source de la maxime, et non pas dans les interprétations
plus ou moins exactes, plus ou moins erronées d'un texte
des Pandectes.

Pour revenir au Droit Romain, nous devons conclure que
si les fictions et les décisions qui s'y rattachent nous auto-
risent à dire, dans certains cas particuliers, que l'ensemble

des droits du défunt est présumé acquis à l'héritier sans intervalle, c'est simplement *utilitatis causâ*, en ce sens que le temps écoulé entre le décès et son adition ne lui nuira point, et que les droits acquis au *de cujus*, même en germe, se développeront et se conserveront dans l'hérédité. Mais, en fait, l'hérédité, considérée isolément, n'a pas la capacité d'une personne vivante; c'est pourquoi l'esclave héréditaire ne peut acquérir un usufruit pendant que l'hérédité est jacente. (Paul, l. 26, *De stip. serv.*, Dig.)

Nous savons que l'héritier qui a fait adition a acquis d'une façon irrévocable les biens héréditaires. Pourrions-nous dire qu'il en est devenu immédiatement possesseur? Considérée en elle-même, nous l'avons constaté au début de ce chapitre, la possession ne peut se transmettre sans un fait matériel d'appréhension. Et si l'on peut dire que, par le fait de l'adition, l'*animus possidendi* existe chez l'héritier, il n'en saurait être de même du *corpus*, de l'*actus corporalis*. La loi 23, Dig., *De acq. possess.*, tranche la question avec une précision qui ne laisse aucun doute : « Quum heredes instituti sumus, aditâ hereditate, omnia quidem jura ad nos transeunt, possessio tamen nisi naturaliter comprehensa ad nos non pertinet ». Le résultat est tout à fait conforme à la nature des choses. La possession n'est qu'un fait, et l'on ne peut transmettre à autrui les avantages d'un fait qu'on a accompli dans son intérêt personnel. Et si la volonté existe (l'*animus*) chez l'héritier qui a fait adition, le fait significatif de la possession reste indépendant, séparé, et doit se manifester par un acte spécial. « Les actes purement juridiques, qui ne renferment pas en même temps une appréhension, ne donnent pas la possession. » Telle est l'acquisition d'une hérédité.

Tous les droits, en général, qui constituent le patrimoine et qui ne sont pas purement personnels, passent immédiatement à l'héritier par l'adition d'hérédité, mais il en est autrement de la possession, parce que l'adition ne renferme aucune appréhension des choses héréditaires (1).

Peu importe donc que l'héritier ait l'*animus*; pour que cette intention produise effet, il faut nécessairement qu'elle soit suivie d'un fait matériel, d'un acte quelconque d'appréhension : « Adipiscimur possessionem corpore et animo, » neque per se animo aut per se corpore ». (L. 3, § 1, *De acq. vel am. poss.*, Dig.). Cette règle devient absolue si l'on pense que l'avis exprimé par Paul dans cette loi est encore corroboré par le témoignage de Proculus et de Neratius, dont il invoque l'autorité au § 3 de la loi déjà citée : « Et solo animo non posse nos adquirere possessionem, si non » antecedat naturalis possessio ».

Nous savons que l'héritier ne peut rattacher la durée de sa possession à celle qui a commencé au profit de son auteur; qu'il ne peut, en un mot, se servir de la jonction des temps que s'il a possédé lui-même. On se demande si l'héritier qui a l'*animus* peut se prévaloir de la possession de fait des esclaves héréditaires, et se prétendre ainsi possesseur *animo et corpore?*

La question a quelque importance, car certains auteurs ont cru voir, à ce sujet, une antinomie dans les textes :

Ulpien, dans la loi 18, *De acquir. rer. domin.*; Julien, l. 43, *De acq. vel. om. hereditate*, Dig., déclarent que l'héritier ne peut rien acquérir des choses héréditaires par l'entremise d'un esclave de la succession, et surtout l'hérédité elle-même. La raison de cette décision est bien naturelle, car, puisque c'est l'hérédité qui fait acquérir les esclaves héréditaires au successeur, il serait contraire au bon sens d'admettre que le successeur pourrait acquérir cette hérédité par un esclave qui en fait partie.

Partant, toujours du même principe, Paul, dans la loi 30, § 5, *De acquir. vel amitt. poss.*, Dig., s'exprime de la sorte : « Quod per colonum possideo, heres meus nisi nactus pos-

(1) Savigny, *De la possession.*

» sessionem, non poterit possidere ; retinere enim animo
» possessionem possumus, adipisci non possumus ».

On a cru voir une antinomie entre ces textes et les § 16
et 17 de la loi 1 du même Paul, et la loi 38, § 2,
de Julien, toutes deux appartenant au titre *De acquir. vel
amitt. poss.* Mais il n'en existe pas , car les jurisconsultes
raisonnent dans deux hypothèses différentes. Ils ont posé
d'abord un principe général, c'est que l'hérédité ne peut
être acquise par l'intermédiaire de l'esclave héréditaire ; sur
ce point, pas de doute. Mais Paul se demande ensuite si l'on
doit procéder avec la même rigueur, dans un cas différent,
dans celui où l'esclave serait acquis à l'héritier à titre de
legs ou de vente. Il conclut que, du moment où l'esclave
n'est pas héréditaire, il pourra, délégué par son maître, lui
acquérir la possession des biens de la succession. Julien ,
dans une espèce analogue, décide de la même manière :
il suppose un esclave vendu au défunt et livré à son héritier. Cet esclave, dit le jurisconsulte, pourra acquérir à son
maître la possession de l'hérédité : « Quia non servus jure
» hereditario sed actione ex empto ad eum pervenit ».

Tous ces textes sont donc parfaitement d'accord entre eux,
et Papinien même, dépassant tous les autres dans la loi 3,
§ 12 du même titre, admet que l'on peut posséder, même
à son insu, les objets compris dans le pécule des esclaves.
Cette décision se justifie aisément par son utilité même.

Puisque l'adition ne procurait point la possession à l'héritier, la loi devait nécessairement mettre à sa disposition
les moyens nécessaires pour l'acquérir : la première hypothèse, et celle-ci n'offre aucune espèce de difficulté, c'est le
cas où les biens héréditaires sont libres, ne sont occupés par
personne. Il est évident que, dans ce cas favorable, il
pourra se mettre en possession sans obstacle et sans aucune
espèce d'autorisation. La possession une fois acquise, il
aura droit aux interdits *recuperandæ* et *retinendæ posses-
sionnis.* Mais si les biens sont occupés par des tiers, que

va-t-il se passer ? La loi civile lui accordait la pétition d'hérédité et la revendication : c'étaient là les deux seules
actions qu'elle mit à la disposition de l'héritier dans les cas,
multiples pourtant, qui pouvaient se produire, suivant
que ce tiers possédait à titre particulier ou bien *pro possessore, vel pro herede.*

Si le tiers possède en vertu d'un titre singulier un objet
de la succession, l'héritier devra forcément employer contre lui l'action en revendication. Il attaquera le possesseur
pour soutenir et prouver que la chose est à lui, et il ne
pourra point invoquer aucune action possessoire. L'interdit
*uti possidetis* ne se donne qu'à celui qui a actuellement la
possession, et la perte de la possession la plus récente suffit
pour le priver du droit de l'exercer.

La pétition d'hérédité est une action réelle, car elle naît,
elle aussi, du droit de propriété comme la revendication.
Ici, le demandeur soutient qu'il est héritier pour le tout ou
pour partie, et, comme conséquence, demande la restitution
des biens héréditaires avec leurs accessoires. Elle est dirigée
contre celui qui les possède à titre d'héritier, ou sans aucun
titre *pro possessore.* Le but de l'action est de faire reconnaître que le demandeur est héritier, et, en conséquence,
pour triompher dans cette action, le demandeur n'a qu'à
prouver une seule chose, sa qualité.

Celui-là possède *pro herede,* qui s'attribue la qualité d'héritier, ou, en d'autres termes, celui qui possède la totalité
ou une partie des biens héréditaires, comme héritier direct,
*bonorum possessor,* ou fidéi-commissaire, encore que cette
qualité ne lui appartienne pas réellement.

Celui qui n'a aucun titre à l'appui de sa possession, de
manière qu'étant interrogé sur le point de savoir à quel
titre il détient les biens héréditaires, n'a d'autre réponse à
donner que celle-ci : « Possideo quia possideo ». Celui-là,
dis-je, possède *pro possessore.* C'est le voleur et le possesseur violent.

Dans le premier de ces cas, il est tout naturel, évidem·
ment, que l'on se contente de cette preuve, et qu'on donne
gain de cause à celui qui l'a faite contre le tiers qui prétend
à tort avoir droit à l'hérédité. Car, en se prévalant de ce titre
spécial pour conserver les biens héréditaires, il avoue, par
cela même, qu'il n'en a pas d'autres à invoquer; et ensuite,
s'il est démontré que le titre n'existe pas, c'est reconnaître
par cela même la validité de l'autre, et la restitution des
biens détenus doit suivre comme une conséquence légitime.
Du reste, la pétition d'hérédité est universelle, et, une fois
la qualité d'héritier reconnue, elle doit produire ses effets
pour tout ce qui dépend de la succession. Mais l'exercice
de la *petitio hereditatis* est bien loin d'offrir la même logique dans l'hypothèse où le tiers détenteur prétend posséder
*pro possessore;* lui, en effet, ne fonde sa résistance sur
aucun titre, même erroné. Il possède, parce qu'il possède.
(Dig., l. 11, 12, *De hered. pet.*) Telle est sa réponse, aussi
simple que vague.

Le débat n'est pas circonscrit, comme tout à l'heure, sur
un point spécial. Il n'est pas seulement relatif à la question
de savoir quel est le véritable héritier; mais il est plus vaste :
il porte d'une façon générale sur la propriété, et, si l'on ne
consultait que les principes dans toute leur rigueur, on serait tenté d'admettre que l'héritier devrait non pas seulement prouver sa qualité, qui n'est pas contestée par le défendeur d'une façon spéciale et particulière, mais encore la
propriété de son auteur à l'égard des choses détenues par
le *prædo*, sous peine de se voir repoussé dans sa demande.
On ne peut nier qu'au point de vue du droit strict, cette solution ne soit irréprochable; mais, en pratique, elle était
trop préjudiciable aux intérêts des héritiers pour y être
suivie.

De son vivant, le *de cujus* aurait eu la ressource des interdits possessoires, pour entrer dans les biens qu'un tiers
lui aurait pris, sans invoquer son titre de propriétaire. Mais

la loi romaine ne pouvait les accorder à l'héritier, puisque la possession de son auteur ne lui était pas transmise, et que l'hérédité était incapable de posséder. Aussi, comme il était bien difficile d'exiger de lui, pour le faire triompher dans la lutte contre un défendeur qui avouait pour ainsi dire son usurpation, la preuve si difficultueuse de sa propriété, on lui permit d'employer la *petitio hereditatis* pour suppléer aux interdits possessoires qui lui manquaient. (Dig., l. 0, *De hered. pet.*) Vis-à-vis du possesseur *pro possessore*, la *petitio hereditatis* jouait donc le rôle d'un véritable interdit possessoire. Et il était tout naturel qu'on maintînt la faculté d'attaquer, par cette action, les possesseurs sans titre des choses héréditaires, comme une façon de parer aux dangers dérivant de la règle, que la possession du défunt ne se transmettrait pas, comme chez nous, par voie de succession à l'héritier.

De bonne heure, le Droit prétorien avait comblé les lacunes du Droit civil en matière de succession. Il avait posé les bases d'un système plus large et plus juste en même temps, et placé dans l'ordre successoral, à côté de l'héritier légitime, les personnes que les liens du sang y appelaient et que bannissait impitoyablement la rigueur de l'ancienne loi.

C'est là l'origine de la *bonorum possessio*. Mais le successeur prétorien, inconnu du Droit civil, ne pouvait trouver d'appui que dans l'édit qui l'avait créé. Pour défendre les droits qu'il lui avait conférés, pour maintenir cette *bonorum possessio* qu'il avait fondée, le préteur donna à ses protégés l'interdit *quorum bonorum*.

Comme la *petitio hereditatis* du Droit civil, cet interdit devait être dirigé contre les possesseurs *pro herede* et *pro possessore*, et il existe entre ces deux voies d'action une très-grande analogie. Au premier abord, on serait tenté d'admettre, en voyant ces deux actions tendre l'une comme l'autre à la restitution des choses héréditaires et frapper les mêmes personnes, qu'elles ont un but identique et font un double emploi. Mais il n'en est rien : la pétition d'hérédité a une sphère plus large, une portée bien plus considérable que l'interdit *quorum bonorum ;* car son action s'exerce non pas seulement à l'encontre des détenteurs des choses corporelles des biens de la succession, mais encore vis-à-vis des *juris possessores,* les débiteurs qui se prétendent libérés en qualité d'héritiers, ce qui n'a jamais lieu dans l'interdit *quorum bonorum,* qui ne peut avoir pour objet que les choses susceptibles de possession.

Aussi, l'héritier prétorien, le *bonorum possessor,* se trouvait-il, lorsqu'il était réduit à l'interdit dans une situation inférieure, était-il beaucoup plus mal traité que l'héritier du Droit civil. Frappés de cette anomalie, les préteurs créèrent, à l'image de la *petitio hereditatis* du Droit civil, une pétition d'hérédité utile, la *petitio hereditatis possessoria,* qui donnait au *bonorum possessor* les mêmes avantages : « Per » quam hereditatis petitionem, tantumdem consequitur bo- » norum possessor quantum superioribus civilibus actio- » nibus heres consequi posest ». (Loi 2, D., *De poss. hered.* » *petit.* »

Il n'y avait point incompatibilité, du reste, entre les deux qualités d'héritier et de *bonorum possessor ;* rien n'empêchait l'*heres* du Droit civil, s'il croyait plus avantageux à ses inté- rêts d'employer la voie de l'interdit *quorum bonorum,* de demander au préteur la *bonorum possessio ;* elle lui était ac- cordée, comme le mentionne Gaius. Mais à quoi pouvait donc servir, à l'époque classique d'abord, sous Justinien ensuite, cet interdit *quorum bonorum,* alors que l'*heres* ou le *bonorum possessor* pouvaient intenter l'une ou l'autre des deux pétitions, qui avaient une sphère d'action beaucoup plus étendue? La question est très-délicate, et les auteurs présentent à ce sujet trois systèmes différents :

1er *Système.* — Le premier système a été soutenu par M. de Savigny. Ce savant jurisconsulte prétend que l'inter- dit *quorum bonorum,* qui avait été créé à l'origine pour tenir lieu au *bonorum possessor* de la *petitio hereditatis*, cessait d'avoir sa raison d'être après l'introduction de la pétition d'hérédité possessoire. Il ajoute qu'entre ces deux actions, il n'y avait plus qu'une différence insignifiante dans la procédure, qu'elle avait même disparu dans le dernier état du Droit, et il accuse les rédacteurs de Justinien de n'avoir pas compris le progrès de la législation et le jeu de la pétition possessoire en conservant l'interdit *quorum bonorum*, qui n'en est que la reproduction sous une appellation différente.

Je ne crois pas que ce soit ici la véritable théorie, et je me fonde, pour la repousser, sur ces deux idées : Ce n'est pas seulement sous Justinien, mais même à l'époque classique, que nous pouvons voir fonctionner simultanément ces deux modes d'actions, et il serait impossible de s'expliquer comment l'interdit *quorum bonorum* pouvait passer entre les mains de l'héritier du Droit civil, et dans quel but, si, aussitôt l'apparition de la *petitio possessoria*, il s'était confondu avec elle. L'héritier du Droit civil n'aurait eu aucun intérêt à demander la possession prétorienne.

En second lieu, si l'on arrive à démontrer que la question jugée sur l'interdit est complétement différente de celle que vise la *petitio*, nous aurons par cela même renversé le plus sérieux argument de M. de Savigny : à savoir que le droit, au fond, étant jugé à l'occasion de l'interdit, la *petitio hereditatis*, qui aurait renouvelé le même débat, posé la même espèce, devait être repoussée par l'exception *rei judicatæ*.

2° *Système.* — Certains auteurs ont admis que l'interdit *quorum bonorum* avait sur la *petitio hereditatis* l'immense avantage de faire acquérir la possession des objets héréditaires, en obligeant l'héritier à faire la preuve de la possession de son auteur, tandis que, pour triompher dans la *petitio hereditatis*, il devait démontrer la propriété du défunt.

Ce n'était point là, du reste, un fait isolé, continuent-ils, cette opinion pourrait servir à l'explication d'autres hypothèses de certains cas où l'on rencontre en concours une action proprement dite et un interdit. Nous pourrions citer, par exemple, l'interdit fraudatoire et l'action Paulienne. Ici, comme tout à l'heure, on triomphera dans l'interdit fraudatoire en démontrant que le débiteur qui aliène ses biens en fraude des droits de ses créanciers en avait la possession. Dans l'action Paulienne, au contraire, il eût fallu prouver chez lui l'existence de la propriété.

Nous ne croyons pas cette interprétation exacte, pas plus que les distinctions qu'elle entraîne à sa suite. On comprend mal, en effet, que les créanciers se voient contraints de rechercher si leur débiteur avait la propriété ou bien la possession des biens qu'il a aliénés en fraude de leurs droits, pour savoir s'ils doivent employer à l'égard de l'acquéreur *conscius fraudis*, tantôt l'interdit, tantôt l'action Paulienne. Il est bien difficile d'admettre que l'action Paulienne, qui fait rescinder les actes d'un propriétaire, soit impuissante à révoquer les aliénations émanées d'un simple possesseur. Nous arrivons donc à cette conclusion, que si, dans l'action Paulienne, la preuve de la propriété chez le *fraudator* n'était pas nécessaire à la révocation des aliénations consenties, elle ne devait pas être exigée davantage dans la *petitio hereditatis*, pour arriver à la restitution des objets que détenait un possesseur étranger.

Cette opinion est d'autant plus légitime, que, dans la *petitio hereditatis*, le débat est concentré sur ce point unique : Quel est, du demandeur ou du défendeur, le véritable continuateur de la personne du défunt ? quel est celui qui doit succéder à ses biens et à son patrimoine? Or, une fois cette preuve faite, c'est-à-dire aussitôt qu'on a reconnu que le droit de l'un d'eux est fondé, que le demandeur, par exemple, est le véritable héritier, il est évident que le défendeur, qui invoquait à tort un titre qu'il n'avait pas, doit rendre tous les objets qui composaient la succession. Peu importe, du reste, que ce dernier possédât à titre de possesseur ou de propriétaire. Je suis le continuateur de la personne du défunt, son représentant direct, j'ai droit à l'universalité de son patrimoine, à tout ce qui le composait, à quelque titre que ce fût. Je crois que l'on peut tirer cette conclusion de la loi 10 Dig., *De her. pet. pro.; Dig.*, loi 13, § 11, *Eod. tit.*

3° *Système.* — Le troisième système, qui est celui de Cujas et de Donneau, enseigne que l'interdit *quorum bonorum* n'était qu'une voie provisoire pour obtenir la possession. On réservait le fond même de la question, le débat sur la propriété, et si celui qui succombait dans l'interdit était l'héritier véritable, il évinçait son adversaire au pétitoire. Il semble qu'il y ait une concordance parfaite entre ce système et l'usage que la qualification de l'interdit autorisait à attendre de lui. Il était donné *adipiscendæ possessionis causâ : « Ei tantum modo utile est qui nunc primum conatur adipisci rei possessionem »*. (Gaius, IV, 144; l. 1, § 1, *Quor. Bon.*, Dig.) Tous les textes le placent à côté des interdits *retinendæ aut recuperandæ possessionis.*

M. de Savigny a peut-être raison, à son point de vue, en prétendant que la désignation d'interdit possessoire ne peut convenir qu'à ceux-là seuls qui se fondent sur une possession antérieure, que c'est là une locution vicieuse, lorsqu'elle caractérise des interdits qui n'appartiennent qu'à ceux qui n'ont pas encore possédé. Mais elle n'a rien de choquant, au contraire, si on l'applique à une autre idée, si l'on s'attache, pour ainsi dire, au véritable sens des mots, si l'on ne considère que le but que l'interdit doit atteindre, et sa véritable portée : procurer la possession, mais la possession seulement, en réservant la question de propriété.

Cette dénomination d'interdit *adipiscendæ possessionis* appartient également à l'interdit *quod legatorum.* (Ulpien, l. 1, § 1, *H. t.*) Quel était le but de cet interdit? C'était de permettre à l'héritier de rentrer en possession de la chose léguée, si le légataire, sans lui demander délivrance, s'était mis en possession. Ce n'était, du reste, qu'une perte momentanée, car le légataire, une fois sa qualité prouvée, bien que l'héritier eût triomphé dans l'interdit, rentrait en possession. Les interdits *possessorium* et *sectorium* étaient régis par les mêmes principes que lui. Tous ces interdits n'avaient donc trait qu'à l'acquisition de la possession.

Nous pouvons tirer une nouvelle preuve, à l'appui de notre théorie, de ce fait, de cette circonstance, que la voie de l'interdit *quorum bonorum* n'était plus ouvert au *bonorum possessor* qui avait acquis, puis perdu la possession. Car si l'on admet, avec M. de Savigny, que l'interdit *quorum bonorum* tranche d'une façon définitive le fond même du débat, s'il vide la question de propriété sans que l'on puisse recourir à une *petitio* d'hérédité, on arrivera à cette conséquence désastreuse et vraiment inacceptable, qu'un simple accident de fait pourra anéantir le droit du *bonorum possessor*. Tandis que, si l'on circonscrit le débat dans ses limites naturelles, si l'on fait jouer à l'interdit son véritable rôle, en bornant sa sphère d'action au possessoire, la position du *bonorum possessor* est excellente. N'a-t-il pas d'adversaire, il entre en possession sans difficulté, et, en cas de contestation, l'interdit *quorum bonorum* lui assure le succès. Perd-il la possession de la chose, on lui donne, pour y rentrer, un interdit *recuperandæ possessionis*. S'est-il écoulé trop de temps pour qu'il puisse la ressaisir, il aura toujours la ressource d'agir au pétitoire.

Enfin, ce qui achève de confirmer la vérité du système, c'est que l'on peut trouver une explication toute naturelle à cette différence entre l'interdit *quorum bonorum* et la *petitio hereditatis*, au sujet des *juris possessores*, différence que nous avons signalée. On ne pouvait employer contre les *juris possessores* la voie de l'interdit. Pourquoi? Parce qu'il n'y avait pas là une possession véritable. La voie possessoire étant fermée, les jurisconsultes avait cherché à y remédier par la *petitio possessoria*. Mais elle n'avait suivi que de très-loin, évidemment, l'interdit *quorum bonorum*.

Puisque nous sommes fixés sur la nature de cet interdit, nous pouvons maintenant répondre à cette question que nous nous étions primitivement posée. Quelle est l'utilité de cet interdit à l'époque classique et sous Justinien? Quel avantage offre-t-il au plaideur? Nous avons déjà dit qu'à l'origine, cet interdit était le moyen de protection accordé au *bonorum possessor*. Cette *bonorum possessio* n'était alors qu'une véritable possession provisoire, intérimaire, attribuée par le préteur, durant l'instance sur la *petitio hereditatis*, à celle des parties qui avait le titre le plus apparent. Mais, avec le temps, elle devint une véritable institution, et le préteur prit l'habitude de l'accorder, en dehors de tout débat, à certains successeurs désignés d'avance dans son édit.

Ce qui n'était que particulier et spécial devint bien vite une règle, et le préteur put ainsi faire arriver à l'hérédité certaines personnes que n'y appelait pas le Droit civil. Il leur donna d'abord, nous le savons, l'interdit *quorum bonorum*, qui n'était que la mise en œuvre de la *bonorum possessio*. Il y joignit bientôt la *possessoria petitio* qui pouvait être dirigée contre le possesseur *pro herede* et *pro possessore*. L'interdit *quorum bonorum* n'avait pas seulement trait d'une façon générale à la possession, mais il différait encore de la *petitio hereditatis* quant à la preuve et quant aux résultats. Outre qu'au temps des jurisconsultes classiques, le moyen des interdits offrait au plaideur qui avait confiance en son droit, l'appât du bénéfice de la *sponsio pœnalis,* il était vraisemblable que les *recuperatores* chargés de la procédure des interdits et des jugements à rendre sur ces matières devaient expédier les affaires avec une rapidité beaucoup plus grande que les *judices selecti.* Les premiers pouvaient être convoqués en tous temps, tandis que les seconds n'avaient que deux sessions par année. C'était donc là un premier avantage qu'offrait l'interdit.

En second lieu, quant à la preuve, le demandeur devait établir que la *bonorum possessio* lui a été accordée et qu'il était bien fondé à l'obtenir. (Dig., l. 1, *Quor. bon.* [argum. des mots ex edicto meo.] et cod., l. 1, *Eod. titul.*) Il devait prouver, en un mot, établir sa filiation, son agnation ou le degré de parenté qui l'unissait au défunt. Le défendeur pourra évidemment contester cette prétention, mais une fois la qualité de *bonorum possessor* justifiée, le débat était nécessairement circonscrit à la possession de la succession, et elle lui était accordée. Mais la faculté d'agir par la *petitio hereditatis* restait toujours intacte, et si, par hasard, celui qui succombait dans l'interdit était l'héritier véritable, il évinçait son adversaire au pétitoire; dans ce cas, l'interdit *quorum bonorum* n'aurait servi qu'à procurer le rôle de défendeur et la possession intérimaire.

Mais, remarquons-le bien, le possesseur contre qui est exercé l'interdit ne peut pas se prévaloir de son titre d'héritier; ce moyen ne serait, dans notre hypothèse, pas plus admissible que l'*exceptio dominii* dans tout autre interdit possessoire; il faut d'abord restituer, sauf à se porter ensuite demandeur au pétitoire.

A l'époque classique, l'héritier du Droit civil avait donc intérêt à demander le *bonorum possessio* pour s'assurer l'exercice de l'interdit *quorum bonorum;* il y trouvait, en premier lieu, l'avantage immense d'éviter toute éviction s'il était en possession; si, au contraire, elle lui faisait défaut, il évitait par la voie de l'interdit toute exception qui l'aurait obligé à débattre le fond du Droit et à contester au défendeur sa qualité d'héritier, en même temps qu'à prouver la sienne.

On pourra trouver singulier peut-être que le *bonorum possessor,* dans le cas où il était à peu près certain de perdre son procès au pétitoire et n'avait en conséquence aucune espèce d'intérêt sérieux à dépouiller d'une façon provisoire un adversaire dont le triomphe final était assuré, pût tenir en échec pendant un certain temps les prétentions légitimes du véritable héritier. Ce n'était là qu'une conséquence de deux législations coexistantes, civiles et prétoriennes. Nous verrons tout à l'heure si les choses se passaient ainsi sous Justinien.

A l'époque classique, dans le cas que nous supposions plus haut, la *bonorum possessio* accordée par le préteur était dite *sine re;* mais, parfois, lorsque le préteur, corrigeant les dispositions de la loi, voulait conserver à celui qu'il avait appelé la succession qui civilement ne devait pas lui appartenir, il lui accordait une exception de dol pour repousser la pétition d'*hérédité* de l'héritier civil. Cette *bonorum possessio* devenait alors *cum re*, c'est-à-dire définitive. Ici l'interdit offrait à l'héritier prétorien de grands avantages. Sa procédure présentait moins de difficultés et de longueurs, et il lui permettait d'obtenir la possession sans engager le débat sur le fond même du Droit. Un rescrit de l'empereur Antonin, rapporté par Gaius, explique toute cette théorie (II, 120).

Si nous nous plaçons maintenant dans l'hypothèse où le *bonorum possessor* se trouve être en concours avec un possesseur *pro possessore*, il devra également prouver qu'il a obtenu du préteur la *bonorum possessio* et qu'il y avait droit. Là aussi le débat ne porte que sur la possession. Et le défendeur qui sera parfaitement admis à critiquer les allégations de son adversaire, ne pourra exciper d'un droit de propriété.

M. de Savigny a soutenu que l'exception *justi dominii* trouvait sa place naturelle dans cette matière. Ce n'est, du reste, qu'une conséquence de son système. N'admet-il pas, en effet, qu'il y a identité entre la *petitio hereditatis* et l'interdit *quorum bonorum ?* En conséquence, dans le cas où le défendeur excipera d'un droit de propriété, il se trouvera par cela même à l'abri de l'interdit *quorum bonorum* et de la *petitio hereditatis.* Il ne pourra plus être attaqué que par la voie de la revendication. Telle est l'opinion du grand jurisconsulte, et voici quelles raisons il émet à l'appui : « Contre

quelles personnes, dit-il, peuvent être dirigés, soit la pétition, soit l'interdit *quorum bonorum?* Contre ceux-là seuls
qui possèdent *pro herede* ou *pro possessore* ».

La première de ces causes est éliminée ; quant à la seconde, est-il possible de ranger un adversaire qui explique
sa posssession par sa qualité de propriétaire, dans la même
classe que le *prædo*, que l'homme qui, ne pouvant donner
une raison justifiable, se contente de répondre : « *Possideo
quia possideo* » ? Si tout le monde accorde que celui qui
possède *pro emptore, pro donato*, en un mot, en vertu d'un
juste titre, échappe à l'action de la pétition d'hérédité et de
l'interdit, il semblerait contradictoire de ne pas admettre à
*fortiori*, que celui qui possède en qualité de propriétaire *de
dominus*, ne puisse s'y soustraire.

Ce n'est pas là notre avis. Certainement, nous sommes les
premiers à le reconnaître, le possesseur qui possède *ex
justa causâ, pro emptore, pro donato*, ne pourra pas être
inquiété par la *petitio* d'hérédité ou l'interdit ; mais à quelles
conditions? En justifiant qu'il possède effectivement à ce
titre. C'est en faisant cette preuve qu'il répondra victorieu-
sement à la pétition d'hérédité ou à l'interdit *quorum bonorum*. Le *bonorum possessor* n'aura plus qu'un moyen d'agir
contre lui, ce sera d'employer la revendication.

Mais est-ce là notre hypothèse? Evidemment non; celui
qui prétend posséder comme *dominus*, en qualité de propriétaire, se trouve dans une tout autre situation. Sa condition, c'est celle de l'homme qui, à la mort du possesseur,
s'est emparé lui-même d'un objet de la succession. C'est
en vain que celui-là offrira de prouver que l'objet lui appartient, qu'il en est propriétaire. Il aura eu le tort de s'en être
emparé lui-même. Vivant, le défunt aurait obtenu restitution, bien que son adversaire alléguât sa propriété, sur la
simple preuve de sa possession, à l'aide des interdits *recuperandæ vel retinendæ possessionis; mort, l'interdit *quorum
bonorum* rendra à son héritier le même service. Il lui fera

obtenir la possession; la question de propriété se jugera ensuite, si le possesseur évincé intente la revendication.

Justinien apporta à ce système de profondes modifications. Le Droit prétorien ne fit plus qu'un avec le Droit civil. Le *bonorum possessor* fut complètement assimilé à l'héritier sur lequel jadis il l'emportait quelquefois. Désormais, il n'y eut plus qu'un ordre successoral unique. (Inst., liv. II, T. X, § 3.) La *bonorum possessio* ne doit plus être demandée au préteur. (Inst., liv. III, T. IX, § 10.) Seul, l'héritier véritable pourra l'obtenir.

Dès lors, pour triompher dans l'interdit, il faudra prouver sa qualité d'héritier, ce qui implique nécessairement que l'interdit *quorum bonorum* ne pourra plus être dirigé, comme au temps de Gaius, contre le *verus heres*. (G., Com. IV, § 144.)

Le débat est donc ouvert entre deux prétendants qui se disputent une succession en invoquant tous les deux la même qualité, la qualité d'héritier.

Il résulte de tous ces changements que l'interdit *quorum bonorum* se confond avec la *petitio hereditatis*, car il exige les mêmes preuves, soulève comme elle le fond même du Droit et ne règle plus une question de possession, mais bien de propriété. Aussi s'explique-t-on difficilement pourquoi les Instituts le mettent au nombre des interdits, car cela suppose la possibilité d'intenter après lui la *petitio hereditatis*. Or, ne serait-il pas dangereux, ne serait-ce pas vouloir soulever des complications à plaisir, que de permettre à la partie qui a succombé de renouveler le même débat, au risque de s'exposer à une contrariété de jugement?

Aussi devons-nous avouer que les rédacteurs de Justinien n'auraient pas dû laisser coexister deux moyens d'agir tendant au même but, faisant double emploi, surtout si l'on songe que le système des *sponsiones pœnales* a disparu, et que l'organisation judiciaire a été modifiée; mais il faut reconnaître pourtant que, en ce qui concerne le *possessor pro possessore*, l'interdit conserve encore de son importance prinitive. Ici, en effet, le débat n'a plus lieu entre deux rivaux invoquant des qualités identiques, la qualité d'héritier prétendant l'un et l'autre au droit, à l'*universum jus defuncti* : c'est simplement un héritier qui veut rétablir l'intégralité de la succession, telle que le défunt l'avait laissée, contre un adversaire qui entend, sans pourtant alléguer qu'il représente le défunt, arracher quelques lambeaux de ce patrimoine.

Dans cette hypothèse, une discussion préliminaire sur la succession n'a rien de choquant. L'héritier qui, nous le savons, ne succède pas à la possession de son auteur, a besoin d'un interdit pour rétablir les choses telles qu'elles étaient au décès du *de cujus,* pour rentrer dans la possession de l'objet qui a été usurpé depuis cet événement. S'il l'emporte, s'il réussit, il n'aura prouvé qu'une chose, c'est que son auteur avait le droit de posséder, et s'il succombait plus tard au pétitoire, il n'y aurait là aucune contradiction. Le défunt pouvait avoir la possession sans avoir la propriété.

Telle était, sous Justinien, la théorie de l'acquisition de la possession par l'héritier. Si elle ne passe pas de plein droit sur sa tête, le législateur cherche à faciliter au successible l'acquisition de la possession autant qu'il est possible, et il lui donne tous les moyens nécessaires pour arriver à ce résultat sans l'obliger à faire des preuves d'une difficulté réelle. Son but unique est de placer l'héritier dans la même situation que le défunt, de traiter l'héritier avec autant de faveur que son auteur lui-même. Nous avons vu comment ce résultat était atteint par le jeu de l'interdit *quorum bonorum* et la *petitio hereditatis.*

Lorsqu'une succession était ouverte, nous savons que l'héritier pouvait choisir entre deux partis : opter pour l'adition ou pour la répudiation. Dans les deux cas, sa situation était bien nettement déterminée. Faisait-il adition ? Il acquérait l'actif héréditaire, mais, en même temps, il s'obligeait aux dettes *ultra vires*, et il était exposé aux poursuites des créanciers de la succession. Répudiait-il, au contraire, il devenait aussi complètement étranger à la succession que s'il n'y avait jamais été appelé. Les tiers n'ont plus contre lui aucune espèce d'actions.

Mais qu'arrivait-il si l'héritier ne prenait ni l'un ni l'autre des deux partis, s'il s'abstenait, en un mot?

Son abstention suffisait pour le soustraire aux poursuites des créanciers héréditaires; car seule l'adition pouvait l'obliger au paiement des dettes de la succession, et les créanciers qui agissaient contre lui voyaient leurs actions rejetées s'ils n'arrivaient pas à prouver l'adition de l'héritier. Pour lui, il n'était nullement tenu de prouver qu'il avait renoncé, et son abstention, au point de vue passif, ne lui faisait courir aucun danger, puisqu'il fallait absolument un acte émanant de sa volonté pour que la succession devint sienne et qu'il en endossât les charges. Mais n'était-il pas à craindre que cette abstention longuement prolongée ne lui fit perdre, avec la faculté de faire adition, le droit d'acquérir l'hérédité ? Non, en principe, car les facultés sont imprescriptibles. Le temps ne peut avoir d'influence sur les droits qui ne sauraient être exercés par d'autres que par celui-là même auxquels ils compètent, qui consistent tout entiers dans la manifestation de la volonté.

Mais dans l'application, dans la pratique, l'abstention pouvait devenir funeste à l'héritier; il pouvait encourir une déchéance et se voir enlever le *jus adeundi* dans deux cas distincts : celui où un autre acquérait, par l'usucapion, le droit qu'il négligeait; celui où le *jus adeundi* ne lui serait conféré que pour un temps déterminé par le testateur.

1° L'*usucapio pro herede*, cette première façon de perdre un droit imprescriptible de sa nature, paraîtra peut-être extraordinaire, mais elle trouve une explication toute naturelle dans une disposition de la loi des *Douze Tables*. A l'origine, les Romains avaient commencé par considérer les choses incorporelles comme susceptibles de possession, et, par contre, d'usucapion. (Arg., l. 4, § 20. Dig., *De usur. et usuc.*)

L'hérédité était de ce nombre : ils l'avaient placée parmi les *cæteræ res* susceptibles de s'usucaper par une année de possession. Gaïus, Com. II, § 52 et suiv., donne pour explication à cette courte usucapion, qu'il qualifie d'*improba*, deux motifs principaux.

C'était d'abord, dans un but religieux, pour abréger l'interruption des *sacra*, ce culte domestique du défunt, dont le maintien importait à la cité elle-même : « Voluerunt » veteres maturius hereditates adiri, ut essent qui sacra » facerent, quorum illis temporibus summa observatio » fuit ». En second lieu, il fallait bien protéger les intérêts des créanciers, qui ne savaient à qui s'adresser pour se faire payer tant qu'il n'y avait pas d'héritier, de continuateur de la personne : « Ut haberent a quo suum consequerentur ». Ainsi donc, à cette époque reculée, quiconque avait possédé pendant un an, même sans titre et de mauvaise foi, la totalité ou la plus grande partie des biens du défunt, en acquérait non-seulement la propriété, mais devenait son héritier. L'héritier véritable perdait donc la faculté de faire adition avec sa qualité elle-même. Nous reviendrons sur les particularités de cette usucapion *pro herede* dans un chapitre spécial que nous consacrerons à cette institution en raison de son importance. Nous passons de suite à la seconde déchéance qui menaçait l'héritier qui ne faisait pas adition.

2° De bonne heure, les Romains, qui attachaient une si grande importance à leurs dernières dispositions, qui avaient pour elles un si grand respect, s'inquiétèrent du sort qui les attendait si leur héritier se montrait négligent, et de la défaveur qui pouvait rejaillir sur leur mémoire.

Aussi, pour couper court aux incertitudes trop prolongées sur le sort de son hérédité et des créanciers, le testateur ordonnait que son héritier accepterait sa succession dans un délai déterminé, ordinairement de cent jours, en prononçant les paroles solennelles de la *cretio*. Il faisait généralement suivre cet ordre d'une clause par laquelle il exhérédait l'héritier qui n'aurait pas obéi. La *cretio*, dans cette hypothèse, était dite *perfecta*. Si l'exhérédation n'était pas prononcée, la *cretio* était alors *imperfecta*, et la vocation de l'héritier restait, ce qu'elle était de sa nature, perpétuelle.

Du reste, cette distinction entre la *cretio perfecta et imperfecta* présentait un intérêt considérable. Dans le premier cas, en effet, l'institué n'appréhende la succession et ne lui devient totalement étranger qu'en prononçant ou en ne prononçant pas les paroles consacrées dans le délai fixé. Gaius, II, §§ 166 et 168, nous enseigne de la façon la plus formelle, que l'institué sous la forme de la *cretio perfecta*, ne pouvait pas plus accepter la succession par un acte d'héritier ou en se comportant comme tel, qu'il ne pouvait être exclu par une répudiation verbale. Dans la *cretio imperfecta*, au contraire, on n'était pas astreint à ces formalités rigoureuses, et l'héritier était libre d'employer tel moyen qui lui convînt pour faire connaître sa détermination en un sens ou dans l'autre. Il y avait encore la *cretio certorum dierum* ou *continua*, et la *cretio vulgaris*; la première, ainsi nommée parce que le délai de cent jours fixé par le défunt courait du jour même de son décès, tandis que la seconde ne commençait que du jour où l'institué avait connaissance de sa vocation.

C'étaient là les deux moyens qu'avait trouvé le Droit civil pour remédier aux dangers des abstentions indéfiniment prolongées. La *cretio*, qui était tombée depuis longtemps en désuétude, fut abolie par les empereurs Arcadius et Honorius dans une Constitution; peut-être fut-ce Justinien qui lui porta le dernier coup. (L. 17, *De jure delib. Cod.*)

Ce n'était pas suffisant; et cet état de choses entraînait

les inconvénients les plus dangereux pour les créanciers héréditaires. Il y avait là des intérêts engagés d'une gravité trop grande et d'une nature trop respectable pour qu'on ne cherchât pas un moyen plus efficace de leur porter secours.

Il était impossible de laisser sans action aucune des créanciers pour qui la décision de l'héritier était d'une si grande importance. Acceptait-il, en effet, ils l'avaient pour débiteur; répudiait-il, au contraire, ils obtenaient du préteur le droit de se mettre en possession des biens héréditaires et de les faire vendre pour se payer sur le prix. (G., Com. II, § 167.) Enfin, si le défunt avait institué plusieurs ordres d'héritiers, s'il les avait substitués les uns aux autres, ces derniers avaient un intérêt sérieux à voir ceux qui les précédaient prendre une décision définitive. Aussi les préteurs, qui avaient la mission de corriger, de suppléer le Droit civil, cherchèrent-ils de bonne heure à combler sur ce point les lacunes de la législation. Ils donnèrent aux deux classes de personnes que nous désignions tout à l'heure, le droit de citer l'héritier devant le magistrat et de le mettre en demeure de se prononcer. Mais, en même temps, comme il y aurait eu quelque chose d'injuste à obliger celui-ci de prendre sur-le-champ une décision aussi grave, ils lui accordaient un délai fixé dans leur édit, délai suffisant pour lui permettre d'apprécier les forces de la succession et d'en connaître les charges. (Dig., l. 1, § 1, De jur. del.) Le préteur n'avait fait qu'imiter dans son édit le pater familias dans son testament; le délai produisait exactement le même résultat que la cretio. Expirait-il avant l'adition de l'héritier, on regardait son silence comme une renonciation, et son droit à l'hérédité était anéanti, sa succession déférée aux substitués, ou bien encore, en leur absence, vendue par les créanciers. (D., l. 60, De acq. vel omitt. hered.) Le minimum de la durée était de cent jours; sous Justinien, le magistrat pouvait accorder neuf mois et l'empereur douze. La *bonorum possessio*, comme nous le savons, n'était pas déférée de plein droit; il fallait qu'on la demandât. Ici aussi, pour ne point laisser en suspens indéfiniment les créanciers, les légataires et toutes autres personnes intéressées, l'édit avait fixé un délai dans lequel cette demande devait être formée.

Seulement, ce système, qui protégeait les intérêts des créanciers d'une manière efficace, laissait, en principe, l'héritier dépourvu de toute protection, en se basant d'une façon trop générale sur cette idée qu'il n'avait accepté qu'en connaissance de cause. Il arrivait fréquemment en pratique que des dettes inconnues, cachées au jour de l'adition, se révélaient tout à coup et rendaient onéreuse une succession qu'on avait jugée bonne tout d'abord. Pour un cas de ce genre, l'empereur Adrien accorda une *restitutio in integrum* à un majeur de vingt-cinq ans, et Gordien, généralisant la mesure, étendit cette faveur à tous les militaires qui pouvaient se trouver dans le même cas.

Justinien, le premier, opéra une réforme plus radicale. Son innovation avait pour but de garantir l'héritier contre le danger résultant de la découverte de dettes inconnues lors de l'adition; elle portait le nom de bénéfice d'inventaire. Sans recourir au *jus deliberandi*, l'héritier doit faire adition, et, en présence des *tabularii*, dresser un état estimatif et descriptif de tout ce qui compose la succession. Il doit commencer dans le mois qui suit l'ouverture de la succession, et terminer dans les soixante jours qui suivent, à moins qu'on ne lui accorde un délai d'une année, si les biens sont considérables ou répandus en des endroits éloignés. Le principal effet de cet inventaire est d'empêcher la confusion des patrimoines, ce qui fait que l'héritier n'est obligé à payer les dettes que dans la limite de son émolument.

L'empereur conserva pourtant l'ancien *jus deliberandi;* mais il y apporta des modifications qui le rendaient presque impraticable. Le délai fut porté de cent jours à neuf mois, comme nous le disions plus haut, et quelquefois à douze, par le chef de l'État; mais en même temps il décida, ce qui est bien plus grave, car c'est une dérogation formelle au caractère de l'*heres extraneus*, que tout héritier qui aura recours *ad deliberationis auxilium*, sera, à l'expiration du temps fixé, réputé acceptant et tenu des dettes *ultra vires*, faute de s'être prononcé à temps. (L. 22, § 14, *De jur. delib. Cod.*) C'était l'abrogation formelle de la décision contenue dans la loi 69, Dig., *De acq. vel omitt. hered.*

Certains auteurs ont pourtant prétendu qu'il était possible de concilier ces deux textes. Mais on arriverait alors à un résultat bizarre : Si on rapproche, en effet, la Constitution de Justinien du texte classique, qui exclut l'héritier, il faut admettre que ce prince met le passif à la charge de l'héritier, tout en lui enlevant l'actif. La loi 69, en effet, prononçant la déchéance du droit d'accepter sur la demande d'un substitué, la loi 22, au contraire, la déchéance du droit de renoncer sur la demande des créanciers, les partisans du système en ont tiré cette conclusion, que l'héritier serait à la fois renonçant vis-à-vis des uns, et acceptant vis-à-vis des autres.

Je crois que c'est là un résultat trop profondément injuste pour être venu à la pensée du législateur.

La Constitution Justinienne, pour nous, n'est pas autre chose qu'un droit nouveau venant remplacer l'ancien, ce qui n'empêche pas, du reste, le vieux principe d'exister encore en tant que règle générale. Si l'héritier, n'ayant été mis en demeure par personne, s'est abstenu, s'il n'a pas demandé un délai pour délibérer, il conservera toujours le droit de renoncer, comme il aura celui de faire adition, quelque longue qu'ait été son inaction.

# CHAPITRE II.

## Des héritiers siens et nécessaires.

### SECTION I.

#### De l'acquisition de la propriété.

Dans la matière des successions, la législation romaine nous apparaît empreinte de cet esprit de rigueur et de rudesse qui caractérise les autres parties de son Droit privé. La forme testamentaire jouit à Rome d'une faveur qu'elle n'a connue chez aucune autre nation, parce qu'à l'origine, la société romaine, la cité composée d'un petit nombre de familles, obéissant à des chefs absolus, était intéressée à reconnaître les représentants futurs, les héritiers de ses patriciens, qui seuls, aux premières époques, avaient le pouvoir et des droits. Le *pater familias* se présentait devant le peuple romain assemblé *calatis comitiis*, il lui présentait le successeur qui devait un jour prendre sa place dans la République, jouir de ses honneurs et de ses droits. Le peuple, sur l'avis des pontifes, donnait ou refusait son adhésion, votait ou rejetait les dispositions du père de famille, qui devenaient, dans le premier cas, une loi véritable.

Tout ceci était en harmonie avec l'organisation autocratique et religieuse de Rome primitive, où la réunion des fortunes dans un petit nombre de mains et la scrupuleuse observation des *sacra* étaient les deux bases, les deux conditions nécessaires au gouvernement.

Ces formes rigoureuses tombèrent en désuétude, mais le principe de l'omnipotence du père de famille, en matière de dispositions testamentaires, resta toujours dominant. Il est inscrit dans la loi des *Douze Tables* : « Le *pater de familias* est un chef redouté dans sa famille; il est maître de ses esclaves comme de ses enfants; il a sur eux droit de vie et de mort. Ses enfants, il peut les vendre; ils ne possèdent rien en propre, ce qu'ils acquièrent est sa propriété ». Cet état de choses, si contraire aux sentiments de la nature et à ses devoirs, devait susciter une réaction par ses excès mêmes et amener un retour au Droit commun, en haine des abus et des actes odieux, conséquences nécessaires de cette liberté illimitée dans les testaments. Les jurisconsultes romains s'émurent de la triste situation faite aux héritiers naturels, et ils proclamèrent un principe qui put paraître bien hardi aux imaginations romaines, mais qui se trouve pourtant écrit dans l'esprit de tous les peuples comme au fond du cœur de tous les hommes. C'est la copropriété familiale. Les biens sont le patrimoine de la famille tout entière, et non pas l'apanage de son chef.

Cette idée n'est pas nouvelle dans l'histoire de l'humanité. Manou, le législateur de l'Inde, proclame le principe de la copropriété des enfants avec leur père, et, chose curieuse, cette communauté n'existe que pour les biens patrimoniaux ou venus des ancêtres; elle ne s'applique pas aux acquêts, à ceux qui proviennent du travail du père. On croirait entendre parler un de nos Coutumiers du moyen-âge. Et si nous voulions pousser plus loin la comparaison, nous verrions que la plus importante conséquence du principe de la copropriété entre le père et les enfants existe dans la loi Indoue. Les aliénations gratuites et onéreuses des biens patrimoniaux ne sont permises au père qu'avec le consentement des enfants. (*Jagannâtha Terkapan-chânassa*, Dig., *of. Hindu law.*, p. 159. — Colebrooke.) Cette règle se retrouve textuellement dans les monuments des législations barbares germaine et française.

Les jurisconsultes romains n'inventèrent donc point cette idée, mais l'empruntèrent bien plutôt aux Grecs, chez lesquels elle n'était pas inconnue. Platon la proclame en ces termes, dans son utopie législative :

Εγωγ' ούν, νομοθέτης ών, ού0' ύμ5ς, ύμών αύτων είναι τίθημι, ούτε την ούσίαν ταύτην, ξύμπαντος δε τοῦ γένους ύμών.

« *Moi, votre législateur, je ne considère ni vous, ni vos* » *biens comme étant à vous-mêmes, mais comme apparte-* » *nant à toute votre famille* ».

Devenus co-propriétaires avec leur père, les enfants prirent alors la qualification d'héritiers siens, d'*heredes sui*, c'est-à-dire, suivant l'opinion la plus accréditée, héritiers d'eux-mêmes, puisque du vivant de leur père ils sont déjà propriétaires de ses biens, et qu'à sa mort ils semblent bien plutôt continuer qu'acquérir le *dominium* paternel. Cette copropriété de famille est en accord parfait avec la règle que tous les biens acquis par le fils appartenaient au père. Nous ne pouvons donc pas distinguer ici pour les héritiers de cette classe, comme pour les héritiers externes, deux faits dans la transmission héréditaire, la *delatio* et l'*acquisitio*. L'hérédité leur est aussitôt acquise que déférée. Ils sont saisis de plein droit, et ils continuent, qu'ils le veuillent ou ne le veuillent pas, la personne du défunt.

Si l'on se demande pourquoi il n'est pas simplement nommé héritier nécessaire, comme l'esclave institué, étant donné leur condition identique, on en trouvera la raison dans les explications fournies par Gaius (C. II, § 157.) et Justinien (Inst., liv. 2, t. XIX, § 2) : « Sui quidem heredes ideo appel- » lantur quia domestici heredes sunt et vivo quoque parente, » quodam modo, domini existimantur ».

Mais il ne faudrait pas exagérer non plus la portée de ce *condominium ;* il est loin d'avoir toute l'énergie d'un principe de droit, et il laisse intacte la souveraineté du père de famille. Bien que la copropriété des enfants soit reconnue du vivant de leur père, ils ne possèdent rien en propre ; lorsqu'ils acquièrent, c'est pour lui. Il peut les déshériter au besoin ; mais déjà, comme jadis, il ne peut plus leur enlever la totalité de ses biens sans même les mentionner dans son testament.

Une exhérédation nominale, dans certains cas, est devenue nécessaire, et à mesure que les mœurs s'adoucissent, apparaissent les lois sur la légitime, sur le testament inofficieux, venant chaque jour ajouter une protection de plus aux droits sacrés de la famille.

Bref, le jurisconsulte Paul définit dans le texte suivant la manière particulière dont les héritiers siens recueillent la succession : « Post mortem patris non hereditatem percipere videntur, sed magis liberam bonorum administrationem consequuntur. » (Dig., 1. 11, *De lib. et post.*)

Nous pouvons tirer de tout ce que nous venons de dire les trois conséquences suivantes :

1° Les héritiers siens étant propriétaires de la succession *ignorantes et etiam inviti*, succèdent, alors même que leur bas âge ou leur état de folie les rendrait incapables de faire adition, de l'hérédité de toutes autres personnes. (Dig., 1. 14, *De suis et legit. hered.; l. 63, De acq. vel omitt. hered.*)

2° N'eût-il survécu, ne fût-ce qu'un instant, à l'ouverture de la succession, il la transmet à ses héritiers avec ses autres biens.

3° Il a le droit, dès le jour de l'ouverture de la succession, d'exercer toutes les actions héréditaires; mais si l'hérédité est insolvable, cette même qualité de *necessarius heres* le soumet comme l'esclave institué à l'infamie de la *bonorum venditio* et à l'obligation de payer *ultra vires* les dettes héréditaires.

Nous verrons plus tard comment il pouvait échapper à ces deux obligations.

4° Enfin, en quatrième lieu, il n'y avait plus aucun intervalle dans la transmission de la propriété du *de cujus;* partant, il n'est plus nécessaire de recourir à la fiction d'une *hereditas jacens*, chargée de représenter dans une certaine mesure la personne du défunt jusqu'à ce que l'héritier ait

4

recueilli son patrimoine. C'est ce que Paul exprime en ces termes : «Continuationem dominii eo rem perducere ut nulla » videatur hereditas fuisse. » (Dig., l. 11. *De lib. et post.*)

En somme, l'on peut dire que la loi place l'héritier sien dans une situation analogue à celle où se trouve l'héritier externe après l'adition. Il y a, du reste, une grande ressemblance entre sa condition et celle de nos héritiers. Eux aussi sont immédiatement investis de l'hérédité par la seule force de la loi. Et pourtant ces deux législations diffèrent profondément. Il n'y a pas chez nous d'héritiers nécessaires, personne ne devient héritier sans son consentement ; tous, les enfants eux-mêmes, ont la liberté de répudier la succession que la loi leur défère.

De nombreux auteurs, frappés de l'analogie qui existait entre les héritiers siens et les nôtres, ont cru pouvoir en conclure que notre saisine héréditaire avait puisé ses origines dans la *suitas* romaine. Ils ont soutenu, en d'autres termes, que les héritiers siens à Rome étaient, du jour du décès, de plein droit possesseurs et propriétaires. Cette opinion est exacte en ce qui concerne la transmission de la propriété, mais je ne crois pas pouvoir l'adopter relativement à la transmission de la possession. Je vais examiner la question dans la section qui va suivre.

## SECTION II.

### De l'acquisition de la possession.

Les auteurs se sont divisés en deux parties sur cette question délicate ; les uns ont prétendu que l'héritier sien était possesseur de plein droit, et ils ont produit à l'appui de leur théorie le raisonnement qui va suivre.

Tous les textes qui refusent la possession *ipso jure* à l'héritier, concernent l'héritier externe. Pour ne citer que les deux

principaux, la loi 23, Dig., *De acq. poss.*, et la loi 1, § 15, *Si
is qui testam*, toutes deux parlent de l'adition de la façon la
plus formelle. La loi 1, § 15, est surtout digne de remarque,
et les partisans de la théorie en tirent un de leurs meilleurs
arguments : « C'est l'*hereditas*, dit-elle, qui transfère tous
les droits à l'héritier volontaire ; mais comme elle n'a pas la
possession, comme elle ne saurait l'avoir, elle ne la transmet point à l'héritier avec les autres droits ». Il semble donc
légitime de conclure que, dans le cas où il n'y a pas d'*hereditas*, lorsque l'héritier reçoit directement de son auteur,
sans interruption, le patrimoine héréditaire, la possession
doit se fixer sur sa tête en même temps que la propriété.

Et ceci semble d'autant plus légitime, qu'il ne s'agit pas
pour le *suus* de commencer une possession nouvelle, mais
d'en continuer une préexistante ayant commencé déjà du
vivant du père de famille. Ce n'est point ici le lieu de faire
l'application du principe si souvent répété en matière de
possession : « Et adipiscimur possessionem corpore et
» animo, neque per se animo, aut per se corpore. »
(L. 3, § 1, Dig., *De acq. vel. amitt. poss.*) Ce *condominium*,
qui existe entre le père et ses enfants, produit à Rome les
mêmes effets que chez tous les autres peuples où on le
rencontre ; il porte à la fois sur la propriété et sur la pos-
sion, et assure, pour l'un comme pour l'autre, une transmission immédiate, une continuation non interrompue. Et
ce ne sont pas là, continuent les partisans du système
des opinions isolées, fabriquées à plaisir, qui n'existent que
dans l'imagination de leur auteur ; non, elles trouvent leur
confirmation dans les principes mêmes de l'*usucapio pro
herede*. Elle ne saurait avoir lieu que dans le cas où la possession des biens héréditaires est vacante et n'appartient à
personne ; mais aussitôt que quelqu'un l'a appréhendée à un
titre quelconque, peu importe, le possesseur *pro possessore*,
en s'en emparant, se rendra coupable d'un vol, et ne pourra

usucaper. (Gaïus, C. II, § 52; et Arg., l. 29, Dig., *De usurp.
et usuc.;* l. 68, 69, 70, *De furtis.*)

Or, la loi 2, *Cod. de usucap. pro hered,* nous enseigne
que la seule présence d'un héritier sien met obstacle à l'usucaption : « Nihil pro herede usucapi posse, suis heredibus
» existentibus, magis obtinuit. » Il n'y a, aux yeux des personnes qui soutiennent cette théorie, qu'une explication
raisonnable à donner à ce texte, qu'une manière de comprendre cette décision, c'est de reconnaître le *suus* possesseur de plein droit.

On a bien essayé de soutenir que, par un motif d'humanité, l'usucaption n'était pas permise, parce que les choses
héréditaires n'étaient plus *res nullius,* qu'elles avaient un
maître. Il eût été par trop dur et par trop injuste de priver
un propriétaire des choses qui lui appartenaient légitimement par cette courte possession d'une année, n'ayant même
pas pour elle le titre et la bonne foi. Mais ces considérations
ne suffisent pas pour justifier le principe contenu dans la
loi 2 du Code, et l'on est bien forcé d'aller chercher ailleurs
une explication plausible, en présence des lois 2, § 1, Dig.,
*Expil. hered.;* Gaïus, C. II, § 58, et C. III, § 201. Ces textes nous apprennent que l'*usucapio pro herede* peut avoir
lieu même après l'adition de l'héritier, ou bien encore dans
le cas de la dévolution d'une succession à un héritier nécessaire. Et pourtant, dans ces deux cas, les choses héréditaires ne sont plus *res nullius,* elles ont un maître.

Il faut donc avouer que ces différences, inexplicables au
premier abord, que cette divergence dans les solutions, ne
peuvent tenir qu'à une cause unique, la possession. Si les
biens héréditaires peuvent être occupés sans vol, c'est que
l'héritier nécessaire et que l'héritier volontaire, après l'adition, sont bien propriétaires, mais non possesseurs. Et
nous savons que c'est la possession et non pas la propriété
qui fait l'objet du vol : « Possessionis furtum fit ». (Dig.,
l. 4, § 15, *Si is qui test.;* l. 68, 69, 70, Dig., *De furtis.*)

L'héritier sien, au contraire, a la propriété avec la possession ; c'est ce qui explique comment l'on ne pourra s'emparer des objets de la succession sans commettre un vol, et comment, dans ce cas, l'usucapion sera impossible.

Je ne puis adopter ce système. Tout d'abord, le principe contenu dans la loi 3, § 1, Dig., *De acq. possess.*, domine toute la matière de la possession. Il est général et absolu, et en même temps si conforme à la nature des choses, si approprié à l'esprit un peu matériel du peuple qui l'a fondé, qu'on ne saurait s'en écarter, passer outre, sans l'appui d'une décision formelle en sens contraire. Or, avant d'être un droit, la possession est un fait, surtout lorsqu'elle prend naissance ; et si les jurisconsultes romains, si exacts et si logiques, avaient jamais déclaré un héritier quelconque possesseur avant qu'il eût pris possession, nous trouverions certainement, dans les textes nombreux qui nous sont parvenus, la mention spéciale d'une dérogation si formelle à la théorie générale de la possession. Et lorsque ceux qu'on nous objecte ne sont pas plus concluants, nous ne croyons pas pouvoir accepter une innovation si peu en rapport avec les habitudes romaines.

La loi 1, § 15, Dig., *Si is qui test.*, en effet, sur laquelle nos adversaires fondent leur première espérance, ne nous offre qu'un argument *à contrario,* et encore est-il basé sur une idée de copossession que l'on prête bénévolement aux Romains, et qu'ils n'ont probablement jamais eue. Il n'est question que de *condominium* dans les textes, et encore ce principe, introduit tardivement, c'est fort à croire, par des jurisconsultes éclairés, comme une protestation du Droit naturel contre la tyrannie et les rigueurs du Droit civil, n'a-t-il jamais été à Rome une institution légale ; tout au plus a-t-il pu inspirer au législateur quelques-unes de ses dispositions ; aussi serait-il dangereux de rattacher à ce *condominium,* qui a suscité peut-être, en tant que raison philosophique, certaines hardiesses d'interprétation, l'existence d'une copossession qui ne saurait avoir le même caractère.

A Rome, quoi qu'on en puisse dire, le *pater familias* est bien, de son vivant, seul et unique possesseur de ses biens, et lorsqu'il meurt, ses héritiers siens doivent acquérir, de la même manière que tous les autres héritiers, une possession qu'ils n'ont jamais eue.

Le second argument, fourni par l'usucapion *pro herede*, est séduisant au premier abord, nous ne le contestons pas, bien que nous soyons d'un avis opposé, et lui seul peut donner une explication juridique, sinon satisfaisante, aux différences que nous avons vues établir par les textes, entre l'héritier sien et les héritiers nécessaires, au point de vue de l'usucapion; seulement, en cette matière, nous ne croyons pas devoir demander aux principes la solution de la loi 2, *Code de usuc. pro hered.*, qu'ils ne sauraient résoudre.

Il est évident qu'il y a eu jadis une double controverse entre les jurisconsultes, sur le point de savoir si la présence de l'héritier sien et nécessaire et celle de l'héritier simplement nécessaire ferait obstacle à l'*usucapion pro herede.* Je n'en veux pour preuve que les expressions *placuit* et *obtinuit*, employées dans la loi précédemment citée, et dans les paragraphes 58, Com. II, et 201, Com. III, Gaïus.

On s'explique difficilement, dans le système opposé, la raison de cette controverse, et l'on comprend mal, et d'un côté les hésitations des jurisconsultes à déclarer l'*usucapion* impossible vis-à-vis de l'héritier sien, s'il était véritablement propriétaire et possesseur, et de l'autre, à l'inverse, les doutes qu'ils élevaient à l'égard de l'esclave héritier nécessaire, puisqu'il était certain, admis sans conteste, qu'il n'avait pas la possession.

On peut donc, avec quelque apparence de vérité, conclure que les jurisconsultes ont plutôt obéi à des sentiments d'équité qu'à des considérations de droit pur dans la réglemen-tation de cette matière.

L'*usucapion pro herede*, qui pouvait avoir sa raison d'être dans une société naissante, chez un peuple religieux et farouche, était vue chaque jour d'un œil plus défavorable au fur et à mesure des progrès de la civilisation. Cherchant à restreindre autant que possible l'application de cette institution inique, les prudents observèrent sans doute que si, d'après les principes rigoureux, elle pouvait aussi bien s'accomplir contre un héritier nécessaire, et je prends ici le mot dans sa généralité, que contre un héritier externe, elle n'offrait plus dans les deux cas la même utilité.

Quel était son but, en effet? Donner un continuateur aux *sacra*, un répondant aux créanciers. Ne l'avaient-ils pas dans l'héritier nécessaire? Ces considérations, logiques en elles-mêmes, et tirées en même temps de l'esprit de la loi, décidèrent les jurisconsultes à interdire l'*usucapion* vis-à-vis des héritiers siens; mais ils n'accomplirent pas jusqu'au bout leur réforme, et ils n'abolirent point l'antique usage en faveur de l'héritier nécessaire, pour lequel ils étaient loin d'éprouver les mêmes sentiments de sympathie.

C'est ce qui explique que, bien longtemps après, sous Dioclétien, on voit présenter l'exclusion absolue de l'*usucapion* au cas des héritiers siens comme une doctrine qui prévaut, *magis obtinuit*, tandis que, s'il n'y avait qu'un héritier nécessaire, l'opinion adverse était adoptée *placuit*. (Gaius, Com. III, plus haut cité.)

On peut donc expliquer les différences de la loi 2 au Code et du paragraphe 58, sans faire de l'héritier un possesseur de plein droit. Et nous ajouterons une dernière considération, tirée de l'application de la pratique elle-même, pour prouver que le système de nos adversaires n'est pas le vrai. Le résultat logique de la théorie que nous combattons serait de donner à l'héritier sien, dès le décès du père de famille, les interdits *recuperandæ, vel retinendæ possessionis*.

Nulle part, dans aucun texte, nous ne trouvons mentionné que les interdits *uti possidetis* ou *unde vi* soient accordés *de plano* à l'héritier sien, tandis qu'au contraire, nous rencontrons des textes fort nombreux qui assimilent, au point de vue de l'acquisition de la possession et des moyens employés pour arriver à ce résultat, le *suus* à l'héritier externe. Nous citerons les §§ 34 et 37, Com. III, Gaius, qui font une application décisive de l'interdit *quorum bonorum* à l'héritier sien. Or, cet interdit est *adipiscendæ possessionis, quia ei tantum utile est qui nunc primum conatur adipisci rei possessionem.* (Gaïus, Com. IV, § 144.) N'est-ce pas là une preuve évidente que le *suus*, comme les autres héritiers, doit appréhender la possession qui ne lui est point acquise de plein droit.

## SECTION III.

*De la position de l'héritier sien vis-à-vis les tiers.*
— *Du droit d'abstention.*

Nous avons vu, dans la précédente section, les conséquences rigoureuses auxquelles le législateur romain n'avait pas craint de soumettre l'héritier sien et nécessaire. Nous savons qu'il était directement exposé aux poursuites des créanciers, qui n'avaient besoin ni de le mettre en demeure de prendre parti, ni de lui faire fixer un délai passé lequel il serait déclaré renonçant. Sa qualité d'héritier sien et nécessaire le mettait dans l'impossibilité d'éviter une condamnation en qualité d'héritier pur et simple, et, dans le cas où la succession était insolvable, il était exposé sans ressources à l'ignominie de la *bonorum venditio* et à l'obligation indéfinie de payer les dettes.

Le préteur, plus humain que le législateur primitif, s'indigna d'un pareil état de choses. Il chercha à protéger l'héritier sien contre la rigueur et la honte de sa position, n'admettant point que cette infamie, que le défunt avait évitée, et dont il était la première cause, retombât sur la tête de ses enfants, qui n'étaient pas responsables de l'insolvabilité paternelle. Aussi leur donna-t-il le droit de s'abstenir le *jus abstinendi*, en laissant la *bonorum venditio* s'accomplir sous le nom du défunt (Inst., l. 2, t. XIX, p. 2.)

Ce bénéfice, à l'encontre de la *bonorum separatio*, que nous examinerons en son lieu, n'avait pas besoin d'être demandé au préteur. Il suffisait que l'héritier sien s'abstînt de toute immixtion dans la succession du défunt pour qu'il fût toujours à temps de l'invoquer. (Dig., l. 12, *De acq. vel amitt. hered.*) Si même il s'agit d'un *impubère*, son immixtion n'implique pas déchéance du *jus abstinendi*. Mais il diffère pourtant de l'abstention des héritiers externes en un sens. Celle-ci consiste en une simple inaction et laisse les choses dans le *statu quo*. Il faut, au contraire, que l'héritier sien manifeste sa volonté de se retirer de l'hérédité d'une manière quelconque avant de s'être immiscé. (L. 71, § 9, Dig., *De acq. vel omitt. hered.*)

Le préteur accordait le bénéfice d'abstention à la femme qui était sous la *manus* du testateur, à la bru qui était sous la *manus* de son fils. Elles sont, en effet, *loco filiæ* ou *loco neptis*. Les jurisconsultes accordaient aussi à l'individu *in mancipio* le bénéfice d'abstention : ce qui s'explique difficilement, car, suivant Gaius, il n'était pas héritier sien ni héritier nécessaire comme l'esclave.

Mais si l'on essaie de se faire une idée exacte sur la portée du *jus abstinendi*, on reconnaîtra qu'il produit en principe les effets d'une renonciation tout en conservant au *suus* sa qualité d'héritier. Ceci trouve son explication dans la nature même du pouvoir qui protége le *suus*. Le préteur peut bien corriger les résultats de la loi civile ; il lui est impossible d'en abroger les dispositions. Tout en conservant à l'héritier son titre, il l'exonère des conséquences fâcheuses qu'il pourrait produire. De là résultent les déductions suivantes :

1° Tant que les biens ne seront pas vendus, il peut revenir sur son abstention, et, à l'exemple de l'héritier externe, demander au préteur un délai pour délibérer. (L. 8, *De jur. deliber.*, Dig.) Il faut admettre que, dans l'intervalle, personne n'a fait adition.

2° Une fois la vente effectuée et les créanciers payés, reste-t-il un excédant, c'est à lui qu'il sera versé.

3° Enfin, tous les affranchissements, de quelque nature qu'ils soient, conservent leurs effets, de même que les substitutions pupillaires sont maintenues. (Dig., l. 30, § 10., *De fiduc. libert.*, Dig., l., 41 et 42, *De acq. vel omitt. hered.*)

Mais voici maintenant en quoi le *jus abstinendi* équivaut à une répudiation : il affranchit l'héritier sien de toutes les charges héréditaires, et il donne ouverture à la substitution vulgaire, au droit d'accroissement ou à la dévolution au degré subséquent. (Dig., l. 99, *De acq. vel omitt. hered; l. 2, § 8, Ad sen. Tertul.*)

Pour obtenir ces résultats, le préteur procédera de la façon suivante : Ne pouvant combattre directement le Droit civil, et l'héritier, malgré l'abstention, restant toujours propriétaire des biens héréditaires et obligé envers ses créanciers, il usera d'un moyen qui lui était familier, il créera des actions utiles, pour transporter sur la tête des substitués, propriétés, créances et dettes. Quant aux créanciers, rien ne les empêchera d'intenter leur action contre le *suus*, elle le sera valablement. Seulement, rendu devant le préteur, le *suus* déclarera s'abstenir, et alors, de deux choses l'une : ou les créanciers ne contrediront pas à sa déclaration, et le magistrat leur refusera l'action, ou ils allégueront l'immixtion de l'héritier sien dans la succession, et alors il leur remettra une formule dans laquelle il donnera mission au juge d'absoudre le défendeur, si les allégations des créanciers ne sont pas justifiées. Comment se fera cette preuve ?

L'héritier sien devra-t-il prouver ses abstentions, ou, au contraire, les créanciers devront-ils établir la preuve d'une immixtion?

Il y a divergence sur ce point. Certains auteurs mettent la preuve à la charge de l'héritier, et, pour soutenir leur système, ils raisonnent ainsi :

L'héritier sien, disent-ils, par le seul fait de sa qualité toute spéciale, est tenu aux dettes *ultra vires* qu'il le veuille ou non. Donc, les créanciers n'ont qu'à prouver que la succession lui a été dévolue, pour démontrer qu'il est leur débiteur, *filius ergo heres*; c'est à lui, s'il s'est abstenu, qu'incombe le devoir de faire cette preuve par suite du principe général « in excipiendo reus, fit actor ».

Si, au contraire, on exigeait des créanciers de produire les preuves à l'appui de leurs prétentions, ce serait enlever par cela même toute différence entre les héritiers siens et les héritiers volontaires. Si loin qu'aille le pouvoir prétorien, il ne va pourtant point jusque-là. Ce système serait d'une exactitude parfaite, si les formalités analogues à celles qui accompagnent chez nous la renonciation avaient existé à Rome dans l'abstention.

L'héritier sien n'aurait eu alors qu'à établir qu'il s'était conformé aux prescriptions légales, c'était simple et facile; mais l'abstention, comme la renonciation romaine, consistaient dans la simple manifestation de la volonté, *re aut verbis*. Aussi, pour arriver à repousser l'action des créanciers, le suus n'a qu'une chose à dire : « Je m'abstiens », puisque la simple déclaration suffit à constituer une abstention valable. Les créanciers nient-ils qu'il le puissent faire parce qu'il s'est déjà immiscé dans la succession? A eux de prouver leur dire; ils invoquent une déchéance, ils doivent la démontrer. Si bien qu'en fait, ils seront, vis-à-vis de l'héritier sien, dans une situation à peu près semblable à celle que leur fait la loi à l'égard des héritiers externes; mais, en droit, les principes seront respectés, et la procédure romaine suivra régulièrement son cours. En établissant la qualité du *suus*, les créanciers prouveront que leur action a été valablement intentée. En déclarant s'abstenir, le défendeur prouvera s'abstenir, c'est là l'exception. Ce sera aux demandeurs à démontrer la nullité de l'abstention dans une réplique.

Enfin, pour en finir avec ce sujet, nous dirons qu'aucun délai ne fait perdre à l'héritier sien le droit de s'abstenir. Tant qu'il n'a fait aucun acte qui implique immixtion ou détournement, il est toujours susceptible de l'exercer, le temps ne saurait avoir d'influence sur la position du *suus*. Dans le Droit classique, l'héritier qui s'était abstenu pouvait toujours revenir sur sa décision primitive, tant que la succession n'avait été ni vendue, ni dévolue à un autre successeur ; mais, sous Justinien, cette faculté, autrefois perpétuelle, avait été limitée à trois années.

L'héritier sien s'est abstenu, il meurt, que va devenir la succession ? Malgré son abstention, sa qualité d'héritier persiste toujours, il ne peut faire que l'hérédité ne soit à lui, il la transmet donc à ses enfants. Seulement, vis-à-vis d'eux comme vis-à-vis de leur auteur, le bénéfice d'abstention continue d'exister et produit ses effets. (Dig., l. 42, *proe. de acq. vel omitt. hered.*)

Il n'y a, du reste, que les premières lignes du texte qui visent notre hypothèse ; le jurisconsulte s'occupe du cas où l'héritier sien qui s'est abstenu laisse comme successeur un substitué pupillaire.

Il existait une controverse entre les jurisconsultes, sur le point de savoir si le substitué profitait ou non de l'abstention.

On peut aussi supposer que l'héritier sien ne s'est pas immiscé et ne s'est pas abstenu ; que va devenir la succession ? Sans aucun doute, l'hérédité est transmise à ses successeurs ; mais le *jus abstinendi* leur passe-t-il également ?

Une opinion qui a été soutenue par le président Favre (*De,*

*error. pragm. dec.* XXXI, err. 0), ne leur accordait l'exercice de ce droit que s'ils réunissaient les deux conditions
suivantes : 1° ils devaient être eux-mêmes héritiers siens du
transmettant ; 2° leur auteur devait avoir ignoré l'ouverture,
à son profit, de la succession qu'il transmet. Je ne crois pas
ce système exact ; il ne s'appuie que sur la loi 7, § 1, Dig.,
*De acq. vel omitt. hered.*

Voilà sa teneur : « Si filius, prius quam sciret se ne-
» cessarium extitisse patri heredem, decesserit, relicto filio
» necessario, permittendum est nepoti, abstinere se avi
» hereditate, quia et patri ejus idem tribueretur ».

Je ne crois pas que ce texte puisse donner raison au système du président Favre, pour deux motifs : d'abord, rien
ne prouve que Paul ait fait des deux circonstances énoncées
dans sa loi des conditions essentielles de la transmission.
On pourrait soutenir, d'abord, que c'est là l'espèce qui
lui a été soumise ; dans tous les cas, je dirai qu'il n'a
prévu l'hypothèse d'une succession où le deuxième héritier
est le fils du premier, que pour enlever tous les doutes
qu'aurait pu faire naître dans les esprits cette circonstance,
que le fils était à la fois héritier nécessaire de son père et
de son aïeul. Cette double parenté aurait pu déterminer
quelque incertitude sur le point de savoir s'il était permis
au petit-fils d'accepter une succession et de répudier
l'autre.

En second lieu, je ne crois pas devoir attacher d'importance à ce fait, que le premier héritier a ignoré sa vocation
héréditaire. C'est du moins ce qui ressort, à mes yeux, de
la loi 12, Dig., *Eod. titul.*, où nous trouvons posée une hy-
thèse absolument identique à celle que nous examinions
tout à l'heure, et résolue de la même manière ; seulement,
le jurisconsulte suppose que le fils savait qu'il était héritier.

Nous ne pouvons donc pas admettre que l'ignorance de
la vocation héréditaire soit une condition essentielle de la
transmission pour l'héritier sien ; mais nous croyons plutôt

que Paul a ait, dans la loi 7, §. 1, l'application de la règle générale, qu'il faut faire jouir l'héritier des mêmes droits que son auteur, et le placer dans la même condition que lui.

*Des héritiers nécessaires.*

Je ne dirai qu'un mot des héritiers nécessaires.

Leur condition offre la plus grande analogie avec celle des héritiers siens; comme à eux, l'hérédité leur est imposée par la loi, ils ne peuvent la répudier, et ils n'ont pas besoin de l'addition pour l'acquérir.

Mais il y a cependant, entre ces deux classes d'héritiers, certaines différences qu'il est bon de signaler. Tout d'abord, leur vocation héréditaire ne repose pas, comme chez les héritiers siens, sur un principe de copropriété antérieure. C'est la volonté absolue de leur maître qui leur impose cette qualité, qui constitue souvent à la place d'un bienfait une lourde charge. C'était généralement pour soustraire leur nom et leur mémoire à l'infamie d'une vente publique, que les Romains instituaient un esclave héritier nécessaire, et faisaient un continuateur forcé et immédiat de leur personne, en lui laissant en revanche la responsabilité du mauvais état de leurs affaires. Deux conditions étaient, du reste, exigées pour que l'esclave devînt héritier nécessaire.

Outre une institution régulière, il fallait que la liberté lui fût acquise en vertu du testament et au même instant que l'hérédité. En conséquence, l'esclave doit être la propriété du testateur au moment de son décès. En second lieu, il faut que cette liberté, il la tienne de son maître lui-même, que ce soit un bienfait émanant de lui, car si cet esclave n'était que provisoirement entre les mains de son maître, s'il l'avait reçu à un titre quelconque, à la condition de le rendre plus tard à la liberté, de l'affranchir, il ne pouvait plus en faire un héritier nécessaire. La loi voulait, en effet, que le testateur qui imposait à son esclave une charge aussi lourde qu'une hérédité insolvable, lui donnât en retour une liberté qui était achetée assez cher, car il était exposé à voir : 1° les créanciers vendre les biens de son maître sous son nom, et il était frappé de l'infamie qui aurait dû atteindre la mémoire du défunt ; 2° si la vente des biens héréditaires ne suffisait pas à éteindre les dettes du testateur, il restait personnellement obligé jusqu'à parfait paiement et indéfiniment soumis aux poursuites des créanciers, qui pouvaient saisir et vendre les biens provenant de son travail, de successions particulières ou de toutes autres causes.

Ils avaient même le droit de l'emprisonner comme un débiteur insolvable ordinaire, et, dans la législation primitive, dans la loi des *Douze Tables*, ce que nous savons de ce droit barbare nous autorise à croire qu'il devait redouter des voies d'exécution personnelles d'une extrême rigueur, telles qu'une vente *trans Tiberim*, ou un partage en morceaux entre les créanciers.

Aussi le préteur, ému de cette situation, essaya-t-il de corriger un peu l'inflexibilité du Droit civil à l'égard des héritiers nécessaires. Il créa le bénéfice de séparation, et il leur accorda par ce moyen le droit de soustraire aux poursuites des créanciers les biens qu'ils avaient acquis depuis la mort du maître. Mais là s'arrêta sa faveur ; il ne les affranchit jamais de l'ignominie attachée à la *venditio bonorum*, comme les héritiers siens. Il ne pouvait le faire sans aller directement contre la volonté du défunt, contre le but même de son institution, et si l'équité prétorienne s'était révoltée contre la rigueur du Droit civil en voyant les enfants encourir la responsabilité des fautes paternelles et l'ignominie frapper des têtes innocentes, il lui eût semblé monstrueux de traiter avec la même bienveillance l'héritier nécessaire, de porter atteinte à la puissance dominicale, de noircir la mémoire d'un citoyen en faveur d'un être qui ne comptait même pas dans l'État. (Gaïus, Com. ii, §§ 154 et 155.) Nous croyons devoir dire un mot de la *separatio bonorum*.

C'était surtout dans le but de soustraire les créanciers héréditaires aux conséquences quelquefois désastreuses de l'adition d'hérédité, que les jurisconsultes romains avaient inventé la séparation des patrimoines. Son but principal était d'établir une démarcation formelle entre le patrimoine du défunt et celui de l'héritier, et d'affecter uniquement au paiement des créances héréditaires la totalité des biens transmis, tout en maintenant entre les classes des créanciers les relations primitives précédemment existantes, tout en conservant les causes de préférence antérieures à la demande de séparation. Cette séparation des patrimoines était donc dirigée contre les créanciers personnels de l'héritier, qui ne pouvaient élever aucune prétention sur les biens de la succession tant qu'il restait un créancier du défunt à satisfaire. Mais en revanche, en exerçant leur privilège, les créanciers de cette classe renonçaient à venir jamais prendre leur part des biens particuliers de l'héritier. Du moins, c'est là l'opinion professée par Ulpien, et que nous croyons devoir suivre, bien que Papinien refuse de l'adopter.

. Les personnes qui pouvaient demander la séparation du patrimoine sont assez nombreuses, et ne se composent pas exclusivement des créanciers, comme on pourrait le croire au premier abord :

. 1º L'esclave, institué héritier nécessaire, comme nous l'avons vu il y a un instant, pouvait demander au préteur la séparation de son pécule du patrimoine de son maître; grâce à ce bénéfice, l'esclave ne peut plus être poursuivi que jusqu'à concurrence des valeurs de la succession et des biens qu'il aurait acquis *ex hereditaria causa*. (Const. v, Proe., Cod., *De necess. hered. inst.*)

2º Je citerai encore l'héritier fiduciaire, qui, forcé par le sénatus-consulte Pegasien d'accepter une succession, ne pouvait la restituer à qui de droit sur un refus formel. Le rescrit d'Antonin venait à son secours et lui accordait le bénéfice de la séparation, qui fut donnée par extension à ses créanciers. (L. 11, § 2, Dig., *Ad sen. treb;* — l. 1, § 0, Dig., *De sep.*)

3° Une Constitution de l'empereur Claude permit au fils de famille de faire séparer son pécule du patrimoine de son père dont le fisc a saisi les biens pour se faire payer. (L. 3, § 4, Dig., *De min.*, xxv ann.)

4° Le patron devenu héritier de son affranchi qui peut faire séparer le patrimoine de cet affranchi d'une succession onéreuse acceptée par ce dernier. (L. 0, §. 1, *De sep.*, Dig.)

Nous pourrions en citer bien d'autres encore, mais ce sont surtout les créanciers d'une succession qui doivent appeler notre attention. C'est là que nous trouvons vraiment une application heureuse du principe. Les créanciers, redoutant de voir les biens du défunt absorbés par les dettes personnelles de l'héritier, craignant un concours désavantageux, demandent que les biens héréditaires soient exclusivement employés à les désintéresser. Ce droit leur est accordé, que la succession soit à terme ou conditionnelle.

Introduit par l'équité prétorienne, ce bénéfice de séparation, directement opposé au Droit civil, devait être demandé au préteur, et son exercice était intimement lié à la *venditio bonorum*, dont nous ne pouvons examiner ici les diverses phases. Nous nous bornerons à dire qu'en l'an de Rome 013, la loi Pétilia avait établi une procédure spéciale pour faire rentrer les créances du fisc contre les condamnés et les proscrits.

Les questeurs étaient envoyés en possession des biens du condamné, et ils les adjugeaient au plus offrant dans une vente publique. Cette façon de procéder, connue sous le nom de *sectio bonorum*, fut introduite, par le préteur Ruti-lius, du Droit public dans le Droit privé, et étendue aux dettes des particuliers envers les particuliers. Elle prit la dénomination d'*emptio bonorum*.

Sans insister davantage, nous allons citer quelques cas dans lesquels la *separatio bonorum* ne pouvait être demandée.

Si les créanciers, depuis l'adition d'hérédité, gardaient cinq années le silence, on voyait dans cette façon d'agir une approbation tacite de la conduite de l'héritier, et on leur défendait d'invoquer dorénavant le bénéfice de séparation.

La confusion des biens du défunt avec ceux de l'héritier pouvait encore apporter un obstacle à la demande de séparation, mais cette confusion n'était guère possible que pour les meubles. La nature même des immeubles résistait à la confusion. (L. 1, p. 12, Dig., *De sep.*)

Enfin, nous citerons le cas où le créancier a suivi la foi de l'héritier. Ici encore, le créancier se trouvera déchu du droit de séparation. Ceci semble bien résulter de la loi 1, §. 10, *De sep.*, d'Ulpien, où ce jurisconsulte donne comme exemple le créancier qui a fait avec l'héritier une stipulation emportant novation. Elle engendrait dans cette hypothèse, de la part du créancier, une acceptation de la personne de l'héritier comme seul débiteur. Ce fait était constitutif d'une incompatibilité avec le régime exclusif de la séparation.

Donc, la séparation établit une distinction profonde entre les biens de l'héritier et ceux de la succession. Aussi les créanciers du défunt peuvent exercer désormais leurs prétentions sur la masse héréditaire sans avoir à redouter la compétition des créanciers de l'héritier.

L'héritier lui-même, tout en restant toujours héritier pur et simple aux yeux de la loi civile, devient un étranger vis-à-vis des créanciers de la succession, qui ne pourront jamais revenir sur son propre patrimoine : *Recesserunt a persona heredis.*

Il peut se produire deux hypothèses (Papinien, l. 3, § 2,

*De separ. bon.*, Dig.) : Ou les biens héréditaires ont suffi à désintéresser les créanciers du défunt, et, dans ce cas, la séparation a rempli son office, et, s'il reste encore des valeurs dans la succession, elles seront partagées entre les créanciers personnels de l'héritier, ou bien seront dévolues à l'héritier, s'il n'a pas de créanciers personnels.

Mais dans l'autre hypothèse, celle où les biens de la succession n'ont pas suffi à éteindre les dettes héréditaires, le même jurisconsulte semble donner aux créanciers du défunt le droit de revenir sur le patrimoine personnel de l'héritier. Quoique cette décision soit contraire aux principes, il excuse cette infraction en disant qu'elle est nécessaire aux intérêts des créanciers du défunt.

Mais Paul et Ulpien (l. 7, §. 17, et l. 5), ne partagent pas cette opinion. Les créanciers, suivant eux, ont dû savoir ce qu'ils faisaient en demandant la séparation. C'est déjà une grande faveur que leur a accordée le préteur. Ils devaient se renseigner, prendre les précautions nécessaires, ne pas faire une injure aussi grave à l'héritier; ils se sont trompés : *Recesserunt a personâ heredis;* c'est irrévocable. Ils n'ont plus aucun recours à exercer contre ses biens et sa personne. Il y a une antinomie complète sur ce point entre les lois de Papinien et les lois de Paul et d'Ulpien. (L. 5, Dig., *Hoc. tit.*; l. 40, Dig., *De reb. cred.*; l. 6; Dig., *Proe. de ser. exp.*) C'est certain. Ulpien essaie bien de corriger les rigueurs de son principe en accordant aux créanciers le droit de venir prendre le reste des biens de l'héritier, en justifiant d'une *justissimâ ignorantis causâ;* mais c'est une véritable *restitutio in integrum* qui n'altère en rien le principe de la séparation.

# APPENDICE

## De l'usucapion pro herede.

Nous avons souvent parlé, en traitant de l'*hereditas jacens*, de l'*usucapio pro herede*.

Nous croyons devoir donner quelques indications sur cette institution particulière à la législation romaine et d'un caractère tout-à-fait spécial pour compléter cette étude sur les héritiers tels qu'ils existaient à Rome.

Ce sont les *Institutes* de Gaïus qui ont jeté une véritable lumière sur cette institution anormale que les auteurs avaient fort obscurément entrevue avant la découverte des Commentaires du grand jurisconsulte.

On distingue dans son histoire trois périodes bien tranchées : A l'origine, au moment où Rome était encore au berceau, on usucapait l'hérédité elle-même, on devenait l'héritier d'un individu mort *testat* ou *intestat*, en possédant pendant une année la totalité ou la plus grande partie des biens laissés par lui. A Rome, en effet, la loi des *Douze Tables* avait exigé deux années de possession pour l'usucapion des *res soli* des immeubles, tandis qu'une année suffisait pour l'usucapion des autres choses. Et l'hérédité était nécessairement rangée dans la classe des *cæteræ res*. Gaïus donne deux motifs pour expliquer cette institution de l'usucapion *pro herede*, que lui-même qualifie d'*improba*. On avait voulu assurer d'abord l'intérêt des créanciers qui ne savaient à qui s'adresser pour le paiement de leurs créances tant qu'il n'y avait point d'héritiers, en second lieu, le culte du foyer, les *sacra* domestiques, dont l'observation intéressait la cité elle-même : restant interrompus tant que l'héritier n'avait pas fait adition, tant que le défunt n'avait pas de représentant de sa personne, il fallait abréger cette interruption à tout prix. L'usucapio *pro herede* constituait donc le possesseur continuateur des *sacra*, et le soumettait en même temps aux dettes de la succession.

Ces deux considérations justifiaient, aux yeux des Romains primitifs, tout ce qu'il pouvait y avoir d'inique dans cette courte prescription qui favorisait le dépouillement des héritiers légitimes.

Mais elle perdit bien vite son utilité originaire. (Gaius, §. 54 et 55, Com. II.) Du temps de Gaius déjà, les *sacra* commençaient à tomber en désuétude. Vinrent ensuite les réformes prétoriennes qui autorisèrent les créanciers à mettre en vente les biens de leurs débiteurs décédés. L'usucapion *pro herede* n'avait donc plus sa raison d'être; elle offrait, en outre, des contradictions évidentes avec la théorie des jurisconsultes nouveaux, qui n'admettaient pas la possession des choses incorporelles; et pourtant, malgré ces causes qui auraient dû amener sa disparition, elle resta encore en vigueur, mais en se transformant. Au lieu de déférer au possesseur *pro herede* une qualité générale d'héritier, elle lui fit seulement acquérir les objets particuliers qu'il avait possédés pendant le temps requis. Sous Adrien, pour la première fois, on tenta une première réforme, mais elle ne fut pas radicale. On protégea bien les héritiers contre les effets de l'usucapion, mais on ne la fit point disparaître de la législation. Ce sont les conditions auxquelles cette institution était soumise, les modifications successives qu'elle a subies jusqu'à l'époque Justinienne que nous allons examiner.

Elle s'éloignait d'abord de l'usucapion ordinaire, en ce sens qu'elle n'exigeait pas deux conditions essentielles sans lesquelles la seconde ne saurait exister : la *justa causa* et la bonne foi. En second lieu, nous l'avons déjà noté, le délai dans lequel elle s'accomplissait ne dépassait jamais une année, alors même que les biens héréditaires étaient des immeubles. Mais, aussi, elle était assujettie à quatre conditions principales :

*Première condition.* — Elle n'avait lieu que si elle était exercée sur des biens héréditaires; en d'autres termes, si le propriétaire des biens usucapés était réellement mort : « Pro herede ex vivi bonis nihil usucapi potest, etiam si » possessor mortui rem fuisse existimaverit ». (L. 1, *Pro her.*, Dig., 41-5; l. 3, *Cod. de usuc. pr. hered.*)

C'est ici que se place une controverse que nous avons examinée, à un autre point de vue, en parlant des héritiers siens et nécessaires.

Il s'agissait de savoir si on devait admettre l'existence d'un *hereditas*, et comme conséquence l'usucapion *pro herede*, dans le cas où le défunt mourrait laissant un héritier nécessaire qui continuait la propriété d'une façon immédiate; en d'autres termes, la présence d'un héritier nécessaire, et la non interruption de propriété qui en est la suite, permettait-elle à l'*usucapio pro herede* de se produire, ou bien lui faisait-elle obstacle?

Nous avons vu que les jurisconsultes se sortirent d'embarras et tranchèrent les doutes par une distinction. Poussés par certains sentiments d'humanité, ils admirent que, si l'on avait affaire à un héritier sien, à un *suus*, l'usucapion serait impossible; mais ils la permirent, au contraire, si l'héritier n'était que nécessaire et n'avait point encore pris possession. Ce dernier n'inspirait aux Romains qu'un très-mince intérêt; et, bien qu'il fût propriétaire *a die mortis* tant qu'il n'avait pas appréhendé la succession, si un étranger s'emparait d'un objet héréditaire, il ne commettait pas de *furtum* et pouvait l'usucaper.

*Deuxième condition.* — Pour usucaper, il fallait avoir la *testamenti factio.* (Loi 4, Dig., *Hoc. tit.*) Cette condition s'explique de la façon la plus naturelle, si l'on songe qu'à cette époque, ce qu'on usucapait c'était la qualité d'héritier. La loi 4, §. 4, *De usurp.*, Dig., nous apprend que l'*usucapio pro herede* était interdite à l'esclave. Il ne faudrait pas en tirer cette conclusion que l'esclave, sur l'ordre de son maître, en appréhendant un objet héréditaire, ne pût lui assurer le bénéfice de l'usucapion. Ce texte ne vise que le cas où celui-ci se mettrait en possession de son propre chef, à l'insu de son maître. Il est bien évident, en effet, que cet homme, cet esclave qui n'a par lui-même aucune personnalité, qui n'a pas d'existence juridique, qui n'est que le reflet du maître, ne pouvait de lui-même faire un acte de cette nature qui l'eût constitué héritier et débiteur envers les créanciers. Du reste, l'usucapion ordinaire était impossible de la part de l'esclave sans le consentement du maître, car il n'avait jamais l'*animus*.

*Troisième condition.* — L'usucapion ne peut frapper que les choses appartenant en propre à l'hérédité. Quant aux objets qui se trouvaient dans la succession, mais que le défunt ne faisait que détenir à titre de précaire ou de *commodat*, par exemple, l'héritier lui-même ne les pouvait usucaper; il ne pouvait faire ce que le défunt n'aurait pu lui-même, à plus forte raison un étranger. (L. 11, *De div. temp. prescrip.*) L'ignorance même de l'héritier ne lui est d'aucune utilité; sa bonne foi n'empêche pas que l'usucapion soit impossible. (L. 4, *De usuc. pro her. Cod.*)

*Quatrième condition.* — Le possesseur doit s'emparer de l'objet héréditaire sans commettre un *furtum*; il doit en prendre possession comme successeur du défunt.

1er CAS. — La possession résidait entre les mains du défunt, au moment de sa mort, et personne ne l'a encore appréhendée. Dans cette situation, le premier venu pouvait s'emparer des choses héréditaires sans commettre un *furtum*. (Gaius, Com. ii, § 52; Com. iii, § 201). Nous savons, en effet, que le *furtum* ne portait que sur la possession, et comme l'*hereditas* était incapable de posséder tant que l'héritier n'avait pas appréhendé les objets héréditaires d'une façon effective, l'usucapion lucrative était ouverte à tous.

2me CAS. — Le défunt avait perdu la possession ; la chose était entre les mains d'un tiers à titre de prêt, de *commodat* ou de *gage*, par exemple. En cette hypothèse, quiconque se serait emparé de cet objet aurait commis un *furtum*, un vol, et était par cela même incapable d'usucaper. Ceci résulte des lois 68, 69 et 70 (Dig., *De furtis*). L'héritier, continuent ces textes, pouvait même avoir l'action *furti* contre le *prædo* si la responsabilité de l'ancien possesseur n'était pas engagée.

3me CAS. — Il s'agit ici de l'hypothèse où, sitôt après le décès de son auteur, l'héritier véritable aurait pris possession. Désormais, le patrimoine de l'héritier et du défunt ne font qu'un ; toute *usucapio pro herede* devient impossible.

Les commentateurs ont prétendu qu'il y avait une inconciliabilité entre la loi 29, *De usurp.*, Dig., et la loi 20, *In fine*, *familiæ erciscundæ*, Dig. La loi 29 est une application de la règle que nous venons de citer. Dans ce texte, le jurisconsulte Pomponius suppose le cas où un individu, seul héritier dans une succession, mais croyant avoir un cohéritier, lui livre pour partie les biens dont elle se compose, et il déclare que l'*usucapio pro herede* ne pouvait avoir lieu dans l'espèce, parce qu'on ne peut usucaper ainsi ce qui a été possédé par le véritable héritier. Il ajoute encore que la bonne foi du cohéritier présumé ne saurait lui servir, car son usucapion rencontrera toujours un obstacle dans la possession de l'héritier véritable.

Certains auteurs se sont demandé pourquoi le jurisconsulte prenait tant de soin à écarter la possibilité de l'usucapion, quand il semblait assurément plus naturel d'admettre que, par suite de cette possession ainsi confirmée par le propriétaire, le cohéritier supposé a immédiatement acquis la propriété de la part qui lui avait été attribuée, et qu'il doit être soumis à la *condictio indebiti* pour restituer ce qu'on ne lui a remis que par erreur.

La loi 36 de Paul semble, en effet, donner raison à cette théorie; ce dernier cite une hypothèse analogue où un héritier encore unique, partage les choses héréditaires de son plein gré avant toute condamnation qui l'y oblige avec un faux cohéritier, et il accorde alors à la partie lésée la *condictio indebiti*.

Je ne crois pas que ces deux textes soient inconciliables, car ils visent deux hypothèses distinctes.

Dans la première loi, la loi 20, il ne s'agit que d'une possession *pro herede*, et, en conséquence, l'action qu'on devra intenter sera la *petitio hereditatis*.

Que suppose, en effet, Pomponius? Un seul héritier, en possession de la totalité des biens héréditaires, qui, victime d'une erreur, livre à un individu qu'il prend pour son cohéritier la part qu'il croit légitimement lui appartenir. Or, en opérant ce partage, en faisant cette tradition, quelle est l'intention de l'héritier? Est-ce de transférer la propriété des choses qu'il livre? Évidemment non, puisqu'il considère cet homme qui reçoit une part de la succession comme un copropriétaire, comme jouissant des mêmes droits que lui. Ce qu'il lui donne, c'est l'exercice même de ce qu'il croit être son droit, c'est la possession.

La voie de la *petitio hereditatis* est donc naturellement ouverte au véritable héritier.

Tout différent est le cas que prévoit le jurisconsulte Paul dans la loi 36 *in fine*. Ici, évidemment, il ne s'agit plus d'une possession unique à l'origine, mais bien de deux individus conjointement en possession qui, pour sortir de cet état d'indivision sans employer l'action *familiæ erciscundæ*, ont fait un partage à l'amiable.

Or, il s'est passé ici un phénomène inverse à celui que nous constatons tout à l'heure dans la première hypothèse : ce n'est pas la possession, mais bien la propriété elle-même des objets qui se trouvaient dans le lot du cohéritier prétendu que l'héritier véritable a cru abandonner, par suite d'une erreur, c'est possible ; mais, enfin, l'effet n'en est pas moins produit : la *condictio indebiti* est donc, dans ce cas, le remède nécessaire.

4ᵉ CAS. — Il faut encore qu'on ne puisse pas opposer à celui qui prétend usucaper, la règle fameuse : « *Nemo sibi ipse causam possessionis mutare potest* ». (L. 3, Dig., *De acq. vel amitt. poss.*) Cette règle devait être fort ancienne, si l'on en juge par son utilité. Elle était nécessaire pour combattre les effets désastreux d'une usucapion qui n'exigeait ni la bonne foi ni le juste titre.

Grâce à cette règle, les simples détenteurs, tels que le fermier, le dépositaire, les véritables possesseurs eux-mêmes, qui n'avaient ni bonne foi ni juste cause, ne pouvaient pas se constituer héritiers *pro herede* et usucaper à ce titre. Elle n'épargnait pas davantage le possesseur de bonne foi d'un immeuble héréditaire qui se trouvait *in viâ usucapiendi*, et à qui il manquait peut-être plus d'une année pour usucaper suivant le mode ordinaire. Celui-là, pas plus que ceux précédemment cités, n'avait le droit de changer la nature de sa possession antérieure, de la transformer en une possession *pro herede* pour abréger les délais qui restaient à courir. (L. 2, § 1, *pro hered.*, Dig.). Cette règle conserva-t-elle quelque application dans le dernier état du Droit lorsque l'usucapion eût disparu des lois romaines ? Nous la trouvons encore en vigueur même après le sénatus-consulte d'Adrien, dans certains cas.

À Rome, la donation entre époux était interdite, elle ne pouvait produire cette possession *civilis* propre à produire l'usucapion (L. 1, § 2, *Pro donat.*, Dig.), bien que, de l'aveu même du jurisconsulte Paul, elle fût susceptible d'engendrer une espèce de possession particulière connue sous le nom de *Possessio ad interdicta*. Cette opinion se trouve consacrée dans la loi 1, § 4, *De acq. vel amitt. poss.*, et confirmée par un autre texte. (L. 1, § 10, Dig., *Vi et de vi armata*.)

C'était là un obstacle insurmontable, et alors même que le mariage vînt à cesser par le divorce, la femme ne pouvait point espérer d'usucaper. Cette voie lui était interdite par la règle *Nemo sibi*, etc.; sa possession restait ce qu'elle était, parfaitement insuffisante, et il ne lui était pas loisible d'en changer la nature.

Il n'y avait qu'un moyen de rendre l'usucapion possible, et il nous est enseigné par Paul lui-même à la fin de son texte. C'était au mari à renouveler la donation postérieurement au divorce, hypothèse qui devait se rencontrer fort rarement en pratique. A ce moment, en effet, les motifs qui s'opposaient à la validité de la première donation avaient disparu; elle était censée dater du jour de son renouvellement; les vices originaires étaient effacés; la voie de l'usucapion était ouverte à la femme.

En second lieu, notre règle conserva un intérêt considérable, reçut une application pratique réelle à l'époque où la prescription *longi temporis* permit au possesseur de mauvaise foi de paralyser l'action en revendication du véritable propriétaire.

Tout le monde, en effet, avait à redouter que les détenteurs de ces biens à un titre quelconque, un fermier, par exemple, qui aurait depuis longues années interrompu le paiement de ses fermages, ne cherchassent à invoquer la prescription *longi temporis*, en se fondant sur leur possession trentenaire. Ce danger, qui existait à Rome, a été prévu aussi par le Droit Français dans les articles 2236, 2237, 2240 du Code civil, et les deux législations l'ont évité en appliquant la même maxime : *Nemo potest sibi mutare causam possessionis.*

Telles étaient les conditions auxquelles était soumise l'*usucapio pro herede*. Il nous reste à examiner quelle influence le sénatus-consulte d'Adrien exerça sur l'*usucapio pro herede ;* enfin, le rôle qu'il faut encore lui attribuer dans le dernier état du Droit à l'époque Justinienne.

Le sénatus-consulte n'avait point fait d'sparaître d'une façon absolue l'usucapion *pro herede ;* il ne l'avait pas rayé du nombre des institutions ; mais il avait simplement permis à l'héritier véritable et au *bonorum possessor* de faire révoquer, à l'aide d'une *petitio hereditatis fictice,* l'*usucapio pro herede.* Mais certains auteurs ont soutenu que ce sénatus-consulte n'avait pas une portée générale, et qu'il ne s'appliquait pas à tous les possesseurs indifféremment ; tandis que le possesseur *pro herede,* qui avait juste raison de se croire héritier ou *bonorum possessor,* aurait évité toute poursuite et trouvé grâce aux yeux de la loi, en vertu de sa bonne foi, le sénatus-consulte, au contraire, aurait frappé de toute sa rigueur l'*improba usucapio,* le possesseur *pro herede* dont la mauvaise foi était évidente.

Les partisans de cette théorie argumentent du § 57, au Commentaire II de Gaius, et surtout des derniers mots du paragraphe 56, où le jurisconsulte s'exprime ainsi : « Nam
» sciens quisque rem alienam lucrifacit ». Ils croient y voir la preuve que l'usucapion n'était lucrative qu'au cas où le possesseur se trouvait de mauvaise foi, seul il encourrait la révocation édictée par le sénatus-consulte. Il faut bien qu'il en soit ainsi, continuent-ils, puisqu'il existe au Code et au Digeste un titre spécial où l'usucapion *pro herede* est formellement reconnue ; et ne serait-il pas puéril de supposer qu'on ait conservé un titre pour restreindre les effets d'une institution à un cas déterminé, au cas de la loi 3, Dig., *Pro herede,* où l'usucapion, loin d'être dirigée contre l'héritier véritable, consacre en sa faveur le bénéfice d'une acquisition ? Enfin, la loi 33 (§. 1, *De usurpat.*) ne laisse aucun doute, en édictant la validité de la possession quand elle est accompagnée d'une erreur justifiable.

Mais ce système ne me paraît pas devoir être adopté pour les raisons suivantes :

Tout d'abord, il ne faut pas attacher à la loi 33, § 1,
*De usurp*, Dig., plus d'importance qu'elle n'en a, car elle est
antérieure sans doute au sénatus-consulte d'Adrien. Dans
ce texte, le jurisconsulte Julien ne traite que de l'application
de la règle même *nemo sibi*, etc., qui était encore d'une
application générale.

Quant aux textes du Digeste et du Code, il me semble
impossible qu'on y puisse rencontrer la bonne foi empê-
chant le possesseur qui a usurpé de subir la pétition
d'hérédité. L'esprit qui domine dans ces dispositions, celles
du Code en particulier, est complétement hostile à l'usucaption *pro herede*, dans quelque cas qu'elle se manifeste.

Certainement, une institution qui autorisait un homme de
mauvaise foi à acquérir par une année de possession les
choses héréditaires, lui donnait bien, par le fait même, l'occasion de réaliser un *lucrum*; et Gaius se plaît à faire ressortir tout ce qu'un pareil acte avait de contraire aux véritables principes juridiques et aux sentiments de justice et
d'équité. Mais s'ensuit-il qu'étant donnée l'institution, elle
cessera de produire un bénéfice, un gain réel, parce que l'u-
sucaption sera exercée non plus par un *prædo*, mais par un
possesseur de bonne foi? Non, évidemment. Le seul fait
d'acquérir une chose par une possession de courte durée
constituera pour celui qui en sera nanti un véritable *lucrum*
en dehors de toute condition de bonne ou de mauvaise foi,
et l'on peut dire sans crainte que cette usucaption sera aussi
bien lucrative pour l'un que pour l'autre.

Le sénatus-consulte voulait garantir les véritables héritiers contre les effets de l'usucaption *pro herede*, et ceci sans
distinction, sans savoir si le possesseur était de bonne ou de
mauvaise foi; l'usucaption de l'un comme de l'autre ne pouvait résister à la *petitio hereditatis* et à l'interdit *quorum bonorum*; et la preuve de cette assertion résulte de la teneur
même de l'édit, qui vise dans sa formule aussi bien l'hypothèse du *possessor pro herede* que celle du *possessor pro*

*possessore*. C'est, au contraire, le principe diamétralement opposé à celui qu'émettaient nos adversaires qui ressort clairement de cette loi de Paul (L. 28, *De hered. pet.*) :

« Post sanatum-consultum enim, omne lucrum auferen- » dum esse tam bonæ fidei possessori quam prædoni dicen- » dum est. » Il serait inexplicable si la bonne foi du possesseur avait suffi pour justifier cette courte usucapion aux yeux de la loi et le soustraire à l'action de la *petitio hereditatis*.

Enfin, nous pouvons fournir une dernière preuve à l'appui de notre système, tirée de deux Constitutions rendues à l'époque de Dioclétien, et accordant la pétition d'hérédité, même après le délai de la *longi temporis præscriptio*, contre le possesseur de bonne foi.

Ces deux Constitutions sont formelles et ne peuvent laisser exister aucun doute ; ce sont les lois 4, Cod. *in quib. caus.*, et 7, Cod. *de petit. hered.* Elles font une distinction entre les possesseurs *pro herede* et *pro possessore* et les possesseurs à titre particulier, et accordent, comme nous venons de le dire, la *petitio hereditatis*, malgré la bonne foi et l'accomplissement de la *longi temporis præscriptio*, contre les premiers.

Tels étaient les effets produits par le sénatus-consulte de l'empereur Adrien. Les mêmes conséquences pourraient être tirées d'un sénatus-consulte connu sous le nom de sénatus-consulte Jouvencien, et rendu sous le même empereur.

Tout porte à croire qu'il n'est autre que celui relaté par Gaïus dans ses Commentaires ; il établissait une distinction entre le possesseur de bonne foi et le possesseur de mauvaise foi : le premier ne restituait que ce dont il s'était enrichi ; le second, au contraire, tout ce dont il aurait dû s'enrichir. (Loi 20, § 6, *De hered. pet.*, Dig.)

Bref, à cette époque, l'usucapion *pro herede* existait toujours et pouvait même produire son ancien effet, c'est-à-dire assurer au possesseur un bénéfice définitif dans le cas où il n'y avait ni héritier, ni *bonorum possessor*.

Marc-Aurèle essaya de lui porter les derniers coups en créant le *crimen expilatæ hereditatis*. Dorénavant, tout individu qui s'emparait sciemment et sans droit de tout ou partie d'une hérédité *jacente*, s'exposait à être poursuivi criminellement et à être puni de peines sévères. Ces deux empereurs avaient donc atteint ce double résultat : l'un, d'empêcher ces enrichissements injustes effectués aux dépens de l'héritier légitime et le dépouillement à bref délai en soumettant les possesseurs à la *petitio hereditatis;* l'autre, de rendre dangereux pour le *prædo* l'exercice de l'usucapion en édictant une poursuite criminelle pour remplacer l'action *furti*, qui faisait défaut en pareille matière.

On est mal fixé sur l'époque où cette institution disparut; mais il est fort à penser que, sous Justinien, il n'existait plus aucune espèce d'usucapion *pro herede*.

L'on pourrait s'étonner peut-être de voir l'usucapion proprement dite et la *prescriptio longi temporis* n'avoir aucune influence sur la pétition d'hérédité. Ces motifs se tirent de la nature même de ces deux institutions. Si, à l'origine, les Romains avaient admis que c'était l'hérédité elle-même qui était usucapée, la qualité d'héritier, l'*universum jus*, ils abandonnèrent bien vite cette doctrine pour professer, au contraire, que les droits ne sont pas susceptibles de possession, et qu'elle ne peut atteindre que les choses corporelles. Dès lors, l'hérédité avait cessé de pouvoir être usucapée; mais on avait admis, en revanche, que si une universalité de biens ne pouvait être acquise par le laps de temps, rien ne s'opposait à ce que des objets particuliers, lorsqu'ils se trouvaient réunir certaines conditions, pussent l'être de cette manière. Il eût donc été logique de voir les Romains refuser le bénéfice de l'usucapion au possesseur *pro herede*, puisqu'il possédait, en vertu d'un titre général, une chose qui n'était pas susceptible d'usucapion, une universalité, une succession. Mais le peuple était fort attaché à ses anciens usages, respectant même les lois alors qu'elles froissaient des idées nouvelles ; aussi n'est-il pas étonnant de voir les vieux principes de l'*usucapio pro herede* subsister encore, mais sous un double compromis. On la réduisit à l'acquisition des objets isolés de la succession, tout en la soumettant à la *petitio hereditatis* de l'héritier ; si bien que l'individu qui avait possédé *pro herede* pendant le temps requis pour l'usucapion ordinaire ne devenait plus héritier, mais bien propriétaire, et encore cette propriété pouvait-elle être rescindée sur la demande de l'héritier véritable, et il était dès lors soumis, bien que possédant des objets particuliers, à la *petitio hereditatis.* Quant à la *longi temporis prescriptio,* elle ne pouvait pas plus résister à la pétition d'hérédité que l'usucapion elle-même ; car, pas plus qu'elle, la *prescriptio* ne pouvait faire acquérir l'universalité d'un patrimoine ; et si elle était susceptible de fournir contre certaines actions *de singulis rebus* une sorte de remède, elle ne pouvait l'invoquer contre la *petitio* d'hérédité. Ce ne fut que par l'introduction de la prescription trentennaire, en 424, par Théodose le jeune, que le possesseur de bonne ou de mauvaise foi fut mis à l'abri de la pétition d'hérédité.

En somme, la seule différence qui existât entre le possesseur de bonne et de mauvaise foi, indiquée déjà dans le sénatus-consulte Jouvencien, consistait à rendre le second responsable, vis-à-vis de l'héritier, de ses négligences mêmes. Il devait lui rendre non-seulement ce qu'il avait pris, mais rembourser tout ce qu'il avait perdu par sa faute ou par son dol. Le premier, au contraire, n'était tenu que dans les limites de son enrichissement. Avait-il fait des donations, des libéralités ? elles étaient maintenues. Avait-il dégradé les immeubles héréditaires ? il était excusé. Mais s'il les avait vendus et s'il avait dissipé le prix, les acheteurs étaient-ils soumis à la revendication de l'héritier ? Sur ce point, il y avait controverse : Tandis que, dans la loi 13, § 4, *De hered. pet.,* Ulpien autorise l'action en revendication contre les acheteurs d'un vendeur de bonne foi, dans la loi 25, § 17, au contraire, il so range à l'opinion qui écartait cette action dans le cas où l'éviction des acheteurs, et leur action en garantie contre le vendeur qui en serait la suite, exposerait ce dernier à des pertes sérieuses. Cette question se rencontre aussi dans notre Code civil et y a soulevé de nombreuses controverses : pendant que la jurisprudence reconnaît la validité des ventes par l'héritier apparent, de nombreux auteurs se refusent énergiquement à admettre une pareille conséquence.

# DROIT·FRANÇAIS

## DE LA SAISINE HÉRÉDITAIRE

### INTRODUCTION

Tous les peuples, à leur berceau, semblent avoir eu la vie nomade pour condition première : l'homme libre, au milieu de ses forêts, cherche dans la chasse, dans l'élevage des troupeaux, ses moyens d'existence avant de songer à les demander à la culture du sol ; c'est l'état complètement sauvage, la vie errante, la peuplade constituée en tribu. Ces migrations innombrables, ces immenses refoulements d'hommes qui inondèrent l'Europe, et l'Asie dans des temps plus reculés, sans doute, sont les conséquences de cet état social. Elles se sont toutes produites à des époques où l'homme n'avait pas contracté avec la terre une alliance définitive, où la notion de la propriété territoriale n'existait pas encore.

La propriété, c'est donc la loi fondamentale de toute société organisée, et nous pourrions dire que son histoire est celle de l'humanité. Différente selon les nations, selon les temps, elle conserve toujours son importance prédominante.

Les formes politiques et sociales, les modes de gouvernements varient avec le génie et les aspirations des peuples, elles peuvent changer avec le temps, la propriété reste partout et toujours la même : elle assure au possesseur du sol la suprématie et la puissance. Cet axiome est aussi vrai aujourd'hui qu'il y a trois mille ans, et l'on peut juger de la condition d'un peuple à son régime territorial.

La propriété est-elle au pouvoir d'un seul, c'est le despotisme oriental ; est-elle resserrée entre un petit nombre de mains, c'est l'aristocratie ; divisée et subdivisée, c'est la démocratie.

Qu'on ouvre le livre de Manou, le livre sacré de l'Inde, où l'on place généralement le berceau de la race humaine, et dans cette législation éminemment théocratique et sacerdotale, qui est une religion plutôt qu'un droit proprement dit, où se manifeste partout le sentiment mystérieux d'un redoutable inconnu, la crainte et la terreur, que trouvera-t-on? Des castes à tout jamais fermées, et la première de toutes a comme principal privilège la propriété du sol : « Tout ce que le monde renferme est en quelque sorte la propriété du brahmane, le brahmane ne mange que sa propre nourriture, ne porte que ses propres vêtements, ne donne que son avoir, c'est par la générosité du brahmane que les autres hommes jouissent des biens de ce monde (1) ». Les brahmanes avec le roi leur chef sont les véritables propriétaires du sol, ils se partagent l'impôt comme un revenu, et les détenteurs de la terre ne peuvent être considérés que comme revêtus d'une possession révocable.

Le roi est protecteur des hommes, et les brahmanes seigneurs de la terre (2).

Chose curieuse, le principe de la copropriété familiale, sur lequel nous aurons à revenir si souvent dans le cours

(1) Loi de Manou, liv. I, sl. 100 et 101.

(2) Manou, liv. I, 100 et 101, et liv. VII, 35, 37, 38, 80.

de ce travail, était admis dans la législation indoue ; le fils
est copropriétaire des biens de son père du vivant même
de celui-ci, le Mitchâra le dit expressément : « La propriété
ne naît ni du partage ni du décès, elle est préexistante et
l'homme en a le titre dans sa naissance ».

Le testament est complètement inconnu du reste ; mais
le droit d'aînesse et l'exclusion des femmes de la succession
paternelle se recontrent dans la loi de Manou, comme dans
toute société aristocratique, qui ne peut gouverner et
vivre qu'en resserrant la propriété dans un petit nombre de
mains.

Si nous passons du gouvernement théocratique de l'Inde
à l'oligarchie romaine, nous verrons encore un exemple du
rôle important que joue la propriété chez tous les peuples.
Ici, le théâtre et les mœurs changent, ce n'est plus l'Indou
avec sa résignation apathique et son exaltation religieuse,
mais le Romain dur, avare, cupide, jaloux de ses droits,
aux idées un peu étroites peut-être, mais tenaces et belli-
queuses. Conduit par sa puissante aristocratie à la conquête du monde, le plébéien possède à peine quelques
hectares de territoire. Pendant cinq cents ans, il lutte contre
le patriciat pour lui arracher ses immenses domaines, pendant cinq cents ans, il réclame le partage des terres, jusqu'au jour où les deux partis, affaiblis par ces dissensions
intestines, tombent écrasés sous le despotisme impérial.

Je ne dirai rien de l'antique Constitution de notre patrie,
si peu connue, du reste. Je ne parlerai point de ses druides
ni de ses chevaliers, c'est toujours le même principe. Ces
deux classes privilégiées dominent en possédant les trois
quarts du territoire. J'ai hâte d'arriver à la féodalité, au
moyen-âge, à ce temps de bouleversement et de troubles
qui fut pourtant une époque dans l'histoire même de l'humanité, qui nous offre le spectacle du laborieux enfantement
des sociétés nouvelles et d'un travail inouï de rénovation.

Jamais peut-être, à aucune époque, la propriété ne joua un

aussi grand rôle, jamais l'homme n'eut pour la terre un
pareil amour. Il tenait tout d'elle, son nom, sa puissance, la
justice elle-même. Le régime féodal, qui a laissé des traces
si profondes, n'est pas autre chose que la combinaison de
l'état des personnes avec l'état des terres. A l'origine, à la
suite des invasions barbares, c'est l'homme qui imposait sa
personnalité à la terre. Était-il libre, était-il puissant? La
terre qu'il occupait prenait telle ou telle condition. « Mais
» comme les signes deviennent promptement des causes,
» l'état des personnes fut bientôt non-seulement indiqué,
» mais déterminé, entraîné par l'état des terres. Les condi-
» tions sociales se sont, pour ainsi dire, incorporées avec le
» sol, les différences et les variations successives de la pro-
» priété territoriale ont réglé presque seules le mode et les
» vicissitudes de toutes les existences, de tous les droits, de
» toutes les libertés (1) ».

Nous verrons dans cette étude comment la féodalité enva-
hit fatalement tout le corps social; nous verrons le seigneur,
maître de la terre dans son fief, et souverain de tous les hommes qui l'occupaient. Et, en effet, à ces époques de disloca-
tion et de troubles, dans une société où la guerre privée jouait
un rôle si important et si funeste, l'isolement c'était la mort.
Aussi, pour résister aux envahissements des ennemis du
dehors, aux empiétements de voisins puissants, il fallait de
toute nécessité que le faible cherchât un refuge près du
fort, qu'il devint son vassal.

Ce lien, obligatoire pour tous, réunit bientôt tous les seigneurs les uns aux autres, et si l'on veut se faire une idée
de l'état de la France à cette époque, il faut se représenter
ce que nous appellerons l'échelle féodale : Au sommet, le roi,
le grand fieffeux du royaume, qui ne relève que de Dieu et
de son épée, les grands vassaux de la couronne au-dessous
de lui, puis les comtes et barons, jusqu'aux possesseurs de

(1) Guizot, *Hist. de la civil.*, II, p. 57.

fiefs inférieurs, se tenant tous entre eux, tous liés les uns aux autres par le devoir féodal. Je n'ai point à faire l'histoire de la féodalité, à raconter ses luttes avec la royauté, ses entreprises et sa chute, je devais simplement constater l'importance de la propriété dans la vie des peuples, et l'influence absorbante qu'elle a eue dans notre pays, avant d'entrer dans l'étude de l'institution qui fait l'objet de ce travail. C'est au moyen-âge, en effet, que la saisine a pris son véritable essor, c'est à cette époque qu'elle s'est révélée comme une institution féconde, qu'elle a prospéré et décliné tour à tour avec la grandeur et la décadence de la propriété foncière, à laquelle son sort était intimement lié.

Étant donné le rôle immense que la propriété a joué dans ce monde, il n'est pas étonnant que les peuples primitifs, dans un état de civilisation peu avancé, aient cherché à symboliser la transmission de ce droit primordial. Tous ont commencé par fixer dans la mémoire des hommes un acte aussi considérable, qui intéressait quelquefois la nation ou le peuple tout entier, par des cérémonies symboliques; elles ne sont pas partout identiques, mais l'idée reste toujours la même. Elles témoignent toutes du respect que les peuples antiques attachaient à la propriété. Chez les Hébreux, dans les cas spéciaux où ce droit pouvait être transmis, la vente était accompagnée d'actes symboliques : quand, notamment, un homme voulait céder son bien à un membre de sa famille, il ôtait sa chaussure et la donnait à ce parent, suivant la coutume rapportée au Livre de Ruth (ıv, 17).

Tout le monde connaît les formes symboliques dont les Romains se servaient pour transmettre la propriété, la *mancipatio per æs et libram*, les simulacres de combat judiciaire dans la revendication, ces paroles rigoureusement consacrées, formularisme dont l'usage se perpétua encore alors même que les cérémonies qu'ils expliquaient eurent disparu. Jaloux de ses droits à l'excès, le Romain avait créé une pro-

priété propre aux seuls citoyens (*dominium ex jure Quiri-
tium*), une vente, une aliénation qui lui étaient personnelles,
la *mancipatio*. Aussi cette qualité, partout dominante, im-
primait à leurs institutions un singulier caractère de force ;
la propriété, rendue plus indélébile encore, ne pouvait être
transportée d'un citoyen à un autre que par certains événements limités par la loi, et avec des formes particulières et
solennelles.

Le Germain, lui aussi, une fois sorti de ses forêts, devint propriétaire par la conquête, et entoura la transmission de son droit de cérémonies symboliques que nous a
conservées la loi Salique elle-même : comme autrefois, le
quirite paraissait devant le juge portant une motte de
terre arrachée à l'immeuble qu'il revendiquait ; ainsi le
Germain qui voulait vendre sa terre se présentait devant
l'assemblée publique, le *mall*, et il remettait à l'acheteur
une touffe de gazon, une branche verte qui figurait l'immeuble aliéné. Il déclarait ainsi se dépouiller de son droit
et en investir l'acheteur, qui était reconnu propriétaire par
la commune entière. C'est de l'accomplissement de ces formalités qu'a dû dériver la saisine.

A l'origine, elle n'était pas autre chose que la consécration publique de l'aliénation. Lorsqu'un propriétaire ven-
dait son immeuble, et mettait l'acheteur en possession sans
observer les solennités prescrites, ce dernier n'avait qu'une
saisine de fait, il n'était pas propriétaire aux yeux de la
société ; mais, au contraire, la vente s'était-elle effectuée dans
le *mall*, il avait la saisine de droit, c'est-à-dire une propriété
reconnue par la commune et opposable à tous.

A ces époques barbares où la terre répondait des méfaits
de son propriétaire et des hommes soumis à sa puissance,
elle avait une importance politique d'autant plus grande,
et tout le monde était intéressé à connaître celui à qui elle
appartenait. C'est ce qui justifie l'intervention de la commune dans l'acte d'aliénation. Etait seul propriétaire, à ses

yeux, celui qui lui avait été présenté comme tel, celui qu'elle avait saisi.

Mais c'est surtout après la conquête, comme nous le disions plus haut, au moment où la féodalité couvrit la France entière, que la saisine apparut d'une façon bien certaine : elle joua un rôle immense, c'est la clef du système féodal, la base de toutes ses institutions. La société a changé d'aspect : Ces farouches Germains, ces hommes libres qui marchèrent jadis à la conquête des Gaules sous un chef de leur choix, vécurent d'abord sur leurs terres exempts de toute servitude; mais, en l'absence de pouvoirs publics assez forts pour défendre et garantir les droits individuels, ils perdirent pour la plupart leur première condition. Par suite d'une série de révolutions que nous aurons à examiner plus tard, ils aliénèrent la liberté de leurs personnes avec la franchise de leurs terres, et furent assimilés à la condition des vaincus; si bien que, sur un même immeuble, on vit à la fois deux droits distincts, le droit du suzerain, qu'on qualifia de domaine direct ou éminent, les seigneurs étant considérés comme ayant eu la pleine propriété des terres comprises dans leur ressort, et le droit du vassal ou censitaire, qu'on peut considérer comme la propriété utile. Aussi, chaque fois qu'il se produisait dans les terres qui composaient un fief, un changement quelconque, une vente, un échange, une ouverture de succession, le seigneur y était intéressé. Sans doute le contrat produisait, au profit de l'acquéreur, un droit au fond connu sous le nom de droiture (la simple saisine de droit des commentateurs), mais la cérémonie de l'investiture de l'adverpissement était nécessaire pour lui donner la vraie saisine, c'est-à-dire pour le constituer possesseur juridiquement à l'égard de tous.

C'est le baron qui, dans la cérémonie de l'investiture, donne au contrat la vie, l'efficacité, reçoit l'acheteur comme successeur de son vassal, l'installe pour ainsi dire dans le fief de celui-ci.

Du reste, les vieilles formalités germaines se sont perpétuées, à peu de choses près, dans l'investiture féodale, et
nous trouvons, transcrite dans le vieux Coutumier d'Artois,
une curieuse formule d'ensaisinement que je crois devoir
reproduire en entier. Pour faciliter la compréhension du
texte, je dois dire que, dans l'ancien Droit, les héritages ne
pouvaient être aliénés sans le consentement et le gré de
l'héritier, ou par pauvreté jurée, ou pour employer *en plus
suffisants héritages.*

« Quant li hons vent par l'assentement de son hoir, il con-
» vient premcrement qu'il soit seu dou signeur de qui li hire-
» tages est tenus et des hommes qui l'ont à jugier, pour savoir
» se li venderes i a fait about ne assenement. Se li sires et li
» homme dient quil n'i sevent about ne assenement, aler poet-
» on avant ou vendage. Et convient le vendeur raporter tout
» l'iretaige par raim et par baston en la main dou signeur pour
» ahireter l'achateur; et convent que li hoirs, se c'est fles, le
» raporte aussi et die qu'il tout le droit qu'il a en cel hire-
» tage, ou que eskair li pooit, il raporte en le main dou
» signeur aloes l'achateur et le droit nonmer. Le raport fait en
» cette manière, li sires doit conjurer les hommes, s'il en ont
» tant fait, qu'il ni ait mais droit. Demander leur doit qu'il
» en a à faire; et ils doivent dire par jugement que le sires
» en ahiretece lécateur. Li sires l'en doit tantost ahireter,
» demandé avant au vendeur, qui se tient por païet et lui
» seur de se droiture; saisir le droit en disant : Je vous
» en saisi sauf tous drois, en main comme ceste figure le
» monstre. Ce fait, li sires doit conjurer ses hommes, s'il
» en est bien ahiretés et a loy. Li homme doivent dire, qu'il
» en est bien ahiretés et a loy. S'il en est ensi fait, il i ert
» fait bien et sollenpneument et si comme chois et coustume
» le requert. Et en cette manere le convient il faire de terre
» censive, par les rentiers qui a jugier l'ont (1) ».

(1) Artois, ch. XXIV, § 5-12.

Primitivement donc, l'investiture ou l'ensaisinement est la condition essentielle de l'acquisition de la propriété : « Point de saisine en fief sans investiture et sans foi; point de » censive sans vest et devest par le seigneur; point de sai- » sine en alleu sans ensaisinement par le juge ordinaire (1).

C'est le seigneur seul, à l'origine, qui peut conférer la saisine. Il avait le droit de s'opposer à la vente, si bon lui semblait, en refusant son investiture; mais on prit vite l'ha- bitude de lui payer ce consentement, et dans l'usage, la somme à verser était du cinquième de la valeur du fief ou du vingtième de la censive, droit de quint dans le premier cas, droit de lods et vente dans le second. Bientôt le sei- gneur, si ces droits lui sont payés, ne peut plus s'opposer à l'aliénation, et Beaumanoir nous apprend qu'en cas de con- testation, le juge pouvait conférer la saisine.

« Celuy, dit Bouteiller, qui vend sa tenure, mais il en » retient encore la saisine par devers lui, ne n'en fait vest » à l'acheteur, sachez qu'il est encore sires de la chose, » mais toute fois il peut estre contraint à faire le verp et » adhéritement de la chose. »

A ce moment la saisine a perdu son caractère primitif; son rôle ne consiste plus qu'à mettre après la vente l'ache- teur en exercice du droit qu'il tient du contrat. C'est véri- tablement le vassal qui lui donne le droit au fief, l'investiture seigneuriale ou judiciaire ne lui permet plus que de se mettre en possession et en jouissance, sauf réserve de droit préfé- rable : « Je vous saisis, dit le seigneur, sauf tous droiss. »

Mais bientôt les jurisconsultes, dont tous les efforts ten- daient à modeler la législation sur le Droit Romain, à former à cette école leurs idées théoriques, cherchèrent un moyen de se dispenser de l'ensaisinement seigneurial, ou du moins de le suppléer en partie; ils commencèrent à donner à la possession annale des applications nouvelles.

(1) Klimrath, p. 375, *De la saisine*.

Dans les premiers siècles de notre histoire, il se produisait un phénomène très-fréquent, relaté dans toutes les Chartes, dans tous les Cartulaires. C'était l'acquisition de la propriété d'une chose par la possession continuée pendant un an et un jour. Voilà le principe. Quelle en était l'origine? Les auteurs sont divisés sur cette question en deux camps opposés. Les uns, comme le savant Klimrath, trop tôt enlevé à la science, y ont vu un effet victorieux de la saisine de droit et de la vraie saisine de fait, ainsi définie, au Livre de Justice et de Plet. :

« Nos apelons veraie saisine quand aucun remaint sesian » et jor comme sires et por justice à len eue et à la seue de » celui qui demander puet, et ne veaut demander, et se test ».

Lorsque cette vraie saisine se réunissait sur la tête d'une personne avec la saisine de droit (droit quelconque au fond), elle le constituait dans une position inattaquable ; lorsque la saisine de fait a duré an et jour, elle ne peut plus être attaquée comme fait, et l'emporte sur toute simple saisine de fait ; lorsqu'à l'une des causes de la saisine de droit (vente, jugement, succession) se joint la possession de fait pendant an et jour, elle devient inattaquable comme fait et comme droit (1).

Les autres auteurs, au contraire, ont cru y reconnaître l'ancienne prescription germanique. Elle remonterait jusqu'à la loi Salique, où on en trouve un premier exemple dans le titre 48 *De migrantibus*. La loi explique que si un homme étranger s'était introduit dans un de ces établissements, dans une de ces marches, de ces villas où les Francks vivaient encore en commun après la conquête, s'il y avait séjourné pendant plus d'une année sans être l'objet d'un reproche, il acquérait par une sorte de prescription le droit d'habitation dans la villa, un droit indivis et commun dans la propriété générale.

---

(1) Klimrath, *Étude sur la saisine.*

C'est la première application de la prescription annale si
merveilleusement appropriée à l'état d'une société en formation, si naturelle chez un peuple qui n'avait qu'une idée
fort confuse de la propriété et de la possession. Une fois
devenus propriétaires individuels, les Francks continuèrent
à se montrer hostiles à ces longues prescriptions en vigueur
chez les Romains et les Gallo-Romains qui les entouraient.
Cette prescription annale de la loi salique, qui n'avait
d'autre but que de faire acquérir à un étranger dans
un territoire commun une sorte d'usufruit, ils l'appliquè-
rent bientôt à des cas tout différents de celui qu'elle régissait à l'origine, et, malgré les efforts des rois de la
deuxième race, qui cherchèrent à réagir contre ces tendances, elle devint une véritable prescription acquisitive
des immeubles (1).

Quoi qu'il en soit, que nous ayons affaire à la saisine de
droit, corroborée par la vraie saisine de fait, comme le dit
Klimrath, que nous soyons en présence d'une prescription
*sui generis* en vigueur à ces époques reculées, nous ne
pouvons que constater ce fait, c'est que la possession d'an et
jour équivalait à la propriété. Ce n'est point seulement en
France, mais en Ecosse, en Orient, qu'on peut en trouver
des exemples remarquables.

Ce sont d'abord les Chartes du XIIe siècle : « Si quis
» tenueram aliquam in pace, anno et die tenuerit, de
» inceps libere possideat et quiete, nisi aliquis extra-
» provinciam egressus fuerit aut aliquis nundum eman-
» cipatus super hoc clamorem fecerit ». (Charte de
» Roye.)

« Om venia sim iliterquæ hereditario jure consecuti fuerint,
» et quæcumque justo modo et rationali acquisierint et postea
» tenuerint, sicut definitum est semper habere concedimus.
» Sed hoc amore equitatis decernimus ut si quis extra patriam

---

(1) Charlemagne, 3e Capitulaire de 819 ; Louis le Débonnaire, 821.

» egressus fuerit, eidem postea revertenti et clamorem fa-
» cienti plenario justitiam exsequantur. » (1)

Dans les *Assises de Jérusalem*, nous retrouvons les mêmes
effets : « Et se il avient que la carelle seit de héritage de denz
ville cloze et desclose, le fuiant peut respondre, en tel manière : « que a celui héritage eu et tenu quitement et en
» pais an et jor et plus, et por tant en viaut demorrer
» quittes et en païs et par l'assise de la teneur si la cour
» l'esgarde. » (2)

Enfin, M. Howard, dans ses *Observations sur Littelon*
(section 424), cite encore un texte des *leges Burgundorum*,
extrait de la collection de Stheine, pour les lois d'Écosse,
ainsi conçu : « Quicunque tenuerit terras suas in pace per
» unum annum et unum diem, et sine calumniâ quasi fideliter
» emit, et si quis eum calumniaverit, post annum et diem, et
» nunquam audietur ».

Mais cet état de choses changea bientôt sous l'empire des
traditions romaines et au souffle puissant des jurisconsultes,
des xiie et xiiie siècles imbus des idées du Droit Romain, il se
produisit une transformation étonnante et presque unique
dans l'histoire de la législation d'un peuple. Voici en quels
termes le savant Klimrath indique les nécessités sociales qui
amenèrent, dans le domaine juridique, les changements que
nous allons indiquer :

« Dans les premiers siècles du moyen-âge, les relations
» étaient peu étendues, les transactions purement locales, et
» les rapports de voisinage encore très-puissants. La posses-
» sion de chacun était notoire et la transmission de la saisine
» de droit entourée de formes solennelles de publicité. On
» pouvait donc justement présumer, lorsqu'un homme avait
» été en possession paisible pendant un an et un jour, sans
» trouble et sans calange, au su et au vu de celui qui avait

(1) Charte de Pontoise de l'an 1188, art. 11 et 12.

(2) Jean d'Ibelin, ch. xxxviii, p. 63, édit. Beugnot.

» pouvoir d'y contredire, que celui-ci reconnaissait par son
» silence avoir abandonné ou perdu son droit. Lorsque les
» relations s'étendirent en même temps que l'intervention
» des pairs et voisins dans les jugements et les actes, l'in-
» vestiture devenait moins régulière, la brièveté du délai dut
» être cause plusieurs fois de forclusions injustes. D'un
» autre côté, les Croisades ou autres guerres ou expéditions
» lointaines prolongèrent ou multiplièrent les absences
» pendant lesquelles le délai d'an et jour ne pouvait courir,
» en sorte que cette cause passagère de suspension devint
» en quelque sorte permanente et empêcha tout règlement
» des droits. Ces deux causes contraires firent accueillir
» avec faveur les dispositions du Droit Romain, dont l'étude
» venait de renaître relativement à la prescription, principe
» totalement étranger au droit germanique primitif (1) ».

Sans nous engager dans la question délicate de savoir si
la possession d'an et jour qui donnait la propriété n'était
que la vraie saisine de droit et de fait constituant le domaine, tel que Klimrath semble le dire dans les dernières
lignes du paragraphe emprunté à cet éminent jurisconsulte, ou bien une prescription *sui generis*, nous pouvons
relever ce fait : c'est que les jurisconsultes firent triompher
dorénavent, pour l'acquisition de la propriété, les principes
et la durée de la prescription romaine, et que, par un changement de destination remarquable, ils transportèrent de la
propriété à la saisine l'ancien laps d'an et jour dont nous
venons de constater les effets. Ne donnant plus lieu à la
première, elle fit acquérir la seconde, de sorte que la saisine
résulta désormais soit de l'ensaisinement seigneurial, soit
de la possession continuée pendant un an et un jour.

La pente naturelle des choses avait ainsi amené des exceptions à la nécessité de l'ensaisinement féodal, et on
induisit ainsi de la souffrance du seigneur une sorte de sai-

(1) Klimrath, *De la saisine*, p. 358.

sine tacite. L'innovation était complètement réalisée au XIII° siècle, l'ensaisinement et le délai d'an et jour, placés sur la même ligne, donnaient les mêmes droits : « Aucuns, en » cas de flé, dit Desmares, n'est a oïr ni a recevoir à faire ou » intenter demande, en cas de nouvelleté, contre aucun » autre, s'il n'est en foy et hommage ou en souffrance de sei- » gneur qui vaut foy de la chouse dont il se dit troublé ».

La règle « ne prend saisine qui ne veut » allait devenir d'une application générale ; la décadence de l'institution faisait chaque jour de nouveaux progrès, mais le rôle de la possession annale n'était pas terminé, elle lui survécut en servant de base aux actions possessoires.

La saisine héréditaire n'est qu'une ramification de la saisine. A l'exemple des contrats ordinaires, le titre héréditaire est d'abord pour l'ayant-droit une de ces causes privilégiées attributives de la simple saisine de droit dont parle Klimrath ; mais, ici, les formalités de l'adverpissement attributives de la vraie saisine sont suppléées à l'égard de l'héritier par les Coutumes qui, au moment du décès de son auteur, le réputent immédiatement en saisine de tout ce dont le défunt était mort saisi et tenant. C'est là le sens spécial de la règle *le mort saisit le vif*. Elle constitue l'héritier possesseur de plein droit à l'égard des tiers, et produit les effets suivants :

1° Le patrimoine du défunt est acquis au successible, du jour du décès, sans aucune manifestation de volonté, même à son insu.

2° La possession, avec tous ses avantages, bien que son idée essentielle suppose un fait matériel et personnel, passe au successible en même temps que la propriété sur tout l'ensemble de la succession et sur chaque objet en particulier. Au moment de la mort, il en est investi.

Tel est le caractère spécial de la saisine héréditaire, formulée en ces termes dans notre Droit coutumier : « Le mort » saisit son hoir vif le plus prochain lignager habile à lui suc-

« céder ». C'est l'histoire de cette maxime fameuse qui a inspiré aux rédacteurs du Code civil l'article 724, ce sont ses origines et ses vicissitudes que nous avons entrepris d'étudier. Mais, nous ne saurions trop le répéter, ce n'est qu'un rameau de la saisine, de cette institution aux effets si variés qui s'est révélée d'une façon si féconde et si intéressante, pendant tout le moyen-âge, aussi bien dans l'ordre civil que dans l'ordre politique.

La grande lutte entre les deux puissances de cette époque, la papauté et l'empire, la querelle de l'investiture, n'est qu'un sanglant épisode de son histoire ; elle est tout entière dans les guerres sourdes et constantes du vassal contre le suzerain, de la commune contre le seigneur. L'asservissement entier, complet de la propriété sous le système féodal, avait amené l'asservissement des personnes. Ce fut pour la liberté de la terre, pour la revendication du droit de posséder, que le manant lutta pendant des siècles.

Chaque année amena la chute d'un privilége, les droits de toutes sortes attachés à la terre furent renversés tour à tour, et la saisine disparut avec la vieille société mère de la nôtre, avec la féodalité, qui commit sans doute bien des fautes, mais eut aussi ses heures de triomphe et de gloire.

La saisine n'a plus laissé de traces visibles, après s'être originairement assimilé presque toutes les questions de Droit privé, que dans les articles 724, 1004, 1026, 1027 et 1220 du Code civil.

# CHAPITRE Iᵉʳ.

## Des origines de la Saisine héréditaire.

### PÉRIODE BARBARE.

Ce n'est pas dans le Droit Romain, comme nous l'avons démontré dans la première partie de notre étude, que nous devons chercher l'origine de la saisine héréditaire; les jurisconsultes de cette nation distinguaient soigneusement la possession de la propriété, et jamais ils n'ont admis qu'il y eût transmission immédiate de la possession, même sur la tête d'un héritier sien et nécessaire. C'est dans la Germanie que nous devons aller rechercher l'idée première de cette institution, que nous retrouverons encore, après bien des changements et des vicissitudes, dans le Code civil.

Le Germain, nous dit M. Renaud, de Berne, vivait, à l'origine, en nomade, il n'avait point de propriété individuelle, du moins pour les immeubles, la chasse et les troupeaux suffisaient à son existence. Mais peu à peu il se fixa avec sa tribu dans les lieux qui lui offraient le plus de ressources ou d'agréments, il s'y bâtit une maison, l'entoura d'un fossé ou d'une palissade pour défendre ses dépendances contre les attaques et les dévastations des bêtes sauvages. Ce moyen de défense est désigné, en langue allemande, sous le nom de *were*. L'homme en état de porter les armes, établi sur cet héritage avec sa famille, s'appelait *gewerter*, et, enfin, le fait de se trouver sur l'héritage, de l'avoir en son pouvoir avec tout ce qui se trouvait dessus, constituait le *gewere* allemand. Ce mot entraîne après lui une idée de défense et de protection, et est rendu, en français, par l'expression *saisine*.

De bonne heure on arriva, chez les Germains comme chez tous les autres peuples, à sentir la nécessité d'une reconnaissance publique de la saisine, en raison même de l'importance de la propriété foncière, base de tout droit politique et de toute société. Nous savons comment la transmission de ce droit était entouré de formes solennelles : Les parties se présentaient devant le *mall* assemblé, et le possesseur saisi avec l'assentiment de ses parents, directement intéressés dans cet acte par suite de la garantie familiale, transmettait, dans les formes requises, la saisine à un autre membre de la nation. Seulement, cette reconnaissance publique de la saisine donna lieu à une distinction. Ce simple fait de la détention se sépara de la saisine reconnue par la commune ; en d'autres termes, la saisine de fait se sépara de la saisine de droit, ce qui fit que ces deux sortes de saisines purent appartenir à des personnes distinctes. Il y avait saisine de fait lorsque la tradition n'était pas suivie de l'acte judiciaire, saisine de droit, quand, au contraire, l'abandon solennel de la saisine avait lieu, mais non la tradition réelle du fonds.

Or, si celui qui avait la saisine venait à mourir, personne n'était là qui fût publiquement reconnu comme le défenseur de la terre, et qui pût exercer les droits et devoirs attachés à sa possession, notamment ceux résultant de la garantie familiale.

Aussi fut-on obligé d'avoir recours à une fiction, on admit la continuation de la saisine de droit du défunt, ou plutôt on la fit passer d'elle-même à ses plus proches parents mâles. Il était, du reste, tout-à-fait dans les idées germaniques de faire profiter de cette transmission le plus proche parent, car c'était sur lui que retombaient les charges de la garantie familiale. A l'appui de cette théorie, nous pouvons citer le chapitre XX *de la Germanie*, où Tacite, ce grand observateur, caractérise ainsi le droit de succession des Germains : « Proximus gradus in possessione ». Le Droit territoria saxon ne laisse, du reste, aucun doute sur l'existence du principe : « Der vater erbet uffen son die gewere des grites » m'it sament dem grite ». (C. VI.) Le père transmet au fils la saisine de bien avec le bien lui-même, ou comme l'exprime le *Vetus autor de beneficiis*, 1, § 24 : « Pater hereditat in filium » possessionem sicut et beneficium ». Une ordonnance de police de Magdebourg mentionne également ce principe : « Nous voulons qu'à l'avenir, dans notre duché de Magde- » bourg, la possession ou saisine des biens, meubles ou im- » meubles, passe sans appréhension physique aux parents » du défunt en ligne descendante (1) ».

Henecccius enseigne que la possession de l'hérédité passait de plein droit, chez les Germains, sur la tête de l'héritier, sans qu'aucune appréhension solennelle fut nécessaire (2).

Maintenant, quelle est la base de cette saisine? Est-ce la copropriété familiale en vertu de laquelle les parents survivant au moment du décès continuaient une possession ancienne plutôt qu'ils n'en acquéraient une nouvelle? Est-ce, au contraire, la solidarité dans la famille? C'est une question qui a soulevé bien des controverses, et sur laquelle les auteurs les plus autorisés sont loin d'être d'accord.

Les partisans de la seconde opinion prétendent que la copropriété ne suffit point pour expliquer l'origine de la saisine, et qu'elle se rattache, comme le *condominium* lui-même, à une idée plus élevée et essentiellement germanique, à la solidarité de la famille. M. Zacchariæ formule son opinion en ces termes :

« Certainement, le droit des héritiers repose sur un prin- » cipe du vieux Droit Germanique, le *condominium*, entre » les membres de la même famille ». Mais il ajoute qu'il faut bien comprendre « que cette communauté, imaginée par » les feudistes il y a deux siècles, n'est autre chose que le

(1) E. XLIV, § 15.
(2) *Elem. Jur. Germ.*, II, X, n° 206.

» droit de saisine et de réserve. Ces droits ne sont donc
» pas, comme quelques-uns le pensent encore, des consé-
» quences du *condominium*, mais le *condominium* lui-même,
» et ils ont leurs premières racines dans le *jus sanguinis*,
» origine première de tous droits de succession (1) ».

La vraie base de la saisine est donc dans la solidarité familiale, solidarité qui assurait aux hommes du même sang
les secours et la protection de leurs parents, dans le bas âge
et dans les moments difficiles.

Le chef de famille (2) devait venger les armes à la main
le meurtre ou l'injure de ses proches. A une époque plus
rapprochée, la poursuite de la vengeance se terminait
par un accommodement, une composition avec le coupable
et sa famille, qui donnaient satisfaction et achetaient la paix
au moyen de valeurs en troupeaux (3). C'était le *weregeld*.
Ce droit de vengeance ou de guerre privée est écrit dans
les premières lois de tous les peuples, comme dans le cœur
de tous les hommes : « Suscipere tam inimicitias seu patris
» seu propinqui quam amicitias necesse est, dit Tacite (4) ».
Ces compositions, ce *weregeld* germanique, ne sont que les
réglementations de la loi à ces époques barbares, le seul
moyen de mettre un terme aux guerres privées et intestines.

Ce furent d'abord tous les membres de la famille qui
étaient astreints à payer cette composition; mais l'obligation se limita peu à peu, et la responsabilité finit par ne plus
atteindre que les parents les plus proches.

Du reste, quiconque était obligé de venger les injures de
ses proches avait droit au *weregeld*; et réciproquement, suivant la loi Salique, celui qui renonçait, dans les formalités

(1) Zœphl, *Revue française et étrangère*, tome IX, p. 175 et suiv.

(2) Kœnigwaeter, *Revue de législation*, 1849, p. 117 et suiv.

(3) Tacite, *Germania*, XXI.

(4) *Germania*, XXI.

indiquées, à sa famille, n'avait plus droit ni à la succession, ni à sa part dans le *weregeld*. (Tit. LXIII.)

Elles consistaient dans les cérémonies suivantes :

Le demandeur brisait sur sa tête quatre rameaux d'aulne et les jetait devant lui au milieu du tribunal, ensuite, il se déliait solennellement des serments prêtés en sa qualité de membre de la famille, renonçait aux successions futures et aux compositions auxquelles il aurait pu prétendre (1).

Je n'ai pas besoin d'aller plus loin pour réfuter ce système, dont les conséquences, du reste, sont identiques à celles du premier, tout en différant par le point de départ. A mes yeux, c'est le *condominium* qui a donné naissance à la solidarité familiale et à la saisine. Je n'en veux pour preuve que le fragment de la loi Salique invoqué par moi tout à l'heure. Si le parent, pour briser ses liens de parenté, pour sortir de sa famille, était forcé de renoncer à ses droits dans la copropriété familiale et dans la répartition du *weregeld*, n'est-ce pas la preuve évidente que c'était le *condominium* qui avait formé ces liens de solidarité entre les membres de la famille, et qu'ils étaient tenus de la garantie *propter rem?* Quoi qu'il en soit, dans cette société où les excès de la liberté individuelle n'avaient de sanction que dans le droit de vengeance, on devait chercher bientôt à rendre la responsabilité plus sérieuse en l'individualisant. On la restreignit d'abord à la famille proprement dite, on ne demanda plus le paiement du *weregeld* qu'aux plus proches parents, et on finit par concentrer la responsabilité sur une seule tête, sur le chef de famille.

Ce chef de famille, qui a le devoir de défendre les siens, de payer les compositions, de venger les injures, a un droit corrélatif, un pouvoir sur les personnes et les biens de ceux qu'il protège : c'est le *mundium* germanique, la *tutela* des lois Burgundes et Anglo-saxonnes, la *potestas* des lois Wisigothes. Ce *mundium* a survécu au Droit barbare; on le re-

---

1 *Lex Sal.*, tit. XXXIII, *Tollere se de parentilld.* ...

trouve dans le Droit coutumier sous le nom de *Maimbournie*.

A cette période du Droit, c'est à ce principe que nous devons rattacher la saisine possessoire et héréditaire. Elle n'est pas autre chose qu'une forme du *mundium* dans les rapports de la personne avec les choses.

« Tout le Droit Germanique et coutumier repose sur ces
» deux principes : la saisine pour les choses, la garde pour
» les personnes, et ces deux principes se réunissent dans
» une idée commune de défense et de protection (1) ».

Dans les lois Lombardes, le chef de famille responsable prenait le nom de *selb mundoald*. Nous pouvons donc nous rendre un compte exact de l'état de la société, en ces temps reculés, puisque nous connaissons la composition de la famille.

Le but du législateur est facile à saisir; il a voulu restreindre autant que possible la foule des vagabonds, gens dangereux par conséquent, en groupant le plus grand nombre de personnes sous la garantie d'un répondant responsable sur sa terre, sur sa propriété, de tous les délits et crimes commis par les siens. Ce répondant c'est le chef de famille; il a entre ses mains un pouvoir, le *mundium*, qui frappe et sur les personnes et sur les choses. Ce *mundium* n'existe du reste, au point de vue personnel, que dans l'intérêt même de ceux sur qui il po..., et est limité dans le domaine réel par le grand principe de la copropriété entre parents. Ce pouvoir que le *mundoald* avait sur le patrimoine, limité par les droits éventuels des membres de la famille, comme je le disais il y a un instant, avait un caractère spécial de défense et de garantie. C'est la saisine du droit barbare, un des attributs perpétuels du *mundium*. Le chef de famille venait-il à mourir, qu'arrivait-il ? Tous ses enfants, copropriétaires de son vivant, en même temps qu'unis par les liens de la solidarité familiale, devenaient *mundoald* à leur tour; le *mundium* passait sur leur tête,

(1) Klimrath, t. II, p. 381. *De la saisine.*

comme autrefois la *paterna potestas* à Rome se transmettait au fils de famille, sans transition, immédiatement, et la saisine avec lui. Il n'y avait pas plus de vacance dans la saisine que dans le *mundium*, dont elle n'était qu'un élément. Pour jeter une véritable clarté sur cette institution si éloignée de nous, je crois ne pouvoir mieux faire que de reproduire textuellement un passage du livre de M. Simonet sur cette matière. « Les événements qui frappent la famille n'en mo-
» difient que les rapports personnels. Mais le patrimoine,
» d'une part, quelle qu'en soit la répartition, ne cesse pas
» d'être engagé pour cet être collectif qui se multiplie et se
» perpétue; d'autre part, tout membre de l'association reste
» toujours sous la garantie du *mundium*, soit sous celui
» d'un autre, soit sous le sien propre (*selb mundoald*). En
» conséquence, si nous supposons que le chef de famille
» vient à décéder, la garantie familiale qui reposait sur sa
» tête ne cesse pas pour cela; elle passe sans intervalle, et
» dans un instant, indivisible sur une seule personne qui le
» continue, ou sur plusieurs qui deviennent, par le fait de
» la mort de leur *mundoald, selb mundoald* et centre d'une
» famille distincte ». (P. 41.)

Il est hors de doute qu'à l'époque où le barbare ne connaissait que fort peu la propriété immobilière, où la femme héritait exclusivement des vêtements et des bijoux, le fils des chevaux et des armes paternels, il n'y avait pas lieu de s'occuper de la saisine; elle ne pouvait exister. Elle ne prit naissance qu'au jour où le père de famille posséda une terre, autant, du reste, dans ses intérêts que dans celui de ses enfants, dont il devait demander le consentement lorsqu'il voulait aliéner une partie du patrimoine. Et le principe de la copropriété familiale était même poussé si loin, que ses effets pouvaient se manifester du vivant du chef de l'association. C'était un usage presque universellement admis dans les législations barbares, que le fils restât jusqu'à quatorze ans sous le *mundium* paternel; c'était la période de faiblesse, où la protection est absolument nécessaire; mais une fois à cet âge, où il revêtait les armes de guerre, il réclamait d'ordinaire à son père sa part de biens et devenait *selb mundoald*, centre d'une famille nouvelle. Toute responsabilité paternelle cessait alors à son égard.

Chez les Burgundes, notamment, le partage des biens entre le père et les enfants semble remonter à la plus haute antiquité (1). Mais le père peut, avant tout partage, disposer librement de tout ce qu'il possède par son fait et de tout ce qu'il a gagné par son travail. L'unique exception à cette règle est relative au *sors* ou fonds de terre qui fut attribué à chaque Burgunde dans les pays conquis. Après ce partage entre les enfants, si le père se remarie, les enfants du second lit pourront seuls élever des prétentions sur les biens paternels. Si, après le partage, un des fils vient à mourir sans postérité, sa portion revient au père *usufructuario jure;* la nue-propriété appartient aux frères du défunt (2).

M. Pardessus (*L. Sal., Comm.*, p. 457), nous enseigne qu'à l'inverse, le père de famille, dès que l'âge ou la faiblesse l'avait mis hors d'état de se défendre, était réputé mort avant son décès naturel. On le plaçait alors sous la garantie d'un homme capable; c'était le plus proche parent qui était investi du droit de protection et de saisine, comme si le chef eût été réellement mort. C'est encore une preuve de plus que la saisine est l'attribut inséparable du *mundium*.

En somme les enfants succédaient à leur père, non pas dans la propriété proprement dite, ils avaient un droit préexistant au patrimoine, mais dans l'administration.

Les textes des lois barbares qui nous sont restés sont en parfaite harmonie avec cette idée; ils considèrent les héritiers comme des propriétaires et des possesseurs de plein

(1) *Lex Burg.*, tit. LXVII, p. 2.

(2) *Lex Burg.*, tit. LI, § 1, 2.

droit, qui vont continuer, comme jadis le défunt, à protéger et à défendre les personnes et les biens de la famille.

Un texte de la loi Salique permet au fils de prendre le douaire dans la succession de leur mère; il se sert de ces expressions : « *Sibi vindicent ac defendant* » (1).

Un autre passage est ainsi conçu : « Quidquid pater unum-
» quemque ex filiis vel nepotibus suis, meliore, habere vo-
» luerit, hoc sibi secundum legis ordinem, sine consortis
» repetitione defendat (2) ». Enfin, le mot allemand *gewere*, qui répond à la saisine, n'a pas d'autre signification que *défense*.

Un texte recueilli dans les Olim, à une époque où la saisine héréditaire était connue, emploie le mot *defensio* dans le sens précis de saisine : « Dicens quod in defensione ipsius » terræ mortuus erat ». C'est-à-dire que le mort était saisi (3). Cette expression de *defendere* employée par les lois barbares prouve jusqu'à l'évidence qu'elles considéraient la transmission de la possession comme opérée de la façon la plus immédiate sur la tête de l'héritier, au décès du *de cujus ;* j'irai même plus loin, qu'elles le regardaient comme possédant avant la mort, car, en lui reconnaissant le droit de protéger, de défendre une chose, elles admettaient par cela même qu'il la possédait déjà.

Enfin cette expression de *defensione*, employée à une époque bien postérieure par un texte des Olim dans le même sens que les lois barbares, permet de supposer qu'il y a certaine analogie entre la saisine germanique et la saisine féodale.

Les mineurs et les femmes, dans le Droit barbare, n'ont ni *mundium* ni saisine, ceci résulte évidemment des princi-pes que nous avons posés. Le *mundium* ne saurait appar-

(1) V. *Chlod. Reg. cap. pacto, leg. sal. add.*

(2) *Form. sirm. ap. canc.,* tit. III, form. 21.

(3) Tit. I, p. 160, N° IX, an 1259.

tenir à un incapable puisqu'il ne pouvait se protéger lui-
même, pas plus que la saisine puisqu'il ne pouvait défendre
sa terre. L'enfant mineur qui vient de perdre son père tombe
sous le *mundium* de son plus proche parent paternel, son
frère s'il est d'âge, son oncle à son défaut; ils ont la jouissance de ses biens. Il est à remarquer, du reste, que les
mineurs en tutelle, dans ces temps reculés, arrivaient rarement à l'âge d'homme; leurs oncles avaient soin de les faire
disparaître pour se dispenser des redditions de comptes.
Nos annales mérovingiennes et carlovingiennes sont remplies
des attentats commis par les oncles rois sur leurs neveux,
dans le but de garder le royaume qu'ils administraient
depuis la mort de leur frère, pour le compte de leur pupille.

J'insiste tout particulièrement sur ce point, car cette
partie du Droit barbare relative aux mineurs qui tombent
sous le *mundium* de leur parent paternel le plus proche
passera tout entière dans le Droit féodal et coutumier; le
baillitre, le tuteur féodal, aura la saisine des biens de son
pupille et en conservera la jouissance, comme le *mundoald*
barbare. Comme lui, ce sera aussi le parent le plus proche,
et trop souvent il sera animé des mêmes intentions vis-à-vis
de son pupille; témoin Jean-sans-Terre, assassinant son
neveu Arthur dont il avait le royaume en bail. Ces cruautés
furent même cause qu'on érigea cette règle formulée en
ces termes : « Bail ne doit garder mermiau », qui interdisait
au baillitre d'avoir l'administration des biens du pupille en
même temps que la garde de sa personne.

Quant à la femme, comme dans toutes les législations anciennes, elle occupait une position inférieure à celle de
l'homme; elle n'avait jamais la saisine, car elle était toujours
sous la dépendance de quelqu'un. Son père, son mari, ses
frères, même bâtards, la tenaient tour à tour sous leur *mundium* sans qu'elle pût disposer de rien : « Nulli mulieri li-
» beræ sub regni nostri ditione, lege longobarda vivente,
» liceat in suæ potestatis arbitrio, id est sine mundio vivere,

» nisi semper sub potestate viri aut potestate curtis regiœ
» permanere debeat, nec aliquid de rebus mobilibus aut im-
» mobilibus sine voluntate ipsius in cujus mundio fuerit,
» habeat potestatem donandi aut alienandi (1) ». Dans la loi
Burgunde, les filles n'arrivaient à la succession qu'après les
enfants mâles (2), à moins qu'elles ne fussent dans les cou-
vents, auquel cas elles concouraient avec leurs frères pour
un tiers de l'héritage paternel, c'est-à-dire du *sors*. Le mobilier et les vêtements de femme, les objets qu'elles ont pu
recevoir de leur père à titre de cadeaux, voilà tout leur patrimoine (3).

La femme se mariait-elle, elle passait sous le *mundium*
du mari, et perdait tous rapports de solidarité avec sa famille : « Postquam vir mulieri copulatur tunc omnia ejus
» bona in suam accipit tutelam (4) ». Le mari donnait un
certain prix aux parents de sa femme, prix que l'on connaissait sous le nom de *witemon* (5). Il payait ainsi aux
père et mère le *mundium* qu'il acquérait sur sa femme;
c'était une condition rigoureuse du mariage, et, cette formalité une fois remplie, celui qui contractait un autre mariage encourait la peine capitale (6).

Le *witemon*, du reste, en l'absence de père et mère, se
répartissait entre les parents de la fille d'une façon diverse,
suivant leur degré de parenté.

Quelquefois, en retour, le père de la femme lui constituait
une dot qui prenait le nom de *faferdium*, et se composait
généralement d'objets mobiliers, de bijoux et de vêtements,

---

(1) *Ed. roth.*, 160, 205.

(2) *Lex Burg.*, tit. xiv, § 1.

(3) Tit. xi.ii, § 1, ibid.

(4) *Sp. Sax.*, xxxi, § 3.

(5) *Lex Burg.*, tit. lxvi.

(6) *Lex Burg*, tit. lii.

encore n'était-elle acquise au mari d'une façon définitive qu'en cas de survenance d'enfants; sinon les parents de la femme pouvaient reprendre cette donation *propter nuptias* (1).

Mais toutes les lois barbares sont d'accord sur un point: l'exclusion de la femme de tout ou partie de la terre. La loi Salique, entr'autres, contient sur cette matière des prescriptions intéressantes qui sont passées de l'ordre privé dans l'ordre politique. Elle règle l'ordre de succession au trône en France et dans plusieurs autres royaumes.

Si cette loi politique fondamentale, qui exclut les femmes du trône, a pris naissance dans les dispositions premières de la loi Salique, il faut se garder d'en conclure que ces deux lois sont identiques, et que *terra salica* peut se traduire par *terra regia*.

Les bornes de cette étude ne me permettent point de passer en revue les différentes interprétations que les commentateurs ont donné à cette expression *terra salica*; je crois pourtant qu'elle désigne le terrain distribué aux Francs après la conquête. C'est la *terra aviatica* de la loi Ripuaire, c'est-à-dire la terre que l'on a reçu des ancêtres; c'est le *sors* des Burgondes, et, dans toutes ces lois, la terre salique est toujours l'objet de dispositions spéciales.

Jamais les femmes ne pouvaient arriver à la succession de ces terres saliques. Dans le système que j'ai exposé, rien n'est plus simple que cette réserve de la *terra salica* au profit des mâles, puisque seuls, à l'exclusion des femmes, ils étaient *mundoald* ou *selb mundoald*, puisque seuls ils étaient responsables des délits, et que la *terra salica* était spécialement affectée à cette solidarité. C'eût été une injustice si, par l'intermédiaire des femmes, cette portion du patrimoine eût pu passer dans une famille étrangère où elle eût perdu sa destination primitive.

(1) Roth., 182, 100.

Les mots terres allodiales ou alleu s'appliquaient aux biens libres dont le propriétaire peut disposer à son gré. Les biens allodiaux différaient des bénéfices qui, après la mort du possesseur, dans le cas où la concession ne serait pas héréditaire, retournaient dans les mains du donateur. Les filles, à défaut des mâles, pouvaient arriver à succéder à ces biens, mais jamais concurremment avec eux. (*Lex Sal.*, tit. LXII, ch. 1) Ce titre, en effet, ne parle que des fils, et encore que les femmes ne soient pas expressément exclues, il n'en est pas moins vrai que cette désignation unique indique déjà une préférence accordée aux mâles.

Même après la mort de son mari, la femme n'était pas libre; elle restait, dans certaines législations, sous le *mundium* des parents de son mari; dans d'autres, elle retombait sous la tutelle de son père, s'il vivait encore, de ses parents, à son défaut. L'homme qui voulait l'épouser devait remettre à celui sous la puissance duquel elle se trouvait au moment de son nouveau mariage, le prix de la veuve, composé de trois *solidi* et un denier, et appelé *reipus* (1).

Ceci correspondait au *witemon* du premier mari; c'était encore l'achat du *mundium* qui allait être acquis sur la veuve.

La veuve qui ne convole pas en secondes noces conserve le tiers de la fortune de son mari, si elle est sans enfants; cet usufruit ne cesse qu'à la mort ou au moment où elle contracte un second mariage, cas auxquels les parents du mari, sous le *mundium* de qui elle se trouvait, recouvrent la pleine propriété (2).

Enfin, si la femme veut hériter, à défaut de mâles dans la famille de son père, en concours avec ses sœurs, elle doit

(1) *Ad legem Salicam*, p. 89, *Additions de Eccard au manuscrit de Wolfenbuttel*.

(2) *Lex Burg.*, tit. XXIV, § 2.

rembourser le prix du *witemon* aux parents de son mari, et
à ses sœurs le montant du *faferdium* (1).

Il résulte de tout ceci, que la femme restant en tutelle
perpétuelle, sous le *mundium* de son père, de son mari, de
ses parents, voire même de son fils aîné, lorsqu'elle était
veuve et lui capable, n'avait jamais la saisine de ses biens.

Avant de quitter la période barbare qui expire pour entrer
dans une société nouvelle, la société féodale, où les institutions léguées par les générations précédentes sont si complètement détournées de leur sens primitif qu'elles en sont
presque méconnaissables, je crois devoir résumer en quelques lignes la théorie que j'ai examinée, car c'est là, c'est en
remontant à ces origines que, quelques siècles plus tard, les
jurisconsultes, en lutte ouverte avec la féodalité, iront
chercher des armes pour la combattre. C'est dans ces
vieux principes qu'ils découvriront l'idée première de cette
maxime : *Le mort saisit le vif*, si caractéristique, si française, si nettement formulée. Nous pouvons tirer cette conclusion, de tout ce qui précède, que la saisine héréditaire ne
pouvait appartenir qu'à une personne *selb mundoald*, soit
en son propre nom, soit au nom d'une autre soumise à son
*mundium* ; que cette saisine lui était acquise en même temps
que la qualité de *mundoald*, c'est-à-dire à l'instant de la
mort du *de cujus*, et qu'à l'inverse, elle ne pouvait jamais
se trouver entre les mains de l'incapable pendant son incapacité, des femmes pendant toute leur vie.

Je sais qu'on pourra m'objecter que la saisine héréditaire
est étrangère à la période barbare, parce que son nom ne
figure pour la première fois qu'au xɪᵉ siècle dans les vieux
écrits. Je répondrai qu'à ces époques si éloignées, la science
juridique était trop confuse pour qu'on pût exiger des écri-
vains, si peu nombreux de ces temps, des définitions bien
formulées. On obéissait alors à des besoins sans bien se

(1) *Arg. Roth.*, t, 109.

rendre compte des choses elles-mêmes. La langue latine, en outre, ne pouvait donner une expression convenable pour rendre cette idée empruntée aux mœurs germaniques, cette saisine, mot foncièrement français. C'est seulement dans la féodalité, au moment où on verra apparaître les Jean d'Ibelin, les Jean de Navarre, les Beaumanoir, Desfontaines, tous gens à l'esprit éminemment juridique, que naîtra le langage du Droit, que commenceront à se formuler en maximes, en dictons et en règles, les usages qui, jusqu'alors, avaient guidé les peuples.

# CHAPITRE II.

## Période féodale.

La société barbare portait dans son sein les germes de la féodalité. Elle commença à s'établir en France à la fin du règne de Charlemagne, et la révolution était complètement accomplie sous ses faibles successeurs.

Trois causes avaient amené le triomphe du système féodal : l'absence de pouvoir central, la transformation des bénéfices en terres héréditaires, la recommandation.

« Dans l'enfance de la civilisation, au milieu de l'igno-
» rance et de la barbarie, en l'absence de ces vastes et fré-
» quentes relations qui unissent les hommes par la commu-
» nauté des idées et la réciprocité des intérêts, l'unité des
» grands Etats est impossible. Elle peut être momentané-
» ment l'œuvre de la force ou le fruit de l'ascendant d'un
» homme supérieur. Mais ni la force ni l'ascendant d'un
» homme supérieur ne sont des puissances auxquelles ap-
» partient la durée, et nul état social ne saurait être per-
» manent s'il n'a ses racines et ses causes dans la société
» même, dans les rapports physiques et moraux des hommes

» dont elle est formée. Or, il y a dans le cours de la civili-
» sation, des époques où la société est incapable de s'élever
» à l'unité nationale, où elle ne possède ni les lumières, ni
» les intérêts, ni les principes d'action qui font d'une mul-
» titude éparse sur un vaste territoire un peuple uni sous
» les mêmes lois, vivant de la même vie et animé de la même
» impulsion. Quand l'existence des hommes ne s'étend
» guère hors de l'étroit espace où ils naissent et meurent,
» quand l'absence du commerce, de l'industrie, du mouve-
» ment d'esprit, la nullité ou la rareté des communications
» matérielles et intellectuelles resserrent leur pensée dans
» un horizon à peu près aussi borné que celui qu'embrasse
» leur vue, comment pourrait subsister une grande société?
» Quelles idées, quelles relations, quels intérêts en seraient
» le lien et l'aliment? La seule société possible est alors une
» société étroite, locale comme l'esprit et la vie de ses mem-
» bres. Et si, par quelque puissant accident, par quelque
» cause passagère, une société plus vaste est un moment
» formée, on la voit bientôt se dissoudre, et à sa place nais-
» sent une multitude de petites sociétés, faites à la mesure
» du degré de développement des hommes, et qui bientôt
» produisent, chacune dans ses limites, un gouvernement
» de même dimension (1). »

Ce phénomène commençait déjà à se produire même sous
Charlemagne. Pendant toute sa vie, il lutta pour réunir dans
sa main puissante tous les éléments épars de son immense
empire; il parvint même à établir une centralisation étonnante pour son temps; mais, après sa mort, la force des
choses reprit le dessus.

Cette hiérarchie, qu'il avait fortement constituée, disparut
avec le chef assez habile pour la maintenir et la diriger, et
la main débile de Louis le Débonnaire ne sut plus maîtriser
ses peuples barbares, conserver l'unité de cet empire im-

(1) Guizot, 3⁰ *Essai sur l'Histoire de France,* p. 70.

mense, qui trouvait dans ses nationalités diverses des éléments de dissolution presque irrésistibles.

L'empire franck se démembra. De ses démembrements
se formèrent des royaumes qui se subdivisèrent eux-mêmes
en une multitude de principautés distinctes, duchés, comtés,
vicomtés, toutes indépendantes. C'était là un résultat fatal.

A l'origine, lorsque les chefs barbares avaient envahi la
Gaule, ils s'étaient emparés de territoires étendus, qu'ils
avaient partagé entre leurs guerriers, en se réservant pour
eux-mêmes une très-grande étendue de terres.

Ces domaines provenant de ce partage primitif étaient
désignés sous le nom d'*alleux*. Ce genre de propriété était
absolument libre; le maître n'était soumis à aucun impôt,
aucune redevance, et il transmettait directement la propriété
et la possession de cette terre à ses héritiers.

Mais à côté de cette propriété primitive en surgit bientôt
une seconde d'une autre nature : Le chef de bande, devenu
roi, pour récompenser les services de ses fidèles, de ses
leudes, pour les tenir sans cesse ralliés autour de lui,
constamment associés à ses entreprises, à ses espérances,
à sa vie, leur distribua non plus, comme jadis, des armes et
des chevaux, ne leur donna plus de festins, mais les terres
de son domaine à titre de bénéfices. Ces bénéfices étaient
concédés à vie, et devaient faire retour à la couronne après
la mort du bénéficiaire, qui était obligé, envers le donateur, à certains devoirs, surtout au service militaire.

Aussi, dès l'origine de l'institution, il se produisit deux
tendances contraires faciles à pressentir : celle des hommes
qui avaient reçu les bénéfices, à les rendre héréditaires dans
leur famille ; celle des rois qui les avaient concédés tempo-
rairement, à les reprendre. Peu à peu, le grand dignitaire,
le marquis dans sa marche, le comte dans son comté, possesseurs d'immenses bénéfices, se créèrent une existence
distincte et personnelle, prirent l'habitude de vivre indépen-
dants, de se considérer comme les véritables maîtres des

terres qu'ils tenaient de la faveur royale; et le jour où le *missus dominicus* ne vint plus leur rappeler qu'ils avaient au-dessus d'eux un pouvoir dont ils relevaient, un homme au bras puissant dont ils n'étaient que les mandataires et les vassaux, ils usurpèrent tout, les terres comme les pouvoirs qu'ils tenaient de lui.

Cette usurpation fut consacrée dans le Capitulaire de Kiercy-sur-Oise, arraché à la faiblesse de Charles le Chauve. L'hérédité dans les bénéfices, presque partout triomphante en fait, était solennellement érigée en droit : « Si un comte » de notre royaume vient à mourir et que son fils soit avec » nous (en Italie), que notre fils et nos fidèles choisissent » quelques-uns de ceux qui ont été les plus proches et les » plus intimes dudit comte, lesquels, de concert avec les of- » ficiers *(ministerialibus)*, les vicaires, centeniers du comté, » et l'évêque diocésain, prendront soin du comté jusqu'à ce » que nous soyons prévenus et que nous puissions conférer » la dignité du père au fils qui sera près de nous. Si le comte » n'a qu'un fils en bas âge, les officiers du comté et l'évêque » aideront l'enfant à prendre soin du comté, jusqu'à ce que » nous sachions la mort du comte, et que le fils enfant, par » notre concession, soit honoré des honneurs paternels. Si » le comte défunt n'a pas de fils, nous pourvoirons à son » remplacement suivant notre vouloir.

» Il en sera de même pour nos vassaux que pour les com- » tes, et nous entendons que les évêques, abbés et comtes » et nos autres fidèles en usent semblablement envers leurs » hommes. »

Ainsi la royauté vaincue sanctionnait sa défaite, l'ère féodale était ouverte, une dernière cause devait amener son triomphe, et une société nouvelle allait sortir, avec un nouveau droit politique et privé, du chaos où l'Occident se débattait depuis le bouleversement de la société romaine.

Je veux parler de la *recommandation*. Resserré entre les grands propriétaires qui l'entouraient, exposé aux vexations do toutes sortes, au dépouillement final, ne trouvant plus dans le pouvoir central la protection à laquelle il avait droit, le possesseur d'alleu se présentait devant son puissant voisin, un rameau vert, une touffe de gazon à la main, et lui abandonnait, en échange de son assistance, la propriété de sa terre ; celui-ci la lui rendait à titre de bénéfice. Ces transformations se multiplièrent au viii° et au ix° siècles. Du reste, la *recommandation* était née dans la Germanie : ce n'était alors que le choix d'un chef que faisait le guerrier germain pour une expédition lointaine ; elle établissait entre le guerrier et son chef un lien purement personnel, fondé sur des engagements et des obligations réciproques.

Cet état de choses dura longtemps encore après la conquête, longtemps encore les rapports entre le chef et ses hommes restèrent personnels; mais, lorsque les barbares se fixèrent définitivement sur le sol, commencèrent à devenir propriétaires et cultivateurs, la recommandation changea de nature : elle devint réelle et d'une nécessité de plus en plus générale.

Un immense besoin de protection se faisait partout sentir. Jadis, on recommandait sa personne pour suivre la fortune d'un chef, pour partager sa destinée et, en cas de succès, avoir droit au butin. On recommanda plus tard ses terres pour en jouir avec quelque tranquillité ; mais, en revanche, si le supérieur donna son appui, il imposa à ses protégés des charges de plus en plus lourdes, des obligations plus accablantes chaque jour.

Partout, pour un peu de sécurité, les propriétaires aliénaient leur indépendance ; l'asservissement plus ou moins complet de leurs biens imposait des liens plus ou moins étroits à la liberté de leurs personnes. Si par la pratique de la recommandation beaucoup de propriétaires changeaient leur alleu en bénéfice, d'autres, plus faibles encore, furent contraints d'accepter une situation plus misérable, la condition de tributaire.

Ceux-là avaient aliéné la propriété de leur terre avec la liberté de leur personne. C'était cette masse immense de malheureux, les colons, les serfs, les fermiers, qui cultivaient les vastes domaines de leurs maîtres et y vivaient à charge de payer un cens, une redevance quelconque.

Certainement, l'ancienne société ne disparut point sans laisser quelques vestiges : les grands propriétaires d'alleux qui pouvaient repousser la force par la force, résistèrent au mouvement général et continuèrent à vivre dans leurs terres suivant les antiques usages. Ils restèrent les dépositaires du vieux droit de succession germanique ; ne relevant de personne, ils transmettaient directement à leurs héritiers la saisine de leurs biens, la propriété avec la possession. Mais ils étaient fort peu nombreux, surtout dans le Nord de la France.

Le moment n'était pas éloigné où les anciens bénéfices furent convertis en fiefs et en censives, et où l'on put dire qu'à partir des bords de la Loire, la maxime « *Nulle terre sans seigneur* » était de la plus rigoureuse exactitude. Le seigneur est considéré comme le souverain, le propriétaire originaire de toutes les terres de son domaine ; sa volonté seule en donne la jouissance, et rien ne peut tenir lieu de cet octroi souverain.

C'est le régime bénéficiaire des premiers temps de la royauté, étendu à toutes les terres sous le nom de fiefs, l'exception devenue règle. La concession féodale a créé un droit complètement antipathique au principe de la saisine héréditaire tel que nous l'avons vu appliqué dans les alleux de la période barbare.

Le fils n'héritait plus de son père. Le fief, à la mort du feudataire, revenait au seigneur, quand un caprice ne révoquait pas la concession pendant la vie du vassal. C'est alors que nous voyons apparaître sous le régime féodal, chez les vassaux, les mêmes tendances que nous avons déjà rencontrées chez les bénéficiaires sous la royauté carlovingienne.

Dès l'origine, le concessionnaire fait tous ses efforts pour rendre sa tenure héréditaire vis-à-vis du concédant ; celui-ci, à son tour, cherche quelquefois à la retirer durant la vie même du concessionnaire et le plus souvent après sa mort.

Telles étaient, en général, les conditions sous lesquelles était faite la concession : devoir de protection de la part du suzerain ; devoir de fidélité, service militaire du côté du vassal. En principe, le fief ne pouvait lui être retiré qu'à titre de peine et à raison d'une infraction à ses promesses solennelles.

A la fin du x° siècle, déjà les fiefs étaient devenus presque tous héréditaires. Le seigneur dominant était dès lors considéré comme saisi de la seigneurie directe de l'immeuble, la seigneurie utile étant exploitée par le vassal.

En outre, il résultait du contrat féodal que chaque mutation de personnes faisant cesser les rapports réciproques de seigneur à vassal, obligeait l'acquéreur à une reconnaissance solennelle de ses obligations, faute de quoi il perdait tout droit à la seigneurie utile ; le seigneur pouvait saisir le fief comme vacant : « Item par la coutume des fiefs, » sitôt comme un vassal est mort le seigneur peut assigner » son fief (1) ».

En un mot, le successeur n'avait pas la saisine de son fief, ne pouvait pas se comporter comme possesseur à l'égard de l'immeuble avant d'avoir prêté foi et hommage et reçu l'investiture de son seigneur. « La façon d'entrer en l'hommage » d'autruy est telle, dit un ancien document, c'est à savoir » que le seigneur féodal, doit estre requis humblement par » son homme qui veut faire foy d'hommage, d'estre receu a » foi, ayant la teste nue, et si le seigneur se veut seoir, faire » le peut, et le vassal doit descendre sa ceinture s'il en a, » oster son espée et son baston, et soi mettre a un genoil et » dire ces paroles : « Jeo deveigno, vostre home de cest jour

(1) Art. 7, Anc. style du Châtelet.

» en avant, de vie et de membres, et foy à vous porterai des
» tenements que jeo claime de tenir de vous. » Le seigneur
prenait alors les mains de son vassal entre les siennes, et
le baisait sur la bouche. Telle était la rigueur du vieux
Droit féodal, et l'importance attachée par lui à l'accomplissement de ses formalités dans un délai fort bref, qu'il décidait que le vassal perdrait irrévocablement son fief, serait
forclos d'une façon définitive s'il n'avait pas rendu ses
devoirs à son suzerain dans l'année de l'ouverture de la
succession.

Nous en trouvons un exemple fameux dans les *Assises de
Jérusalem* : Marguerite d'Acova, retenue comme ôtage à
Constantinople pour le service de son suzerain, ne put se
rendre près de lui dans l'année, et lui faire hommage d'un
fief qui lui était échu pendant sa captivité. La Cour des barons, tout en plaignant le sort de la jeune héritière, la
déclara irrévocablement forclose pour ne pas porter atteinte
au principe. Il nous suffira de quelques citations pour montrer combien était grand l'antagonisme entre les règles
féodales et le vieux principe barbare sur la transmission
immédiate de la possession et de la propriété sur la tête de
l'héritier : « Si c'est un fief noble, saisine de droit ne autre
n'est acquise sans foy, car le seigneur direct est avant saisi
que lhéritier mais por faire hommage, et por relief, le seigneur direct doit saisir lhéritier, et la raison si est, car le
seigneur feodal a la seigneurie directe, a laquelle la profita-
ble est adonc conjointe par la mort du vassal (1) ».

Desmares, dans la règle 117, disait encore : « En cas de
» fié n'estoit à oir ni à recevoir, à fère ou intenter, demande
» en cas de novelleté contre aucun autre, s'il n'estoit en foy
» et hommage ou souffrance, qui vaut foy de la chouse dont
» il se disait troublé ».

En résumé : « Fié est propre heritage et domaine du sei-

_____

(1) Gr. Const. de Charles VI, xxi, p. 140.

» gneur du fié, et en est saisy et vestu le vray seigneur et
» en fait les fruicts et lui appartiennent de plein droit espé-
» cialement après 40 jours ».

Il ressort de tout ceci, que l'esprit du Droit féodal répugnait
de la façon la plus absolue à l'idée que l'héritier du vassal
fût saisi de plein droit par la mort de ce dernier et pût se
comporter comme possesseur à l'égard du fief avant d'avoir
reçu l'ensaisinement seigneurial; et il ne pouvait en être
autrement. Les perturbations successives dans le régime de
la propriété foncière qui se produisirent après l'établissement des barbares, les transformations des alleux ou terres
libres en bénéfices et en fiefs ou terres asservies, amenèrent,
nous l'avons constaté, des changements profonds dans la
condition des personnes; ils devaient forcément se manifester aussi dans le régime successoral. L'ancienne fiction,
basée sur la copropriété des membres de la famille, en vertu
de laquelle le successeur, au moment du décès du possesseur
qui le précédait, ou le fils devenu *munboald* à son tour, continuait une possession ancienne plutôt qu'il n'en commençait
une nouvelle, n'avait plus sa raison d'être. Une autre fiction,
créée uniquement dans l'intérêt du seigneur, l'avait rem-
placée : c'était entre les mains du suzerain que chaque vassal
mourant était censé se dessaisir de ses biens, et alors ses
héritiers étaient forcés, d'abord de faire hommage, et de les
reprendre de lui en payant des droits connus sous le nom de
*profit de rachat* ou *droit de relief*.

Ces principes ne réglementèrent point que la concession
féodale proprement dite, le fief; il advint que les seigneurs
firent des concessions de terres roturières en censives sur
lesquelles ils conservèrent la seigneurie directe, la seigneurie utile appartenant au censitaire. Là aussi ils se réser-
vèrent un droit de prélation, et, à chaque mutation de l'héritage en censive, ils exigèrent des tenanciers le paiement
d'un droit fixe attaché aux formalités de saisine et de dessaisine.

Une seconde conséquence résulte encore des changements
survenus dans les règles du Droit à l'époque de la féodalité :
c'est que le sens des mots se modifia, que la terminologie
subit les mêmes variations que les institutions. A l'origine,
le mot *vestitura*, qui précède dans l'histoire l'apparition du
terme *saisina*, indiquait une simple possession.

On peut lire, en effet, dans un Capitulaire de Charlemagne : « Et Dixerunt, quod aliqui pagenses....., eos exinde
» expellant contra justitiam et tollant nostram vestituram
» quam per 30 annos et amplius vestiti fuimus (1) ». Louis-le-
Débonnaire employait aussi le mot dans le même sens dans
un Capitulaire de 819 : « Si quis proprium nostrum quod
» in vestitura genitoris fuit, alicui quærenti sine nostra jus-
» sione reddiderit..... (2) ».

Eh bien, ce terme avait complètement perdu son acception sous la féodalité : « Vestitura, dit Ducange, hoc ipsum
» est quod investitura, hoc est in possessionem missio ; ves-
» tire possessionem confero rei alicujus (3) ».

*Saisina* n'apparut guère que vers 930. Il est employé
par les auteurs dans des sens divers : tantôt il indique la
possession simple ; tantôt, au contraire, il se rapporte à la
*missio in possessionem* féodale, à l'ensaisinement.

. La réaction, une fois commencée, continua ; les vassaux
avaient fait triompher le principe d'hérédité dans leurs
*tenures*, ils ne s'en tinrent pas là ; les droits de saisine payés
au seigneur dans toute occasion parurent odieux ; on se
révolta contre cette obligation imposée au fils d'aller demander au suzerain son envoi en possession dans les biens
de son père. Les jurisconsultes, soutenus par le pouvoir
royal naissant, animés contre la féodalité d'une haine ins-
tinctive, cherchèrent, par tous les moyens en leur pouvoir,

(1) *Præcep. Car. Magn. pro hisp.*, 813 ; Baluze, t. I, p. 490.

(2) 1er *Cap.* de 819 ; D. Bouquet, t. VI, p. 416.

(3) Ducange, *Gloss.*, v° *vestitura*.

à enlever aux seigneurs cette prérogative qui les rendait maîtres de toutes les successions.

Leurs essais furent d'abord timides et isolés; mais chaque jour, par la force même des choses, ils gagnèrent du terrain. Ces efforts réussiront, parce qu'ils ne sont plus confus, isolés, parce qu'ils ne se réduisent pas l'un l'autre à l'impuissance; non, ils naissent au milieu d'un système unique contre lequel ils luttent avec acharnement; ils s'appuient sur une force nouvelle et bienfaisante, qui absorbera bientôt toutes les autres, sur la royauté. Ce ne sont plus des barbares, libres c'est vrai, mais dans une situation mal déterminée, qui ne savent pas plus défendre, contre les envahissements de leurs chefs, les terres que leur a données la conquête, que leur liberté originaire; ce sont des vassaux, des colons, des serfs, tous gens à la condition misérable, mais nettement définie, qui connaissent d'autant mieux leurs aspirations et leurs besoins, qu'ils sentent chaque jour plus lourdement la pesanteur de leurs chaînes. Appuyés sur les légistes sortis de leurs rangs, ils mettront, pour leur bonheur, à s'affranchir de ces droits vexatoires, un acharnement, une ténacité, qui n'aura d'égale que la furie et l'aveuglement qu'ils apporteront six siècles plus tard à détruire, pour leur malheur, un pouvoir auquel ils devaient la grandeur et la liberté.

Pour nous, la maxime *le mort saisit le vif* n'est pas seulement l'expression de la réaction populaire contre le régime féodal, elle n'est pas née seulement de l'antagonisme de deux principes, elle s'est perpétuée depuis le Droit germanique, à travers le chaos des siècles de formation, jusque dans le Droit coutumier. C'est une réminiscence de l'époque barbare, c'est une révélation d'une législation presque éteinte, que les principes dérivés de la concession féodale n'ont jamais pu étouffer complètement. A ces époques d'ignorance, où le nombre d'idées est forcément limité, elles vivaient dans la mémoire des hommes et se transmettaient de père en fils avec une facilité d'autant plus grande. Mais les jurisconsultes n'eurent pas besoin de puiser dans la tradition populaire ; ils avaient sous les yeux le spectacle quotidien des usages dérivés en droite ligne des lois Salique et Ripuaire (1). Le régime successoral tel qu'elles le comprenaient, la transmission pure et simple de la propriété et de la possession sur la tête de l'héritier, s'étaient conservés intacts dans les alleux qui avaient échappé en assez grand nombre encore à l'absorption féodale.

Pour introduire ce principe dans la législation féodale, qui lui était si directement hostile, la lutte fut longue : il fallut combattre la fiction qui saisissait le seigneur par la mort du vassal dans ses termes mêmes, déguiser, pour ainsi parler, dans l'idée d'ensaisinement qui se trouvait dans la concession et l'investiture primitive, la règle nouvelle, et l'on ar-

(1) Ce que nous venons de dire trouve encore sa confirmation dans un article publié récemment dans la *Revue de législation critique* par l'éminent doyen de la Faculté de Droit de Dijon, M. Serigny. Il reproduit une note du savant Canciani sur les *formules* de Marculfe dans ses *Barbarorum leges antiquæ*, lib. I, cap. II, tom. II, p. 185 : « V<sup>el</sup> aut super proprietate, aut super fisco : « Iis verbis duæ notantur bonorum species et veluti maxima rerum divisio, quæ eo sæculo recepta erat, quod ex cap. 33, colligi potest. Omnia namque prædia, aut propria erant aut fiscalia. Propria seu proprietates dicebantur quæ nullius juri obnoxia erant, sed optimo maximo que jure possidebantur, *ideoque ad heredes transibant:* Fiscalia vero, beneficia sive bona fisci vocabantur, quæ a rege, ut plurimum, posteaque abaliis ita concedebantur ut certis legibus servitiis quo obnoxia, cum vita accipientis finirentur.

« Rursus, proprium seu proprietas duplex alia quippe alode, seu hereditas proprium paternum aut maternum erat. Alia non a parentibus accepta, sed labore et parcimonia cujus que comparata ex comparato et conquisitu dicebatur. Sed postea et res comparatas alodii nomine vocaverunt ; eoque perventum ut alodia, liberi juris prædia, quæ nec fidem nec pensitationem deberent, generaliter dicta sint, ad fendi differantiam, quo sensu alodii vocabulum adhuc hodie jure nostro usurpatur. »

Les alleux n'étaient donc, à l'origine, d'après la loi barbare, que des biens propres ou anciens, pris par opposition aux biens conquêts, qui se *transmettaient* aux héritiers mâles, à la différence des biens fiscaux dont

riva de la sorte à la formuler d'une façon victorieuse : *La mort saisit le vif.*

Elle ne fut, du reste, au moment où elle se produisit, que la consécration d'un état de choses déjà existant. Les textes les plus anciens, où l'on rencontre sinon la formule, du moins l'idée qui en fait le fonds, remontent au xii° siècle, et appartiennent à la Normandie, ce qui donnerait lieu de supposer que la maxime coutumière a été découverte par les jurisconsultes de cette province. On lit dans l'extrait d'un manuscrit normand : « Inscachario paschœ apud Falesiam judicatum est, quod filia R..... habeat saisinam de hoc unde pater suus fuit saisitus, quando fuit ad religionem (1) ».

M. Mannier rapporte aussi des décisions émanant de Normandie et confirmant parfaitement le fait avancé : « Il fut jugié en l'assise de Faloise en l'an de grâces 1236, le jor devant la translacion saint Benoist, que l'entain (*anita*) qui demandoit brief de novele ascheoite, come li plus prouchiens airs de-

la jouissance cessait avec la vie du détenteur. Plus tard, ce mot se prit pour désigner tous les fonds libres qui ne devaient ni foi ni services féodaux, qui ne reconnaissaient ni vassaux ni seigneurs suzerains.

L'alleu primitif est la terre conquise distribuée entre les guerriers du chef militaire.

C'était surtout dans le Midi et dans la Bourgogne que s'étaient conservés en grand nombre les alleux primitifs, transformés, il est vrai, en alleux nobles et roturiers.

Du moins peut-on tirer cette conclusion d'un passage de Beaumanoir, sénéchal de Beauvoisis : « Quant li sires voit aucun de ses sougiez tenir en heritages, dès quiex il ne rend a nullui cens, rentes ne redevances nulles, li sire y puet jeter les mains et tenir come siens propres. Car nus selonc nostre coustume ne puet pas tenir des alues, et on appelle alues ce qu'on tient sans fere nulle redevance a nullui, et se quens (le comte) s'aperçoit avant que nus de ses sougiez que tel aleus soit tenues en sa contrée, il les puet peure comme siens, ne nen est tenus a rendre ne a repondre, a nus de ses sougiez pour che que il est sires de son droit et de tout che que il trouve en alues. (Ch. xxiv, p. 223.)

(1) Ann. 1207, Chopin, *De Mor. par.*, liv. iii, p. 431.

voit avoir (*saisinam de hereditate sororis suœ*) contre sa nièce qui estoit sesie de la sesine de l'eritage sa sœur, parce que la nièce ne disoit pas que ele fust née de mariage (1) ».

Toujours est-il que les progrès furent lents et que la règle ne fut pas acceptée sans des résistances très-vives. Elle atteignait trop directement les principes de la féodalité, et i's avaient dans le sol et dans les mœurs des racines trop profondes pour céder à la première attaque des jurisconsultes qui auraient imaginé une fiction pour les écarter.

Elle ne passa pas dans les Coutumes aussi complète, aussi absolue qu'elle existait dans le Droit barbare; elle ne transféra plus la possession elle-même au successible, mais bien le droit de se mettre en possession. Les textes qui vont suivre prouveront ce fait jusqu'à l'évidence. Il faut attendre Dumoulin et Tiraqueau pour retrouver la maxime avec les effets qu'elle produit de nos jours dans le Code civil.

Nous trouvons dans les *Assises de Jérusalem* la règle en vigueur, sans pourtant qu'elle soit encore formulée. En outre, il existe des restrictions. De même que, dans le Capitulaire de Kiercy-sur-Oise, Charles le Chauve ne reconnaissait qu'au fils aîné le droit de succéder au bénéfice paternel, ainsi, l'Assise n'accorde la saisine qu'au premier né; les autres devaient la demander au seigneur.

Du reste, voici le texte même de l'Assise : « Quand fié escheit le fils ou la fille qui est dreit heir de celui ou de celle de par qui il li escheit, se peut mettre par sei, s'il est d'aage à fié aveir, en la sesine de cel fié, quand le père ou la mère en muert saisy et tenant come dou sien » (2).

C'est dans les Etablissements de Saint-Louis (1250) que nous rencontrons pour la première fois la maxime : « Li usages de Paris et Orliens si est tiex que le mort sesit le

_____

(1) *Coutume, style et usage au temps des echiquiers norm.*, ch. 65, p. 100.

(2) Jean d'Ibelin, au chapitre LI.

vif », (II, 4.) Il ne faudrait point en conclure qu'à partir de cette époque elle est d'un usage général dans tous les pays de France; ce serait là une grave erreur. Jean Desmares nous dit en effet, dans sa Décision 234 : « Mort saisit son » hoir vif, combien que particulierement il y ait coutume » locale, ou il faut necessairement saisine du seigneur. » En Bretagne, le *mort saisit le vif* en ligne directe et la justice en ligne collatérale.

On n'appliqua point d'abord aux fiefs la règle avec toute l'étendue qu'elle comportait, il eût été dangereux et impolitique de heurter de front l'édifice féodal; mais, peu à peu, ses effets modifièrent cette législation dans tout ce qu'elle n'avait pas de radicalement incompatible avec le Droit barbare.

En somme, la règle tendait à se généraliser tous les jours davantage, et Beaumanoir pouvait dire : « Se aucuns ne li » empesche sesine, il ne li est pas mestier qu'il en fasse » demande, car il peut entrer en la chose, dont drois ou » coustume li donne la sesine sans parler a signeur ».

Néanmoins, longtemps encore, les biens féodaux soumis à cette règle, qu'en fief il n'y a point de vraie saisine sans foi, embarrassèrent beaucoup les anciens coutumiers; leur doctrine sur ce point est remplie de tergiversations, de restrictions, de réticences. Témoin le Grand Coutumier, qui rapporte des opinions diverses et se livre à des argumentations contradictoires. Il dit d'abord : « Et semble encore » suivant la commune opinion qu'à plus proprement parler » l'on peut dire que par la mort du vassal, le fief chet et » gist en telle manière qu'il ne peut être possédé ni par le » seigneur, ni par l'héritier, fors quand il est relevé par le » seigneur direct ».

Il conclut un peu plus loin : « En cas de fief la saisine » n'est jamais à l'heritier par la mort de son prédécesseur » tant seulement, mais l'on peut dire que le droict lui com- » pète par la mort en telle manière, que l'hommage fait, » il se peut de son autorité ensaisiner sans danger, et

» autrement il serait puni à l'arbitrage de son seigneur
» féodal (1) ».

De tout ceci, que conclure, sinon que l'héritier est saisi
des fiefs comme des autres biens, mais à condition de prêter
foi et hommage dans le délai voulu, sous peine de saisie du
fief (Baumanoir, *Coutume de Beauvoisis*, ch. vi, p. 37),
avait déjà observé « que se che est fief, il doit aler à l'hou-
» mage du seigneur dedans les quarante jours que il est
» entrés en la saisine ». On ne peut pas dire d'une façon
plus claire que l'héritier avait la saisine avant de rendre
hommage au suzerain.

Ainsi donc, dès le XIIIᵉ siècle, la maxime *le mort saisit le
vif* avait complètement triomphé ; c'est son développement
que nous allons avoir à suivre dans toutes les institutions du
Droit coutumier. Mais, avant de quitter le Droit féodal, je
crois devoir examiner quel rôle a joué la règle, bien que
non formulée, dans le plus vieux monument que nous ayons
conservé de cette époque, dans l'ancienne législation franke
transportée en Orient par les Croisés. Nous ne pourrions
trouver une meilleure transition entre l'époque féodale et
les coutumes, que les Assises de Jérusalem.

## CHAPITRE III.

### De la Saisine dans les Assises de Jérusalem

Les Croisés, sous le commandement de Godefroy de
Bouillon, avaient formé le royaume de Jérusalem à l'image
du royaume de France, et il l'avaient doté des institutions en
usage dans leur pays. Nous trouvons pourtant entre les
deux législations des différences notables, bien qu'elles aient

(1) P. 189, ch. XXI.

une même origine. Mais l'explication est bien facile. En Europe, le développement des lumières introduisait presque journellement, pour ainsi dire, sous la direction puissante de jurisconsultes tels que Pierre Des Fontaines et Philippe de Beaumanoir, des modifications importantes dans les principes féodaux. Les affranchissements, la création de la bourgeoisie, la restauration du système municipal, créèrent une société nouvelle toujours en lutte avec l'ancienne, toujours ennemie. Aussi l'antique législation féodale, battue en brèche, tombait sous les efforts des jurisconsultes qui, puisant dans les lois romaines, propageaient les idées du Droit naturel.

En Orient, au contraire, les seigneurs, isolés au milieu d'une population hostile, condamnés par un ennemi infatigable à une vigilance constante, ne toléraient chez leurs tenanciers, population hétérogène du reste, aucune manifestation d'indépendance, et se renfermaient exactement dans le cercle des idées féodales les plus rigoureuses; aussi, ce curieux monument des Assises de Jérusalem est-il l'expression la plus exacte du droit du seigneur.

Quelles étaient les personnes qui pouvaient avoir la saisine? Quelle était son étendue?

Le fils et la fille aînés avaient seuls la saisine du fief et la saisine de droit; Jean d'Ibelin, au chapitre CI.I, nous l'enseigne en ces termes : « Quant, flé escheit, le flz ou la fille qui
» est dreit heir de celui ou de celle de par qui il li escheit,
» se peut metre par sel, se il est d'aage a flé avoir en la sai-
» sine de cel flé, quant le père ou la mère en muert saisi et
» tenant, come dou sien, sans ce que il mesprent vers le
» seignor d'aucune chose : por ce qu'il est assisse ou usage
» en cest reiaume que le flz ou la fille demore en la saisine
» et en la teneure de ce quei leur père ou leur mère muert
» saisi et tenant come dou sien ».

Mais seuls le fils ou la fille aînés avaient la saisine héréditaire; seuls ils pouvaient se mettre en saisine du fief de leur

propre autorité. Leurs frères ou sœurs, les collatéraux devaient demander au seigneur la saisine ; car le principe féodal, qui avait bien voulu se départir de sa rigueur en faveur
des premiers nés, reprenait tout son empire lorsqu'il se
trouvait en présence d'héritiers moins privilégiés : « Se
» home ou feme qui a flé muert, et il a plusiors enfanz et
» aucun de ces enfanz autre que son deit heir se mete en sai-
» sine de s'auctorité dou flé de son père ou de sa mère,
» sanz requerre au seignor la saisine dou flé, come le plus
» droit heir aparant et requerant de cel flé en la court, le
» seignor de qui l'om tient cest flé ne le deit soufrir, ce me
» semble ; car se il le soufreit, le droit heir aqui il est tenus
» de garder sa raison, come a droit heir de son home, lui et
» ces heirs en porent estre travailliés au recouvrer dou
» flé a estre ent descrité de tot le flé ou de partie (1) ».

C'est un premier coup porté aux institutions féodales. Le
fils ou la fille aînés, en meilleure position que les autres héritiers, avaient directement la saisine, sans en demander
l'investiture au seigneur. On ne saurait trop remarquer l'a-
nalogie qui existe entre cette situation de seigneur à vassal
et celle des grands feudataires vis-à-vis le pouvoir central,
à l'époque du Capitulaire de Kiersy-sur-Oise. Là aussi, le roi
de France reconnaissait au fils aîné du baron le droit de
succéder à son père, dans ses honneurs et dans ses charges,
sans demander l'investiture. Les possesseurs de fiefs ont re-
tourné contre leurs maîtres les armes dont ils s'étaient eux-
mêmes servis contre l'autorité royale ; ils n'inventent rien,
ils suivent un précédent, et la faveur exceptionnelle accordée au fils et à la fille aînés, est leur première victoire.

Une autre condition pour la saisine était encore exigée : il
fallait de toute nécessité, pour que l'aîné, héritier direct,
pût se mettre lui-même en possession, que son auteur fût
mort saisi et tenant.

(1) Ch. CLII, *Jérusalem.*

Jean d'Ibelin, au chapitre LXV des *Assises de Jérusalem*,
nous donne un exemple fort curieux de la rigueur avec laquelle ce principe recevait son application : « Il avint que
» un home, qui ot a nom Pierre, tint le Daron comme sien
» en tens de trives, en pais et sanz chalonge ; et cil Pierre
» ot deus fls, l'un ot nom Fouque, et l'autre Otte : et claus
» siens fiz orrent femes et enfanz. Et avint que au vivant
» de Pierre, guerre fu et le Daron fu perdu, et Sarrazins le
» tindrent : Et en tant come il le tencent, cil Pierre morut,
» et demorerent ses deus fils sans saisine aveir dou Daron
» ni de riens que de sa seignorie fust, et puis morut Fouque,
» l'ainz ne fiz de Pierre, sans aucune saisine aveir des
» choses avant dittes, par la force que les Sarrazins li fai-
» soient ; et un fils de Fouque demora qui ot nom Thibaut,
» et vint en aage, et puis fu treves et le Daron fut rendu à
» Crestiens. Et Otte vint avant qui fu fiz de Pierre et requist
» la saisine dou Daron come le plus droit heir aparant de
» Pierre, qui fu seignor dou Daron et qui derainement en
» fu saisi et tenant come dou sien, et puis sa mort nul autre
» Crestien n'en ot saisine ne teneure. » Pierre a perdu la
saisine de son fief occupé par les Sarrasins ; il meurt laissant
deux fils, Foulque et Otte ; Foulque meurt à son tour laissant son fils Thibaut ; sur ces entrefaites le fief est recon-
quis ; Otte seul aura le fief à l'exclusion de son neveu Thibaut, parce que le père de ce dernier est mort sans avoir eu
la saisine du fief.

Du reste, bien que le fils et la fille aînés pussent se mettre
en saisine du fief paternel sans requérir le seigneur, ce n'était,
en somme, qu'une saisine de fait, et la saisine de droit n'était
acquise que par la prestation des devoirs féodaux. Mais le
principe existait, la maxime *le mort saisit le vif*, qui, bien
que non formulée à cette époque, recevait application en
pratique dans une certaine mesure, réduisait l'investiture
des héritiers directs à ne plus être qu'une cérémonie. Nous
ne devons cependant pas être étonnés que, tout en admet-

tant forcément ce principe, qui jurait avec son organisation, la société féodale ait cherché à l'origine à en restreindre autant que possible les effets. Pour arriver à ce résultat, on eut recours à plusieurs moyens. D'abord, le droit de se mettre en saisine de sa propre autorité appartint seulement au fils et à la fille aînés; en second lieu, on admit que si le *droit heir* ne se présentait pas dans le délai d'un an et un jour pour faire l'hommage, il encourrait la commise du fief.

« Aussi dit l'on que se il avient que aucun home, se il es
» fors païs, et il revient et il requiert aucun heritage que
» aucun autre ait tenu an et jor, aucunes genz veulent dire
» que l'assisse de la teneure ne li griege, por ce que il esteit
» fors païsé, et que l'autre n'a tenu l'eritage lui veant et
» olant. Et pluisors genz dient que le teneure vaut bien en
» celui point, et que por ce fu establie, se longue espace
» come de an et jor, et que en tant de tens peut l'on bien
» venir d'outre-mer qui vodra. » (1)

Cette règle sévère est du reste spéciale aux Assises de Jérusalem, car, en général, on ne pouvait opposer à l'absent la *tenure* d'an et jour. Nous avons eu déjà occasion de voir dans le chapitre Iᵉʳ de ce travail, quel a été le rôle important de la *tenure* d'an et jour dans notre ancien Droit pour l'acquisition de la propriété d'abord, et de la vraie saisine ensuite.

Les Assises déployaient la plus grande sévérité contre ceux qui contrevenaient aux règles que nous venons d'examiner.

Le fils ou la fille aînés qui se seraient ensaisinés de leur propre mouvement des biens dont leurs père et mère ne seraient pas morts saisis et tenants, s'exposaient à se voir traiter comme des criminels vulgaires, comme des voleurs à main armée : « Il est ataint de force faite au seignor et est

(1) Jérusalem, *Assises des seigneurs*, ch. xi.

» encheu en la merci dou seignor en qui seignorie cel flé est,
» comme home ataint de force. » (Ch. CLIII.)

Aussi, ajoute le jurisconsulte, vaut-il mieux demander saisine au seigneur, si l'on n'est pas parfaitement sûr que son père ou sa mère « aient eu la dereaine saisine de crestiens. »

Cet état de choses pouvait entraîner de graves difficultés et donner naissance à des contestations sur le rang et la qualité des héritiers. Trois hypothèses principales pouvaient se présenter :

1° Il existe des doutes sur l'existence de l'aîné, ou, en son absence, il est urgent d'assurer dans la famille la possession du fief; les frères et sœurs ou les collatéraux se présentaient devant le seigneur et lui demandaient l'investiture, que celui-ci leur accordait comme le plus *dreit heir aparant et requérant en la court.*

2° Le seigneur opposait au prétendant qu'il y avait plus proche héritier que lui.

3° L'héritier apparent a obtenu la saisine contradictoirement avec le seigneur et par jugement de cour sur la preuve que ses garants ont fait de sa parenté.

La première hypothèse est prévue par le chapitre CLII des *Assises de Jérusalem.*

C'est le cas le plus simple. Il faut tout à la fois conserver le droit de l'aîné absent et plus proche héritier, sans pourtant nuire au reste de la famille. Jean d'Ibelin nous enseigne qu'on arrivait à ce double résultat en accordant la saisine au membre de la famille qui la réclamait, mais seulement en qualité de « dreit heir plus aparant sans esgard ni connaissance de court ». En agissant ainsi, on réservait les droits du plus proche héritier, qui pouvait les faire valoir sans trop de peine.

Autrement : « Ensi poreit le dreit heir estre moult travaillés et esloignés de son dreit, se il n'i poiet venir que par
» clamor que il feist de son frère ou de sa suer ou de cel sien

» parent a qui auroit lo flô eschou, como a droit hoir, soufort
» à tenir, so il li voloit defendro et lo plait foyr : que plait en
» quel il y a claim pout l'on foyr par les jors et par les fuites
» qui sont en plait ; et por tant plus, que les dreis heirs et
» lors heirs en porcient estro deshcrités de tot lo flô qui lor
» seroit eschu ou de partie, so autre so poiet metro en saisino
» et en teneuro dou dit flô autrement quo como lo plus droit
» heir aparant et requerant en la court ». (*Assises*, CLII.) Une
conséquence, et des plus graves, continue l'auteur, qui aurait pu résulter de l'ensaisinement seigneurial « avec esgard
et connaissanco do court », aurait été de priver les plus
prochos héritiers do tout droit au fief si lo parent qui avait
obtenu cetto saisino était mort saisi et tenant. En effet, lo
véritablo héritier venant à mourir, lui aussi, sans avoir
jamais cu la saisino du fief, sos enfants n'auraient pu lo
revendiquer, suivant les principos, commo héritiers du dernier saisi et tenant.

De plus, il eût été souverainement injusto do condamner
lo véritable héritier dans lo cas où il so serait présenté
dans les délais pour intenter son action à procéder par la
voix si rigourcuse du claim, ou à rester sans secours, si
l'héritier apparent avait vendu ou transmis lo fief à sos héritiers.

La troisième hypothèso que nous énoncions tout à l'heuro
constituo pour lo requérant uno position bien plus dange-
reuso et peu favorablo à sa revendication.

Lo fief a été adjugé par « esgart et connaissanco do court »
du consentement du seigneur, à un héritier qui so préten-
dait lo plus « dreit heir » ; sur cos entrefaites, lo véritablo
héritier so présento et vient réclamer son droit. Il devra
nécessairement employer l'action pétitoiro, la procéduro
si redoutable du *claim*. Il devra plaider devant la cour,
que la prouvo que celui-ci (son adversaire) « fist dou pa-
» rentê, quant il out la saisino dou flô fu faucc, et quo il
» garenz s'esparjurerent desleiaument et porterent faucc

» garentie et seurté de ce que il cuidierent, que on ne peust
» torner garenz por gage de bataille qui portent garantie
» do parenteys, et que se il eust esté la, quant ciaus celle
» fauce garantie porterent, il en eust l'un levé come parjur et
» torné come faus garent par gage de bataille; et se il en-
» cores voloient leur faus dis maintenir, que il sereit prest
» de torner ent l'un par gage de bataille et combattre s'ent a
» lui et rendre le mort ou recreant en une horre de jor ».
(Ch. CLX.) Puis, à son tour, il offrira de fournir de bons et
loyaux garants, qui viendront déclarer que lui seul « est dreit
heir a aveir le fié »; « que il est le plus preuchein parent de
» celui qui le fié eschey et qui dereainement en morut saisi
» et tenant come dou sien, de celle part dont le fié moveit ».

Une grande discussion semble s'être élevée ici sur le point
de savoir si les garants de l'adversaire devaient accepter le
torne de bataille offert par le requérant.

Les uns déclaraient de la façon la plus formelle, qu'il n'y
avait « torne de bataille contre le garant qui portait ga-
» rantie dou parenté en nul cas »; que ce combat était
formellement défendu par les Assises. Et ils en donnaient
le motif suivant : « Totes manières de genz crestiens pevent
» garentie porter en la haute court de prover lignage et
» aage », et les femmes et les prêtres comme les autres.
Mais tous ne peuvent combattre, continue le jurisconsulte :
« car il est certaine chose, que prestres ne clers ne genz de
» religion ne femes ne se pevent combattre de leurs cors,
» ne prestres ne clers ne gens de religion ne pevent metre
» champion por caus aleauter; car le prestre par qui ce
» aureit esté ne poreit messe chanter ne le clerc venir à
» ordre de prestre ».

La doctrine contraire était soutenue par Jean d'Ibelin avec
une grande hauteur de vue et une dialectique sévère et féconde, bien qu'il reconnût lui-même que l'Assise lui donnait tort. Il insiste sur ce point, qu'on ne saurait trop sauvegarder les intérêts du propriétaire vis-à-vis des usurpa-

tions nombreuses et fréquentes en ces temps de troubles,
que la seule garantie est la bataille, car, en effet, « so l'on
» ne peust en cest cas l'un des garenz rebuter ne torner
» par gage de bataille, doncques chascun qui vodreit ma-
» ligner, qui troveraient dous homes de la lei de Rome, qui
» por lui se vosicent parjurer, desquels l'on trovereit plusiors
» por monée, puisque ils seroient seurs que ils n'auroient
» en celle garantie torne de bataille ne autre perill que de
» de sei parjurer, poroient descriter qui que il vodroient de
» son dreit et de s'eschecte, laquel chose seroit tort apert
» et contre dreit et justise et raison ».

Quoi qu'il en soit, bien que la doctrine adverse conduisit
aux plus étranges résultats, puisqu'elle laissait en saisine et
propriétaire l'usurpateur s'il avait été plus diligent que le
« *dreit heir* », elle était d'un usage général. Certainement le
moyen proposé par Jean d'Ibelin pour remédier à cet état de
choses n'était pas très-efficace, mais c'était le seul, et la bataille était encore le dernier recours à cette époque où la
violence et la force régnaient en souveraines. Du reste, le
chevalier-jurisconsulte, avec la foi d'un Croisé, en appelle à
Dieu en ces termes pour soutenir le droit de l'innocent :
« Maintes fois on a vu avenir a un petit home et feible
» vencre un grant et fort, et que aucun qui n'est mie cham-
» pion afaitié, vencre un autre qui est champion afaitié. Et
» Dieu est droiturier, si ne devroit souffrir que celui qui si
» désleaument come est avant dit, tornast le garent, en ve-
» nist au dessus par bataille ; et chacun home doute de la
» mort, ou la deit douter, et deit douter d'entrer en champ a
» tort et en faus gages, que, il le convendroit combatre a tort
» et parjur ; et moult de fois a l'on veu mesavenir a céaus qui
» le faisoient (1) ».

Telles étaient les conditions auxquelles la saisine était
accordée, mais elles ne suffisaient pas encore ; la saisine

(1) Ch. CLX, CLXI. *Assises.*

était encore subordonnée à l'âge de l'héritier. Il ne fallait pas seulement être le fils aîné d'un possesseur de fief pour se mettre de son autorité propre en possession, rendre hommage dans un délai déterminé, les obligations féodales ne permettaient pas à l'héritier d'avoir la saisine s'il n'était susceptible par son âge de pourvoir au service militaire. Le service militaire était inséparable du fief, et les mineurs ne pouvant s'en acquitter par eux-mêmes, il fut d'abord réglé que le seigneur jouirait du fief pendant la minorité de son vassal; mais bientôt, comme cette jouissance entraînait après elle des devoirs et des charges, comme le seigneur devait veiller à l'éducation et à l'instruction de son vassal, il s'en lassa bien vite, et abandonna ses droits aux plus proches parents de l'orphelin.

« Quant il avient chose que Dieu fait son comandement
» d'aucun ou d'aucune qui ait fié, se il a fiz ou fille de leau
» mariage qui seit d'aage, il se peut saisir dou fié sanz
» parler au seignor; et so il avient que l'eir seit mer
» me d'aage, et aucun ou aucune, qui il apartient de la
» dont le fié muet, vient avant requerre le baillage si come
» il deit, il le deit aveir dou fié; mais l'enfant ne deit mie
« estre en sa garde, se le fié li peut escheir; car en cest
» endreit, a une assisse qui dit, que baill ne deit mie garder
» mermlau ». Et ce fu establi, por ce que l'eir fust gardé de
» damage et de périll et le baill de honte et de pechié (1) ».

Donc la saisine, lorsque l'héritier était mineur, appartenait au baill ou tuteur féodal qui était généralement le plus proche héritier du mineur. Mais, dès l'origine, la garde du fief fut soigneusement distinguée de la garde de la personne : la première était appelée baill ou baillage; la seconde, garde. Le baill avait la saisine du fief, il en avait la jouissance, recueillait les fruits et devait entretenir le pupille convenablement sur les revenus de sa terre. C'était d'ordinaire le

(1) Ch. CLXX, *Assises de Jérusalem.*

plus proche parent « a qui le fié ne peut escheyr » qui avait
la garde. Mais quand ce mineur était souverain, quand il
était appelé à gouverner une principauté, la garde de sa
personne et de ses villes n'appartenait de plein droit à aucun parent « par accort dou comun de ses homes deit estre
» gardé son cors et ses forterreces ».

A quinze ans accomplis, le mineur avait le droit de requérir son fief suivant la coutume du royaume.

A ces époques de violences et de troubles, le législateur
devait prendre les plus grandes précautions pour empêcher
les tuteurs de s'emparer des biens de leurs pupilles et de se
débarrasser ensuite de leurs personnes. Aussi les motifs qui
excluaient l'appelé de la garde le rendaient propre au baillage, car la loi devait supposer qu'il administrerait le fief
comme un bien devant lui échoir. Il y avait pourtant une
exception à cette règle générale, motivée du reste par la
proximité des liens de parenté. Le père et la mère pouvaient avoir tout à la fois la garde et le bail de leurs enfants
mineurs. Quoi qu'il en soit, les baillages donnaient lieu à
bien des guerres, et, comme le dit le comte Beugnot, ce
qui se passait dans l'ordre politique se reproduisait souvent
dans l'intérieur des familles, et l'usage était de comparer la
tutelle de certains seigneurs à la garde du loup : « *Scelesta,
lupo ovem commisisti* (1) ».

Son sexe était aussi un obstacle pour la femme, elle ne pouvait avoir la saisine. Dans cette aristocratie guerrière par
excellence, le premier devoir, comme le premier besoin,
était d'assurer le service militaire : aussi la femme mineure
et orpheline restait-elle sous l'autorité du bail, qui était le
plus souvent le seigneur, jusqu'au jour où elle atteignait sa
douzième année, âge où elle pouvait se marier ; et encore
elle ne pouvait avoir la saisine, entrer en possesssion de son
fief, que par son mariage.

(1) Térence, *Eunuch*, act. v, sc. 1.

Le seigneur suzerain devait, sur les réquisitions des plus proches parents de la femme et sur les conseils de la Cour, lui présenter trois barons parmi lesquels elle choisissait un mari : « Et si le seignor ne li a offert le baron dedenz ledit » terme (temps fixé par la Cour), elle se peust marier a sa » volonté, que le seignor ne la en porra de rien achai- » soner ». (Ch. CLXXI). La veuve qui voulait conserver le bail de ses enfants mineurs était obligée, elle aussi, de prendre un mari de la main du seigneur. Si elle refusait de se marier, comme il fallait avant tout que le service militaire fût assuré, le bail passait au plus proche parent. La femme veuve se contentait alors de son douaire, et le bail prêtait hommage au seigneur qui l'ensaisinait, et pouvait l'appeler à son service selon ses besoins. (Ch. CLXXIX.)

Partout domine, dans ces anciens textes, l'influence seigneuriale. La saisine n'est pas un vain mot, une pure formalité, comme elle tendra à le devenir dans les siècles suivants, mais elle a les conséquences les plus graves, et peut entraîner pour les imprudents qui ne la demanderaient point dans les délais voulus, la perte, la commise de leurs fiefs : 1° D'abord, la saisine devait être demandée par l'héritier en personne. (Ch. CLXXII.) L'origine de cet usage se trouvait dans l'obligation imposée au vassal, de faire un acte d'hommage en personne et non par procureur. Cet usage devait avoir en Orient une grande vigueur, car si la loi avait permis aux héritiers des fiefs situés dans le royaume de Jérusalem de ne point faire en personne l'hommage des fiefs, beaucoup seraient restés en Europe et le service militaire en aurait souffert.

2° Les Croisés avaient adopté un ordre de successibilité qui excluait la représentation : « Le fiz ou la fille ne de- » morre en la teneure des dreis de son père ou de sa mère, » que de ce quel il muert saisi et tenant come de son dreit, » ou de ce quel il ou elle ont été les dereains crestiens » saisis et tenant come de leur dreit ».

3° Le seigneur prescrivait les biens de son vassal par le laps d'an et jour, si ce dernier n'était venu lui prêter hommage dans ce délai. La règle était formelle et la commise du fief rigoureusement prononcée.

Jean d'Ibelin nous raconte à ce sujet le fameux procès de Marguerite d'Acova, qui, retenue à Constantinople comme otage, ne put se rendre à la cour de son suzerain dans le délai prescrit pour lui faire hommage ; elle fut privée du fief qui lui était échu, bien qu'elle se trouvât prisonnière pour le service de son seigneur.

En présence de formalités aussi rigoureuses, il est de toute évidence que les parents du *de cujus* avaient dû chercher à prévenir les effets désastreux de cette prescription, que rendait inévitable l'absence du principal héritier. Nous avons déjà examiné cette question un peu plus haut, mais j'insiste sur ce point, car les *Assises des bourgeois* reproduisent à peu près les mêmes règles que celles des seigneurs.

Les parents venaient réclamer la saisine du fief devant le vicomte : « Et il est tenus de monstrer par deus leaus ga- » renz qui fassent garens devant le vesconte et devant » les jurés, que celuy soit parent dou mort ; et puis doit celuy » jurer sur sains que il est droit heir de celuy mort, enci li » ait Dieu et ces sains que il a juré (1) ».

De la sorte, l'héritage était toujours conservé dans la famille : ou bien le principal héritier revenait dans l'année, et alors il était remis en possession ; où bien il restait absent, et alors son absence assurait définitivement aux autres parents la tenure du fief.

Du reste, il était pris des précautions multiples pour empêcher le *droit heir* d'être trop facilement dépouillé de son droit. Voici en quels termes s'exprime l'*Abrégé* du livre des *Assises des bourgeois*, chap. LVII : « Ce aucun des ces aver- » saires ne dient contre ce que celuy qui aurait enci requis,

(1) CX, CIII. *Assises des bourgeois.*

» la Cour doit esgarder que serlefiant tout ce que celui a
» dit et offert, que il doit avoir la saizine et la teneure dou
» dit heritage et des autres biens. Et doit doner seurté selonc
» l'usage d'an et de jour. Et lors le visconte le doit mettre en
» saisine de heritage et des autres biens, les ques biens doi-
» vent estre reconneus et par point et par escrit de la Cour
» et dire li : « Je vos mes en saizine sauf autruy raizon »,
» colonc lusage, por ce que il porroit estre que dedens l'an
» et jor vendroit aucune autre personne, plus prochain pa-
» rent, que celui qui auroit avant requis ».

Nous avons vu également, dans les *Asssises des seigneurs*,
que la saisine de celui qui possédait « sans esgard et connaissance de court » ne lui suffisait pas pour prescrire, et
qu'il était exposé à restitution lors de la survenance du
*dreit heir*.

4° Ce n'était pas seulement le seigneur, mais toutes personnes, qui prescrivaient par le laps d'an et jour. Le jurisconsulte nous en donne les raisons au chapitre xv de l'*Abrégé
des Assises*. C'était pour empêcher l'émigration des possesseurs de fiefs qui « aloient et revenoient tout à lor gré, et le
» roiaume et les cités demouraient vuydes et en foibles estat
» et de gent et d'autres aydes ». Et pour cette raison il fut
établi que « qui demouroit et tenoit l'eritage d'aucun autre
» un an et un jour sans chalonge, c'est assaver sous nulle
» requisse ne clamour, ne nulle redevance doner, ne dou-
» lent ne d'autre manière, dedens l'an et le jour qu'il le de-
» voit avoir et emporter la dite saizine d'an et de jour ». La
règle était générale, tout le monde y était soumis : « Et sa-
» chez que cette assize ne fut exceptée en nulle manière de
» gent, ce est assaver ne le seignor, ne l'yglise, ne le temple
» de l'ospitau, ne clerc, ne prestre, ne gent de religion, ne
» chevaler, ne gent de coutume ne nul autre ».

Il y avait pourtant quelques exceptions au principe,
exceptions fondées sur la parenté. En France, on prescrivait contre tout le monde, excepté contre les mineurs, les

incapables et les Croisés. Chez les Latins, au contraire, les parents ne pouvaient prescrire les uns contre les autres. Cette exception, s'appuyant sur la morale et sur l'esprit de famille, honore le législateur d'Orient. Ainsi, la prescription ne courrait pas : « 1° Entre les père et mère et leurs enfants; 2° Entre parents au même degré ».

« Et j'ai oy dire a aucun des sages et leu en aucun i vre,
» et suis de celui assent, si je ne en oye meaus dire, que la
» teneure des parens qui ne veaut riens por nulle teneure
» que l'un fait contre l'autre de son eritage ci sont tels come
» vous orrés. C'est assavoir premerement, de père et de
» mère contre lor enfans né en loiau mariage n'a nulle te-
» neure, ne des dessus diz enfans contre lor dit père et
» mère. La seconde manière, ci est auci que il n'a nulle te-
» neure des frères et seur contre lor frères et lor seur que
» par quelque manière que l'on teigne, l'eritage de l'autre
» n'en a nulle teneure, pour quel elle puisse ne doive valoir
» à l'un, ne damage à l'autre. La tierce manière c'est que
» nulle teneure ne veaut ne ne doit valer de nul parent ou
» parente qui sont en un degré, c'est assaver des enfans de
» deus frères vales de deus seurs et de frère et de seur (c'est-
» à-dire cousins germains), qui sont auci en un degré qui
» s'appellent, remués de germains. Et par cette manière de
» tous parens qui sont en un degré n'en a nulle teneure (1) ».

Mais il y avait des exceptions, et, en dehors de ces parents privilégiés, la prescription pouvait courir contre tous autres :

« La teneure que elle vait de parent contre son parent ci
» est de claus ci après devizés. C'est assavoir de parent qui
» sont de un degré contre deux degrés et de deux degrés
» contre trois degrés, c'est à entendre que se l'oncle ou le
» nevou teigne l'eritage l'un contre l'autre l'an et jour celonc
» l'usage et l'assisse, tele teneur veaut enci come d'un es-

(1) *Abrégé des ass. des bourg.*, ch. xv.

» trange et lor parenté ne les peut escuzer de rien. Et enci
» par les degrès, c'est à entendre de couzin germain contre
» son couzin remué de germain et de tous les autres qui
» ne sont d'un degré ».

Ainsi donc, les neveux pouvaient prescrire contre leurs
oncles, et réciproquement, et les parents de degrés différents
pouvaient aussi se prévaloir de la prescription vis-à-vis les
uns des autres.

En résumé, il ressort de ce court examen que nous avons
successivement fait des textes, que le droit réel n'était fixé
dans la personne de l'ayant-droit que par la prestation des
devoirs féodaux, et que l'aîné de la famille, s'il venait à
mourir avant d'avoir accompli ce devoir, ne transmettait
rien à ses propres héritiers, bien qu'en vertu du principe de
la saisine héréditaire, il eût pu se mettre en possession de
fait. Dans ce cas, les oncles excluaient leurs neveux, alors
même qu'ils n'auraient jamais possédé contre eux.

En second lieu, dans la personne du plus proche héritier,
dans celle des héritiers apparents, la saisine héréditaire obtenue du seigneur par ceux-ci, dévolue de plein droit à
celui-là, est, à proprement parler, un droit de possession
provisoire et indépendant de la transmission de la propriété.
Tant qu'un certain temps ne lui a pas attribué le caractère
d'une présomption de droit, elle est attaquable comme saisine nouvelle dans la personne du saisi, et cèdera au droit
supérieur du véritable successible. Quand le délai d'an et
jour l'a fortifiée, elle devient inattaquable non-seulement
comme saisine de fait, mais comme saisine de droit, au pétitoire comme au possessoire.

# CHAPITRE IV.

## De la saisine dans le Droit coutumier.

La règle *le mort saisit le vif* trouve son application première dans la succession des rois de France, sous la forme de ce dicton populaire : *Le roi est mort, vive le roi !* (Loysel, § 21.) « C'est, dit Loyseau, la première maxime de notre Droit Français : *le mort saisit le vif,* qui fait qu'au même instant que le roy défunt a la bouche close, son successeur est roy parfait, par une continuation immédiate et du droit et de la possession de l'un à l'autre, sans qu'on puisse imaginer aucun intervalle d'interrègne ». (*Des offices,* l. I, ch. X, n° 58.) Cette maxime avait un autre but encore, c'était de signifier que, pour exercer sa prérogative royale et ses fonctions, le roi n'avait besoin de l'investiture de personne, ni du pape, ni de l'empereur : « Le roy ne relève que ⟩ de Dieu et de son espée ».

Dans l'ordre privé, les successions étaient régies par l'article 318 de la *Coutume de Paris*, reproduit par la plupart des autres Coutumes : « *La mort saisit le vif,* son hoir plus proche et habile à lui succéder ». Nous pourrions donc déduire de cette formule trois conditions nécessaires pour qu'on puisse se prévaloir de la saisine : 1° Il faut qu'il s'agisse d'un héritier proprement dit; 2° qu'il soit le plus proche; 3° qu'il soit capable.

Et tout d'abord, nous devons dire que, dans la plus grande partie du royaume de France, la volonté de l'homme ne pouvait enlever par disposition testamentaire le patrimoine de la famille à la ligne à laquelle il était affecté. « Dieu seul fait un héritier », disaient nos ancêtres. Ce n'est qu'avec une excessive répugnance qu'ils permirent au défunt de disposer de cette manière du cinquième de ses propres en faveur d'un étranger.

Le lignager avait donc un droit de communauté, une sorte de droit de substitution, si l'on préfère, dans les propres affectés à sa ligne. Sa qualité était reconnue du vivant même du *de cujus*. Que ce dernier le voulût ou ne le voulût pas, il était appelé de droit à recueillir une portion quelconque du patrimoine; pour lui, la mort du *de cujus* n'était pas attributive d'un droit nouveau, « et quand elle arrive, dit » Domat, ce n'est pas tant une succession acquise aux en- » fants que la continuation d'un droit qu'ils avaient déjà, » avec cette différence entre le droit et l'hérédité, qu'au » lieu que, pendant la vie de l'ascendant auquel ils succè- » dent, ils avaient comme en part ses biens avec lui, et que » sa possession les biens conservait, ils ont seuls le droit » entier aux biens après sa mort (1) ».

« Le père est mort, et il n'est pas mort, parce qu'il a laissé » un fils semblable à lui ». (Masuer.)

« Si tost comme oirs est nés, nous créons que li droit du » père et de le mère li soit descendus temporelment, et par » le baptesme, li heritages de paradis espirituellement (2) ».

La succession pouvait, du reste, se trouver ouverte aussi bien par la mort naturelle que par la mort civile, aussi bien par suite d'une condamnation pénale que par l'effet de la profession religieuse. Mais jamais la saisine ne pouvait appartenir à une autre personne qu'à l'héritier. Les seules dispositions admises dans le Nord de la France, qui repoussait la succession testamentaire, étaient les legs; ils pouvaient être universels ou particuliers, mais jamais un légataire, alors même qu'il eût eu droit au patrimoine entier, ne pouvait avoir la saisine. Il était obligé de demander à l'héritier du sang, dans tous les cas, la délivrance de son legs. C'était lui, en effet, qui était saisi, car c'était à son profit que s'ouvrait la succession légitime; jamais le défunt ne pouvait

(1) Domat, *Des lois civiles*, II<sup>e</sup> partie, liv. I, sect. 2, n° 13.

(2) Beaumanoir, ch. xx, § 8.

modifier cet état de choses. Dans certains cas, il avait le droit de priver ses successibles de la totalité de ses biens, il ne pouvait leur enlever la saisine.

Mais dans les provinces méridionales de la France, où le Droit Romain avait jeté des racines profondes, l'institution de la saisine n'avait pas une influence aussi décisive. Elle avait bien envahi la législation comme dans les pays de Coutumes, mais elle n'était pas devenue l'attribut exclusif de l'héritier du sang. L'héritier testamentaire, sous la pression des idées romaines encore dominantes, avait été assimilé à l'héritier *ab intestat*, et c'était à lui que le Droit écrit avait donné la saisine coutumière. Les situations étaient interverties, et la position de l'héritier testamentaire dans le Droit écrit était précisément celle de l'héritier légitimaire dans le Droit coutumier.

La légitime n'était plus qu'une charge de la succession, et l'héritier du sang n'était pas tenu du paiement des dettes et de la délivrance des legs. C'était l'héritier testamentaire qui était le continuateur du défunt. Ainsi donc, dans le Droit du Nord de la France, l'institution d'héritier faisait tout au plus un légataire, et la saisine passait toujours à l'héritier légitime, même contre le gré du testateur; dans le Midi, au contraire, l'héritier institué était saisi de la succession entière, payait les legs et les dettes, délivrait même au légitimaire la part de succession qui lui revenait de droit.

Telle était la règle générale. Certaines Coutumes, celles du Berry entr'autres, ont bien pu accorder à l'héritier légitimaire la saisine en même temps qu'à l'héritier institué, chacun pour leur part afférente, mais c'est là un système bâtard qui ne doit pas fixer longtemps notre attention.

Les institués contractuels, étant considérés comme des héritiers véritables, en ont tous les droits et toutes les prérogatives; aussi la saisine leur était-elle accordée (1).

(1) Pothier, *Coutume d'Orléans*, page 536.

Le conjoint survivant est aussi appelé à la succession et considéré alors comme héritier légitime (1).

Enfin, il y avait encore quelques successions irrégulières où certains auteurs admettaient la saisine, c'était l'abbé succédant à son religieux, le seigneur haut justicier aux biens de l'étranger, etc.

2° En second lieu, la Coutume n'accorde la saisine qu'à l'héritier le plus proche, cette condition se confond pour ainsi dire avec la précédente : le parent qui n'occupe pas le premier degré n'est pas appelé à la succession. Il n'est pas héritier, en conséquence il ne saurait être saisi.

Je crois que c'est ici le lieu de réfuter un système qui accorde la qualité d'héritier avec la saisine à tous les membres de la famille quel que soit leur degré. Ce système est né sous l'empire du Code ; je le discuterai, au point de vue des principes, une fois arrivé au Droit actuel. Pour le moment, je me bornerai à dire qu'il a pour conséquence principale de permettre à tout parent au degré successible, d'agir contre les tiers, soit au pétitoire, soit au possessoire, sans que ceux-ci puissent exciper de l'existence d'un tiers plus rapproché.

L'ancien Droit a-t-il jamais admis une pareille théorie ? Je ne le crois pas.

Les partisans de la saisine collective tirent leur premier argument de la copropriété familiale, où elle a puisé, suivant eux, son origine. La base de la famille, disent ces auteurs, n'est plus, comme à Rome, la puissance paternelle, mais le sang et la naissance ; non-seulement le père de famille ne peut pas enlever à ses enfants, par ses dispositions dernières, les biens auxquels ils ont droit, mais il n'a même pas le pouvoir de les aliéner de son vivant sans le consentement de ses hoirs les plus proches. Partout, dans les anciens Cartulaires, nous voyons les enfants figurer aux

---

(1) Lebrun, *Traité des Successions*, liv. III, ch. 1, n° 10.

contrats, comme parties nécessaires, et l'absence ou le refus de l'un d'eux lui donne le droit d'agir en nullité de l'acte,

Au x° siècle encore, cette Coutume était en vigueur, et l'on peut en citer un curieux exemple : Un baron fonde un monastère pour le remède de son âme ; il lui fait de grandes libéralités dans l'espoir de racheter ainsi au ciel les fautes qu'il avait commises sur cette terre. Il place une de ses filles en qualité d'abbesse à la tête de la communauté. Mais il en avait une autre ; cette dernière, n'ayant pas consenti à la donation, en demanda et obtint la nullité, personne ne pouvant, suivant la loi saxonne, disposer de ses biens sans le concours des siens (1).

On retrouve encore les traces de ce vieil usage germanique dans nos plus anciens Coutumiers. Nous avons même cité, dans l'introduction de ce travail, un extrait du vieux Coutumier d'Artois, qui nous montre les hoirs intervenant à une vente d'immeubles, devant la cour du seigneur, et figurant eux-mêmes comme vendeurs au même titre que le propriétaire.

Nous ne contestons point, à l'origine, la puissance de la copropriété familiale, mais nous devons constater qu'elle alla chaque jour s'affaiblissant, et que l'intervention des héritiers dans les actes d'aliénation n'existait déjà plus lors de la rédaction des Coutumes ; elle avait subi des transformations successives, et était devenue le retrait lignager. Cette institution impliquait par elle-même que le parent qui l'exerçait avait dans le bien vendu un droit de domaine dont le possesseur de l'héritage ne pouvait le dépouiller ; c'était le quasi-domaine, où Domat trouve l'explication de la saisine.

Déjà dans les plus vieux monuments du Droit coutumier, dans les Assises de Jérusalem, la saisine se limitait à l'aîné

(1) Laboulaye, *Recherches sur la condition civile des Femmes,* p. 105 et suiv

et à l'aînée, à l'exclusion même des autres enfants du défunt; les Coutumes de Bretagne, de Normandie, d'Anjou, sont conçues dans le même esprit. En Auvergne et en Bourbonnais, même doctrine; ce serait donc une erreur de soutenir que tous les parents au degré successible ont la saisine, parce que cette institution dérive de la copropriété familiale. On ne peut pas établir un rapport direct entre ces deux choses, conclure de l'une à l'autre, car si l'on voulait juger de l'étendue de la copropriété familiale, à l'époque coutumière, par le nombre des personnes appelées à la saisine héréditaire, on serait obligé d'exclure de la copropriété les puinés et les collatéraux. Or, bien qu'ils n'aient pas la saisine, on ne peut pas dire qu'ils ne soient pas copropriétaires. Enfin, en présence du texte si positif et si formel de l'article 318 de la *Coutume de Paris*, le système de nos adversaires est bien difficile à défendre. A qui, en effet, est accordé la saisine? A l'hoir le plus proche, et pas à d'autres. C'est en vain qu'on espère échapper à cette disposition en prétendant qu'elle vise seulement le cas où le débat sur la succession est engagé entre deux parents, mais qu'elle ne traite nullement des rapports des successibles avec les tiers; dans le conflit entre parents, se serait le plus rapproché qui aurait l'avantage, tandis que, vis-à-vis des tiers, la parenté constituerait toujours une cause suffisante de préférence.

Cette distinction est ingénieuse sans doute, mais le texte même de l'article s'y oppose d'une façon catégorique. La saisine est accordée par lui à l'héritier le plus proche sans la moindre réserve, de la manière la plus générale; il faudrait tout au moins, pour restreindre la portée de cet article 318, des arguments bien puissants, ou des textes irrécusables. Or, ceux que met en avant l'opinion contraire peuvent se réfuter facilement.

1° Ils argumentent d'abord d'un passage du *Grand Coutumier*, où il est dit que l'action en complainte sera accor-

dée « se notoirement il appert de la ligne ou du lignage »,
pour en conclure que la preuve exigée est celle de la parenté et non celle du degré. Ces paroles ne consacrent formellement aucun système ; il est bien clair que l'héritier
n'aura pas à prouver d'une manière absolue qu'il n'existe
pas de parents plus proches, il faudra qu'on se contente
de la présomption, résultant de la notoriété, quitte au défendeur qui ne sera pas satisfait à établir l'existence d'héritiers préférables.

2° Ils citent encore le *Nouveau Denizart*, où on lit au mot
*héritier*, § 2, n° 16 : « Tant que les plus proches à succéder
ne se présentent pas, on ne peut contester la succession
aux parents plus éloignés qui sont saisis à l'égard des
tiers ». Il est impossible de méconnaître la précision de ce
passage, mais il est isolé, et il ne saurait suffire à fonder un
système dont les conséquences sont universellement condamnées par les anciens auteurs ; Pothier nous enseigne,
en effet, qu'une succession ne peut être acceptée, ni répudiée par un parent du degré ultérieur avant la renonciation
de ceux qui le précèdent (1). Il ajoute qu'en cas de renonciation de l'héritier du premier degré, celui du deuxième
sera, par une fiction, réputé saisi dès le jour du décès (2).
Ces deux solutions sont incompatibles avec la saisine collective.

Enfin, nos adversaires invoquent une décision particulière
au Droit coutumier pour appuyer leur système : Lorsque
l'héritier du premier degré, disent certaines Coutumes, a
accepté sous bénéfice d'inventaire la succession à lui échue,
il pourra être exclu par l'héritier subséquent qui offrira de
se porter héritier pur et simple, à moins qu'il n'accepte lui-
même purement et simplement en revenant sur sa résolution première. Or, dit-on, comment un parent d'un degré

(1) *Success.*, ch. III, sect. I, § 3, et sect. IV, § 2.

(2) *Ibid*, § IV, § V.

éloigné pourrait-il enlever à l'héritier en meilleure position,
qui le précède, un droit acquis, si ce n'est en vertu d'une
vocation à l'hérédité déjà existante? Sur quoi se fonderait
cette acceptation sinon sur la saisine elle-même?

Je ne crois pas cette interprétation exacte : on ne peut
tirer du droit qu'a le successible d'exclure l'héritier bénéficiaire, une conclusion satisfaisante, car cette faculté ne lui
était accordée qu'à titre exceptionnel, dans un double intérêt, pour sauvegarder les droits des créanciers et surtout
sauver de toute tache la mémoire du défunt. Cette acceptation bénéficiaire, du reste, était loin d'être inhérente au
véritable esprit du Droit coutumier ; elle n'était pas l'application d'un principe général, puisqu'elle était inconnue dans
certaines Coutumes, en Bretagne notamment, et que de
nombreux jurisconsultes refusaient de regarder l'héritier
bénéficiaire comme un véritable héritier. D'autres, comme
Pothier, Lebrun, Basnage, blâment ce droit d'exclusion, que
justifie faiblement, à leurs yeux, le soin de la mémoire du
défunt et les intérêts des créanciers et des légataires. Ils
le considèrent comme n'ayant été introduit dans la pratique
que pour réprimer les fraudes auxquelles avaient donné
lieu l'acceptation bénéficiaire (1).

Le droit d'exclusion du parent subséquent, éloignant par
l'acceptation pure et simple le parent le plus proche, amena
même des troubles tels, des faits si odieux dans la famille,
qu'il fut réduit à la ligne collatérale. — Pour toutes ces raisons, nous rejetons la théorie de la saisine collective des
successibles.

3° Enfin, la troisième et dernière condition résultant des
termes de l'article 318, c'est la capacité de l'héritier. Un incapable, en effet, n'est point appelé à la succession ; en
conséquence, il ne saurait être saisi. Les enfants, même sim-

(1) Pothier, *Des succ.*, ch. iii, sect. iii, § 1 ; — Lebrun, liv. iii, ch. iv, n° 33 et suiv,

plement conçus, les fous, les furieux, les femmes mariées, ne sont pas privés de leur droit héréditaire, ils auront donc la saisine comme tous les autres héritiers.

L'indigne est-il saisi de la succession qui lui devait appartenir 'sans son indignité? Lebrun considère comme une chose indubitable (liv. III, ch. I) qu'il a la saisine de la succession jusqu'à ce qu'il en ait été déclaré indigne; jusqu'à ce moment, il a le droit d'intenter la complainte et toutes les actions possessoires.

C'est donc un successeur légitime qui ne peut être privé de ses droits que par la déclaration de son indignité. Elle doit être prononcée par la justice. Grande est donc la différence entre l'incapable et l'indigne. Celui-ci est saisi de plein droit, peut acquérir, sans pouvoir toutefois conserver; celui-là n'est jamais saisi et ne peut même point acquérir la succession. Seulement le jugement, une fois rendu, produisait un effet rétroactif à l'égard des héritiers, et le parent du degré subséquent devait être considéré comme ayant toujours eu la saisine.

## SECTION I.

### De l'objet de la Saisine.

Il y a peu de choses à dire sur le sujet. Dans les successions universelles, la saisine a pour objet à la fois l'ensemble des biens considérés comme universalité, et chacun des biens et des droits qui la composent envisagés individuellement; elle est acquise à l'héritier saisi à ce double point de vue. Mais bien que la saisine fût universelle, elle pouvait se limiter comme la succession coutumière, qui n'avait pas ce caractère d'indivisibilité que nous avons rencontré dans la succession romaine. A Rome, le défunt ne pouvait pas mourir, *partie testat, partie intestat,* pas plus que l'héritier ne pouvait accepter une partie de la succession et répudier l'autre. Ici, au contraire, rien n'empêchait l'héritier de ne point se charger de la succession tout entière ; il pouvait, par exemple, répudier les meubles si bon lui semblait, tout en retenant les immeubles. *(Propres.)*

En second lieu, chaque Coutume déférait l'hérédité dans les pays qu'elle régissait, et donnait une saisine parfaitement distincte dont les effets et les avantages étaient plus ou moins étendus. Aussi, si une personne se voyait décerner la qualité d'héritier par plusieurs Coutumes à la fois, il n'en résultait pas nécessairement que sa saisine par son acceptation dans une Coutume, devînt perpétuelle et irrévocable dans toutes les autres, et qu'étant héritière dans un endroit, elle ne pût être légataire dans un autre ; il n'y avait rien là d'incompatible.

En principe, la saisine héréditaire a pour objet tous les biens dont le défunt est mort saisi et tenant. Il est cependant certains droits personnels au *de cujus* qui s'éteignent avec lui, je citerai les droits d'usufruit et d'habitation. Ces droits ne se trouvant point dans la succession ne pouvaient tomber dans la saisine. L'héritier ne pouvait pas être saisi non plus des choses dont le défunt avait la détention à titre de dépôt ou de *commodat*. Dans le Droit coutumier, l'origine et la nature des biens réglaient leur dévolution, la règle *paterna paternis, materna maternis,* était rigoureusement observée, et les parents de chaque ligne étaient appelés exclusivement au patrimoine qui venait d'elle ; la Coutume interdisait l'accroissement d'une ligne à l'autre. Mais en revanche chaque parent héritier au même degré avait une vocation pleine et entière à tous les immeubles qui composaient le patrimoine dévolu à sa ligne : c'étaient de vrais cohéritiers, qui avaient chacun une saisine, générale en elle-même, limitée seulement par celle des autres, et en cas de renonciation elle s'étendait à toute l'hérédité déférée à leur ligne.

Avant le partage, chaque cohéritier était saisi a *die mortis* d'une part indivise sur chaque partie de la succession; et c'était cette portion qui, une fois déterminée, était présumée rétroactivement avoir été l'objet de leur saisine respective. Aussi, jusqu'au partage, l'héritier pour portion pouvait-il intenter la complainte contre des étrangers détenteurs de la succession entière, car ceux-ci ne pouvaient lui objecter le défaut d'intérêt, puisque sa vocation portait sur une partie quelconque de chaque objet de la succession.

Enfin, la saisine existait même sans la propriété; l'héritier n'était-il pas saisi des choses léguées, bien qu'il n'en fût pas propriétaire? jusqu'à la délivrance, la complainte appartenait à l'héritier, qui pouvait même l'intenter contre le légataire qui s'était mis indûment en possession. Il est bien évident, en outre, que l'héritier ne pouvait être saisi des choses que le défunt ne possédait pas à son décès; mais ne pouvant l'investir de la possession, son auteur lui transmettait toutes les actions qu'il avait le droit d'exercer à l'occasion de ces objets.

L'étendue de la saisine héréditaire ne s'arrêtait pas seulement aux biens compris dans la succession du défunt au jour du décès. C'est dans la qualité même d'héritier que la saisine a pris naissance. Or, cette qualité donne le droit, à celui qui en est investi, de demander à ses cohéritiers le rapport des biens donnés entre vifs, il est donc naturel de supposer qu'elle lui en attribue la saisine. C'est ce qui a lieu en effet : l'héritier est saisi de sa part dans les biens qui sont sujets au rapport, et la Coutume y place tous les avantages tant directs qu'indirects faits par les père, mère ou autres ascendants à leurs enfants. Ce rapport doit se faire en nature, et ce n'est qu'exceptionnellement, lorsqu'il se trouve dans la succession des biens en même qualité et valeur, que le rapport se fait en moins prenant. Les Coutumes décidaient encore que les fruits des choses sujettes au rapport ne seraient dus que du jour de l'ouverture de la succession. L'enfant ne doit rapporter, en effet, que ce qui a été donné,

cela seulement. Or, on lui a donné l'héritage, les fruits ne
sont que des produits. Tel était le motif donné par Pothier
(*Succ.*, ch. 4, art. 2, § 3.) Il n'est pas d'une exactitude parfaite, car, à raisonner suivant les principes, l'héritier doit
rapporter ce qu'il a reçu directement et indirectement. Or,
les fruits lui ont été indirectement donnés, puisqu'il les a
perçus en vertu de la donation qui lui a été faite; donc il devait les rapporter. Il me semblerait plus juste de dire que
le rapport n'est pas dû, parce que les fruits ne sont pas l'objet d'une donation. En effet, la donation suppose l'enrichissement du donataire et l'appauvrissement du donateur.
Dans notre espèce, il n'y a ni l'un ni l'autre; en outre, il
faut bien remarquer que la donation, si le donataire devait
rapporter les fruits, serait une cause de ruine plutôt qu'une
libéralité. Pour tous ces motifs, les fruits ne sont pas soumis
au rapport; mais, en revanche, les dépenses voluptuaires et
d'entretien sont laissées à la charge du donataire, et ne lui
sont pas remboursées.

En principe donc, l'héritage soumis au rapport doit être
remis dans l'état où il se trouve à l'ouverture de la succession, qu'il diminue ou augmente de valeur sans la faute ou
le fait du donataire. Mais qu'arrivait-il si l'héritage avait été
aliéné? Il y a une distinction. Y a-t-il eu force majeure,
l'aliénation a-t-elle été nécessaire, l'obligation de rapporter
la chose en « essence et espèce » se convertira en celle
de rendre la somme reçue; mais si c'est de son plein gré,
de son entière volonté que le donataire a vendu l'immeuble
ou l'a fait sortir de ses mains d'une façon quelconque,
c'est sa valeur au moment du partage qui sera due, voire
même des dommages-intérêts, si l'acquéreur l'avait laissé
dépérir.

Certaines Coutumes, dites d'égalité parfaite (Maine, Anjou,
Touraine), allaient jusqu'à permettre aux cohéritiers qui
avaient droit au rapport d'évincer le tiers acquéreur et de
rentrer en possession de l'immeuble.

Pothier combat cette opinion, tout en reconnaissant qu'il peut s'élever un doute sur ce point; car l'enfant donataire n'ayant reçu l'héritage qu'à charge de rapport, ne pouvait le transmettre qu'aux mêmes conditions.

Malgré tout, Pothier se prononce en sens contraire. Dans l'espèce, dit-il, les parties en présence doivent se contenter de précompter la valeur de l'héritage sans exposer leur co-successible à des recours en garantie : (*Res non sunt amare tractandæ inter personas conjunctas*).

## SECTION II.

*De l'influence du droit d'aînesse sur la saisine héréditaire.*

La plus grande diversité régnait dans les Coutumes relativement aux droits d'aînesse. Certaines n'accordent le droit d'aînesse qu'aux mâles exclusivement. D'autres l'attribuent à l'aînée des filles, à défaut de mâles. Il en est qui ne l'admettent que dans la succession des fiefs; il en est qui le donnent pour toute espèce de biens. Mais le plus grand nombre établissent à ce sujet une différence entre les nobles et les roturiers.

Bref, l'aîné noble était presque toujours saisi de parts avantageuses dans la succession en ligne directe. Les Coutumes de Paris et d'Orléans accordaient un droit d'aînesse au fils aîné ou à ses représentants, dans la succession des biens nobles de leur père ou mère, voire même des autres ascendants, sans faire de différence entre le fils du roturier ou le fils du gentilhomme. Les Coutumes de Touraine et d'Angoumois donnaient également cette prérogative à la fille aînée depuis la plus haute antiquité.

Un texte fort curieux, dans les *Etablissements de saint Louis*, nous enseigne ce qui avait lieu lorsqu'il n'y avait que des filles dans la famille noble : « Gentilshons, se il n'a que

» filles, tout entretans prendra l'une comme l'autre, més
» l'aisnée aura les heritages et avantage, et un coq, se il
» est, et se il n'i est, v. s. de rente et guerra aux autres
» parage ».

La Coutume de Touraine, réformée dans l'article 273, s'est
conformée à l'esprit de ce texte en ordonnant « qu'es suc-
» cessions directes et collatérales procédant du chef des
» nobles, qui adviennent à filles nobles, chacune d'elles est
» saisie de sa portion par teste, fors qu'à l'aisnée appartient
» l'hostel principal avec le chesé et avantage par la forme et
» manière que prend l'aîné sur ses puinez. Et est tenuë la
» dite aînée faire ses foy et homage et garantir en parage
» les portions de ses puinez durant iceluy. (Laurière) (1) ».

En général, la saisine de l'aîné de la famille n'était pas exclusive de celle des autres enfants, bien que nous ayons
trouvé dans les *Assises de Jérusalem* que seul l'aîné était
saisi de toute la succession. Ces principes avaient même
passé dans la Coutume d'Anjou, suivant les rubriches du
Code (1437) : « Quand ung homo noble, va de vie à tres-
» passement et délesse plusieurs enfans l'aisné est saisi seu-
» lement de la succession de son père et non pas les puisnés.
» Et pour ce les puisnés, doivent demander leurs parties à
» leur aisné et l'en doivent sommer et requerre ». Seulement, en vertu même de sa saisine, jusqu'au partage, l'aîné
gardait les fruits qui venaient des parts de ses frères.

Les privilèges de l'aîné variaient donc à l'infini suivant les
Coutumes. Ils étaient plus ou moins considérables. Dans la
Coutume de Paris, à l'ouverture de la succession paternelle
ou maternelle, l'aîné prend le principal manoir, avec la basse-
cour et un arpent d'enclos, connu sous le nom de *vol du
chapon.* (Paris, art. 324.) N'y a-t-il point de manoir, mais
seulement des terres labourables, l'aîné prélève à titre de
préciput et à son choix un arpent de terre (Senlis, art. 120.)

(1) Isambert, *Etablissements de saint Louis,* t. II, p. 377.

Enfin, outre le manoir et le *vol du chapon*, lorsqu'il y a deux enfants venant à la succession, l'aîné a les deux tiers de tous les fiefs, et la moitié si le nombre des enfants s'élève à plus de deux. (Paris, 15, 16.) L'aîné a naturellement la saisine de toutes ces choses, qui lui sont dévolues par la Coutume. Dans certaines autres, la Coutume du Grand Perche, par exemple (art. 117, 136, 146), outre le préciput déjà désigné, l'aîné a encore la saisine et la propriété de tous les meubles et effets mobiliers, à la charge de payer le dettes mobilières.

Enfin, pour terminer cette nomenclature de dispositions un peu disparates, nous devons encore dire que, tandis que dans certaines provinces on n'admettait aucun droit d'aînesse en succession collatérale, dans d'autres, au contraire, la totalité des fiefs était attribuée à l'aîné des mâles. (Amiens, art. 84.)

Cette règle, du reste, se trouvait déjà édictée dans les *Établissements de saint Louis* : « Toutes eschéoites qui » avionnent entre frères, si sont à l'aîné, puis la mort » au père, se ce n'est de lour mère et de lour aïol, ou de » lour aïole, car l'on appelle celles eschéoites, droites aven- » tures (1) ».

Les Coutumes, non contentes de favoriser directement l'aîné de la famille, autorisaient les filles mariées noblement à renoncer par contrat de mariage à la succession future de leurs parents, toujours dans l'intérêt des familles et de l'éclat du nom : « Car, dit Lebrun, les enfants mâles au profit » desquels elles se font, sont le principal appui de la fa- » mille, parce qu'ils en portent le nom et ils en transmet- » mettent la noblesse à leurs descendants, au lieu que l'un » et l'autre périt en la personne des filles ».

On peut donc présenter comme une chose certaine que par la renonciation faite à la succession future de ses parents

(1) Isambert, t. 11, p. 1270.

dans le contrat de mariage, la fille perdait tout droit à la saisine pour complément de légitime (1).

Il y avait pourtant certaines restrictions : La renonciation ne produisait ses effets qu'à la condition que le père ne fût pas mort avant la célébration du mariage, auquel cas, dans les coutumes d'exclusion comme dans les autres, la renonciation était caduque et la fille reprenait tous ses droits.

En second lieu, de nombreuses Coutumes, celle de Bourges entr'autres et presque toutes celles des pays de Droit écrit, accordaient à la fille renonçante le supplément de légitime et défendaient la renonciation, même par contrat de mariage, de la façon la plus formelle.

Mais c'était une exception à la règle générale, et le dernier recours de la femme renonçante qui n'avait pas le bonheur d'être soumise à la Coutume de Bourges ou de quelque autre animée du même esprit, consistait dans le rappel. Le père avait le droit, pour réparer des injustices bien souvent commises, de rappeler la fille à sa succession, et d'anéantir ainsi les effets de la renonciation. Le rappel, encore qu'il soit fait par un testament, n'est point considéré comme un legs, car la fille est héritière présomptive et il n'y a à lever que l'obstacle de la renonciation ; aussi elle est saisie de sa part afférente dans la succession. Dans ces conditions, le rappel, comme le disaient les anciens auteurs, est fait *intra terminos juris.*

Mais il en était tout autrement si le rappel avait lieu *extra terminos juris*, par exemple si un vieil oncle ayant frère et neveu, rappelait à sa succession un arrière-neveu. Dans ce cas, il est bien évident qu'il faudra nécessairement une donation ou un legs en sa faveur, puisqu'il n'a aucun droit de son chef. Aussi, ce rappelé n'aura-t-il pas la saisine, puisqu'il ne vient pas en qualité d'héritier. Je ne cite, du reste,

(1) *Dum. Cons.* 155.

ce dernier exemple, que pour faire bien comprendre le rôle de la saisine dans le premier.

## SECTION III.

### *De la saisine dans le douaire, dans la communauté, dans le don mutuel.*

Le douaire, qui n'est autre chose qu'une dot constituée par le mari à sa femme, est fondé sur la nature même du mariage, sur les rapports d'affection qui unissent les époux et sur le principes de la communauté conjugale. Philippe-Auguste fut le premier roi de France qui réglementa le douaire et le fixa à la moitié des biens du mari, la moitié des biens qui lui venaient en ligne directe : « La général » coustumes des douaires de che que la femme emporte la » moitié de che que hons i a au jour que il l'espousa, si » commenche par l'establissement le bon roy Philippe, roy » de France lequel regnait en l'an de grâces 1214, et chest » establissement commanda il a tenu par tout le royaume » de Franche (1) ».

Avant même cette ordonnance, le douaire était primitivement constitué, au sortir de l'église, par le mari sur ses propres biens et dans la formule suivante : « Du douaire » te doue qui est devisé entre mes amis et les tiens ».

La plupart des Coutumes s'étaient conformées aux ordres du roi Philippe et avaient fixé le douaire à la moitié des immeubles possédés par le mari; toutefois, la quotité du douaire pouvait être déterminée arbitrairement par les parties; c'est alors qu'il prenait le nom de douaire préfixe, limité ou conventionnel. Hâtons-nous de dire que le douaire ne constituait à la femme qu'un droit de jouissance; il ne se

(1) Beaumanoir, *Ch. du douaire*, p. 70.

réalisait qu'au décès du mari, puisqu'il n'avait été créé que dans le but de subvenir aux besoins de la femme veuve. Ce principe se trouve formulé dans la maxime « Jamais mari ne paya douaire ».

Ainsi donc, si l'obligation du douaire se formait dès l'instant de la célébration du mariage, le droit qui en résultait était subordonné à la mort naturelle du mari et à la survie de la femme.

Mais aussitôt cet événement arrivé, la femme, dans presque toutes les Coutumes, celle de Paris notamment, était saisie du douaire : « Douaire coutumier saisit ». Mais c'était là un privilége du douaire coutumier; la femme mariée sous le régime du douaire préfixe ou convenancé, n'avait pas la saisine et était obligée de demander délivrance en justice.

Cette saisine, du reste, n'était qu'usufructuaire, car, en même temps que la femme douairière était saisie de la jouissance, les héritiers du mari étaient saisis de la nue-propriété des biens.

La *Coutume de Paris*, au titre du *Douaire* (2), s'exprime en ces termes. « Le douaire coutumier de la femme est le » propre héritage des enfants venant du dit mariage en telle » manière que les père et mère des dits enfants dès l'instant » de leur mariage ne les peuvent vendre, engager ou hypo- » théquer au préjudice de leurs enfants ».

Et Loysel, au titre du *Douaire*, liv. 1, tit. III, posait une règle analogue: « Douaire propre aux enfants, est une légi- » time coutumière prise sur les biens de leur père par le » moyen et bénéfice de leur mère ».

Si l'on avait suivi cette théorie à la lettre, on serait arrivé à des conséquences beaucoup trop exagérées : il eût fallu considérer le père non-seulement comme simple débiteur du douaire *ad diem obitus*, mais comme dessaisi au profit de sa femme et de ses enfants *a die matrimonii*. De son vivant, et

---

(2) *Grand coutumier général*, liv. 1, ch. 12.

notamment après la mort de sa femme, le père n'aurait plus été qu'usufruitier de cette quotité de biens dont les enfants auraient été nu-propriétaires. Mais dans la pratique, grâce à la règle que nous invoquions tout à l'heure : « Jamais mari ne paya douaire », les enfants n'étaient saisis effectivement que du jour du décès de leur père, et ils pouvaient choisir entre deux partis : se porter héritiers purs et simples de leur père, ou profiter de la réserve que leur offrait le douaire. Il y avait incompatibilité absolue entre la qualité de douairier et celle d'héritier ; car le douairier n'était pas soumis aux dettes. Acceptaient-ils la succession paternelle, ils étaient saisis du patrimoine entier et obligés de payer toutes les dettes; le douaire disparaissait dans la masse du patrimoine. Renonçaient-ils à la succession, ils n'étaient pas tenus de faire face aux engagements du défunt et ils gardaient le douaire franc et quitte de toutes charges.

Enfin, le douaire qui est propre aux enfants ne se prescrit contre eux que du jour du décès de leur père; mais la prescription peut parfaitement courir du vivant de leur mère, puisque celle-ci n'est qu'usufruitière et qu'ils sont saisis de la propriété. Le douaire portait exclusivement sur les biens échus au mari en ligne directe, ceux qui lui venaient de ses ascendants. Les autres biens, qu'il pouvait acquérir par son industrie ou tenir de la faveur royale, n'étaient pas frappés par les droits de la femme. Ces idées, qui se sont perpétuées dans le Droit coutumier, se rencontrent à l'origine dans les Établissements du roi saint Louis. Il n'était même pas nécessaire que les biens, pour être frappés par le douaire, fussent en la possession même du mari, il suffisait de leur existence entre les mains des ascendants au moment du mariage. Voici les textes qui viennent prouver ces assertions :

« Se ainsi estait, que gentilhons, eust aiol ou aiole, père
» et mère, et il prinst fame, et il se morust avant que sa fame,
» et il n'eussent nul hoir ; quand le père et la mère, l'aiol et

» l'aiole seront morts, elle a en ces choses (biens de la suc-
» cession) son douëre et en toutes autres escheoites, fussent
» de frères et de serors, ou de oncles, ou de neveus, ou
» de autres lingnages. Mais elle ni aurait riens si elles es-
» taient avenues, puisque le sires l'aurait prises, et se elles
» estaient escheoites avant, elle i aurait son douëre (1) ».

Voici maintenant le second passage : « Si ainsi avenoit,
» que le rois eust donné a aucun hoime, pour son service ou
» par sa volonte aucun heritage a lui et a ses hoirs que il
» auroit de sa fame espousée. Se il mouroit et il eust hoirs,
» quand le hoir seroit en aage et partis de sa mère, se sa
» mere demandoit douëre, et il repondit : « Dame, vous
» n'en devez point avoir, car se mes peres fut mors sans hoir
» vous n'en eussiez point. Ainçois demourait au roy quites,
» car li rois ne la donna fors qu'a lui et a ses hoirs qui se-
» raient de sa fame espousée et pour ce se je fusse mort
» vous n'eussiez point de douëre o le roy ».

La dissolution du mariage ne donnait point lieu seulement
à l'ouverture du douaire. A la mort du mari, la saisine générale qu'il avait sur les biens de la femme disparaissait
avec lui, et la femme reprenait sa liberté avec ses droits.

Quels étaient-ils? Cela variait avec les Coutumes. La Coutume générale de la duché de Bourgogne les réduit au
nombre de trois :

1° La femme mariée, suivant le Générale Coutume de la
duché de Bourgogne, après le trépas de son mari « est
» vestue et saisie de la moytié des biens, meubles et acquets
» demourez au decès de son dit feu mary ».

2° La femme douée, selon ladite Générale Coustume « est
» saisie et vestue de son coustumier douaire ».

3° La femme, après le trépas de son mary, est saisie « des
» assignaux à elles faits en particulier par son mary pour
» les deniers de son dot et mariage et semblablement en

(1) Isambert, t. II, p. 390 et 385.

» sont vestus et saisis les héritiers, et fait la dit femme après
» le trépas de son dit mary les fruits des dits assignaux siens
» sans le compter au sort ». Du reste, la femme ne prend
point douaire là où elle prend assignal. (Chapitre IV, *Coutumier général*).

La communauté se composait donc des meubles et des
effets mobiliers qui pouvaient échoir aux conjoints en ligne
directe ou collatérale. Tant que dure le mariage, l'homme
est réputé le seul seigneur et maître de tout ce qui la compose ; la femme n'y a, pendant cette période de temps, qu'un
droit informe; ce n'est autre chose, à proprement parler,
que la faculté de partager un jour ce qui composera cette
communauté à sa dissolution. Elle est toujours libre d'y renoncer en jetant une clef, une bourse et une ceinture sur la
tombe du défunt. Et si presque toutes les Coutumes s'accordent pour donner à la femme, à la mort du mari, la saisine, c'est précisément en vertu de ce droit préexistant
qu'elle possédait sur les choses qui composaient la communauté : droit paralysé, c'est vrai, par la jouissance maritale,
mais qui n'en existait pas moins à l'état latent jusqu'au
jour où la dissolution du mariage lui permettait de se produire.

La saisine accordée à la femme dans l'assignal se base sur
des motifs analogues à ceux qui la lui faisait donner dans le
douaire.

Enfin, dans les pays méridionaux, la femme demeurait,
après la mort de son époux, saisie des biens dotaux, car,
selon Masuer : « Après la mort du mari, la femme demeure
de fait saisie et en possession du bien dotal et ne lui est plus
besoin de prendre possession..... Car la possession civile
que la femme a sur le bien dotal repose sur la possession
naturelle du mari tout ainsi que le maître possède par son
esclave ».

Enfin, quoique la plupart des Coutumes défendissent au
mari et à la femme de s'avantager directement ou indirec-

tement pendant le mariage, elles leur permettent presque
toutes de se faire un don mutuel. Il était fort en honneur
dans la Coutume de Troyes, où nous y trouvons ainsi expri-
mées les conditions rigoureuses auxquelles il était astreint.

« Hommes et femmes conjoints par mariage, franches
» personnes non ayant enfans, sains et non mal des, peu-
» vent faire licitement pendant leur mariage donation mu-
» tuelle de tous leurs biens meubles debts et conquêts
» immeubles pour jouyr par le survivant durant sa vie de la
» moytié qui appartenait au premier mourant avecques
» l'autre moytié appartenant à iceluy survivant. Et est saisi
» le dit survivant d'iceux biens meubles et conquêts immeu-
» bles demourez du decès du premier mourant en force de
» la dite donation de ce mesme fait (1) ».

Mais il doit faire dresser un inventaire et donner caution
aux héritiers de l'époux décédé, afin qu'ils ne soient pas
lésés dans leur droit de propriété ; de plus, les dettes du
défunt devaient être payées sur le don mutuel.

Mais ses héritiers, en rendant compte du don mutuel
aux héritiers du donateur, ont droit d'exiger le rembourse-
ment de la moitié de la somme employée au paiement de
ces dettes.

Certaines Coutumes considéraient le don mutuel comme
remplaçant pour le donataire son droit de communauté.
Dans ce cas, ce n'était plus un simple usufruit, mais la nue-
propriété qui était attribuée au survivant ; il y avait toujours,
du reste, obligation aux dettes.

Je ne parlerai que pour mémoire de la communauté continuée : « Compaignie se fait suivant notre coutume, pour seu-
» lement manoir ensemble à un pot et à un pain an et un jour,
» puisque li meubles de l'un et de l'autre sont meslés en-
» semble (2) ». La continuation de la communauté conti-

(1) *Des droits du mariage* : Coutume de Troyes ; Cout. gén.

(2) Beaumanoir, ch. xxi.

nuée semble avoir été établie sur le modèle de ces sociétés qui se formaient par an et jour : l'époux survivant
ne faisait point d'inventaire; la part de l'enfant, part bien
distincte de celle du survivant, au point de vue juridique
n'étant pas déterminée, la communauté continuait. L'enfant
de l'époux prédécédé, déjà saisi d'une moitié dans la première communauté, avait également une saisine pour une
moitié dans la communauté continuée. Du reste, il avait le
droit de renoncer à la seconde pour s'en tenir à la première,
s'il le préférait; l'on était bien obligé alors de recourir à la
commune renommée pour établir le montant des parts res-
pectives. Si le survivant des deux époux voulait se soustraire
aux inconvénients et aux dangers toujours très-grands de voir
établir la consistance du patrimoine au moyen de la commune renommée, et si les héritiers du prédécédé désiraient
empêcher la communauté continuée, ils pouvaient atteindre
ce but en faisant établir un inventaire dans l'an et jour qui a
suivi le décès, ou au moment où ils en ont eu connaissance.

Du reste, il ne pouvait y avoir lieu à communauté continuée que dans le cas où les enfants ne tombaient point
dans la garde noble du survivant, qui avait alors la jouissance des héritages, en même temps qu'il gardait les meubles en toute propriété.

En résumé, nous pouvons ranger les divers cas où la
saisine est transférée *ipso jure*, dans deux classes bien distinctes : Ceux où la femme recouvre plutôt une saisine
ancienne qu'elle n'en acquiert une nouvelle, formeront la
première : à savoir, la reprise de ses propres, le prélève-
ment des assignaux de sa dot. La point de saisine *universi-
tatis*, mais une saisine spéciale sur certains biens, qui ne
saurait emporter l'obligation de payer les dettes; elle se
confond pour ainsi dire avec la propriété, elle n'en est pas
distincte. Un moment séparée pendant la vie du mari, elle
s'y rattache au jour du décès; elle n'accorde, en somme, à

la femme, qu'un privilége : le droit de se mettre spontané-
ment en possession des biens sur lesquels elle porte.

La seconde classe comprendra : le douaire, le don mutuel, la communauté ; possédant une de ces qualités, la
femme trouvera bien, dans la nature même de son titre, un
droit de jouissance qui sera par lui-même opposable aux
tiers ; mais il serait insuffisant pour lui attribuer le droit de
percevoir les fruits *à die mortis*, il lui faudrait nécessairement une prise de possession quelconque, elle serait forcée
de faire une demande en délivrance. La saisine de plein
droit, qui, dans ces hypothèses, ne prend naissance que du
jour du décès de l'époux, a donc ici pour effet spécial de
dispenser la femme de ces formalités et de l'autoriser à
percevoir les fruits échus à partir du jour du décès et à en
faire son profit, quoi qu'il advienne plus tard.

## SECTION IV.

*De la saisine du bailliître et de l'exécuteur testamentaire.*

Soucieux de l'avenir, désirant que ses dernières volontés
fussent scrupuleusement exécutées, et avec la plus extrême
diligence, le testateur chargeait souvent un de ses amis d'y
donner ses soins et lui transmettait ses pouvoirs. Telle a été
la cause de l'institution des exécuteurs testamentaires. Les
Coutumes conféraient de plein droit la saisine à l'exécuteur
testamentaire pendant l'an et jour ; elles le saisissaient dans
le but de faciliter l'exécution du testament et le paiement
des dettes ; généralement cette saisine ne s'appliquait qu'au
mobilier. Certaines Coutumes, celle d'Orléans entr'autres,
allaient plus loin (art. 200). Elles donnaient à l'exécuteur
testamentaire non-seulement la saisine des meubles, mais
encore des immeubles de la succession. Cette saisine ne
lui conférait pas le droit de les vendre, mais seulement le

droit de percevoir les fruits : « Exécuteurs de testaments, inventaire préalablement faite sont saisis par an et jour des biens meubles du testateur pour l'accomplissement de son testament, paiement des legs mobiliers, acquêts de ses dettes et forfaits, etc. (1) ». Cette saisine n'est point incompatible avec celle de l'héritier, car ce n'est pas là une vraie possession, ce n'est pour ainsi dire qu'un sequestre. C'est toujours l'héritier qui a la possession civile, suivant la règle *le mort saisit le vif*. Dumoulin s'exprime en ces termes sur cette question : « Hæc consuetudo non facit quin heres » sit saisitus ut dominus, sed operatur quod executor » potest ipse manum ponere et apprehendere, et etiam » executor non est verus possesor et nisi ut procurator » tantum (2). » Les obligations de l'exécuteur testamentaire consistaient donc non-seulement dans l'acquittement des legs, mais aussi dans le paiement des dettes mobilières de la succession. C'était dans l'intérêt des tiers que cette saisine de l'exécuteur testamentaire se trouvait opposée à celle de l'héritier; aussi ce dernier ne pouvait-il point, comme dans le Code civil de nos jours, faire cesser la saisine de l'exécuteur testamentaire, en lui offrant une somme suffisante pour le paiement des legs.

Dans quelques Coutumes, le testateur pouvait restreindre la saisine de l'exécuteur testamentaire à une certaine somme correspondante à une partie du mobilier. Si cette somme n'était pas suffisante pour accomplir les volontés du défunt et solder les dettes, l'exécuteur ne pouvait se mettre en possession, de lui-même, du surplus du mobilier, mais devait demander à l'héritier les fonds nécessaires à l'accomplissement définitif de son mandat.

Avant que les Coutumes n'eussent fait de l'exécution testamentaire une institution positive et n'eussent attribué la

(1) Loysel, xv.

(2) Art. 65, *Cout. de Paris.*

saisine de plein droit aux exécuteurs testamentaires, les testateurs avaient déjà recherché le moyen d'enlever aux héritiers la saisine légale.

Nous avons, dans le testament de Jeanne de Châtillon, un exemple des moyens employés par la testatrice pour se soustraire à la loi commune : elle se constitue possesseur au nom de l'exécuteur et pour lui :

« Desquels meubles et héritages je baille la saisine à mes
» exécuteurs, et me establis possesseresse au nom d'aus et
» pour aus, et connois que celle possession comme j'en ai ou
» aurai, ou sera trouvé par devers moi au temps de ma mort,
» que je l'ai et aurai, et avoue à avoir en nom d'aus, et veull
» qu'après ma mort la possession recours à aus (1) ».

On doit comprendre facilement que cette saisine accordée à un homme parfaitement étranger à la succession dut être subordonnée à des garanties sérieuses, et que la Coutume, tout en accordant la saisine à l'exécuteur testamentaire choisi par le testateur, prit en considération les droits de l'héritier. Aussi, tout en lui permettant de se mettre lui-même en possession des biens dont il est saisi, la Coutume l'obligeait-elle à faire un inventaire en la présence des intéressés.

« Par arrest se exécuteur d'aucun testament ne a mis en
» l'inventaire tous les biens qui y doivent être mis, il doit être
» privé du fait de l'exécution, et avec ce il doit amende (2).

C'est la seule garantie que la Coutume édicte en faveur de l'héritier contre la mauvaise foi possible de l'exécuteur testamentaire.

Aussi ce dernier n'acquiert-il la saisine qu'une fois l'inventaire dressé. Il ne doit pas s'immiscer auparavant dans la succession, à moins que ce ne soit pour choses d'urgence.

(1) V. Laur., art. 207.

(2) Des Marcs decision, 50.

Je serai donc tenté de me ranger à l'opinion d'un certain nombre d'auteurs qui refusent au testateur le droit de dispenser l'exécuteur testamentaire de l'obligation de faire inventaire. De qui, en effet, tient-il la saisine? De la Coutume et non pas du testateur; il ne peut donc l'avoir qu'aux conditions édictées par elle, et la Coutume a voulu atteindre ce double résultat : 1° protéger les légataires contre l'héritier ; 2° assurer, au moyen de l'inventaire, les intérêts des uns et des autres. C'était pour l'héritier le moyen de contrôler les actes de l'exécuteur testamentaire.

Il avait le droit d'intenter complainte contre les tiers ; mais il n'avait pas le droit de le faire à l'encontre des héritiers qui le troublaient dans la saisine des biens de la succession (lorsque la Coutume, par extraordinaire, accordait à l'exécuteur la saisine des immeubles). L'héritier, en effet, était le vrai possesseur des biens de la succession, l'exécuteur ne les possédait qu'en son nom. Il n'avait qu'une action, appelée en Droit *in factum*, par laquelle il pouvait conclure à ce qu'il fût fait défense à l'héritier de le troubler dans l'accomplissement des dernières volontés du défunt.

Nous avons déjà vu, en examinant les institutions féodales, notamment les Assises de Jérusalem, le rôle important que jouait le baillitre dans la société féodale ; nous savons, en outre, que le principal devoir imposé au possesseur du fief, était le devoir militaire. Lorsqu'un vassal laissait à sa mort les enfants mineurs incapables de faire le service du fief, le seigneur en avait la saisine et en jouissait jusqu'au moment où ils avaient atteint l'âge d'homme, à la seule condition d'élever les mineurs, de leur fournir les aliments et l'éducation.

Les seigneurs se lassèrent bien vite des devoirs qui leur étaient imposés et se déchargèrent de ce soin sur le plus proche parent du pupille, et à son tour il fut investi de la jouissance du patrimoine jusqu'à la majorité du mineur et chargé de son entretien et de son instruction.

Du reste, dans le bail comme dans toutes les autres institutions de sources barbare et féodale, si nous rencontrons
la même origine, nous trouverons dans les effets et dans
l'application, des règles tellement distinctes, si variables
avec les Coutumes, qu'on serait tenté de le croire gouverné
par des principes primordiaux complètement différents.

L'expression de bail n'est généralement prise que quand il
s'agit de la tutelle des gentilshommes qui possèdent des biens
nobles. Elle appartenait à la mère jusqu'au moment où son fils
avait atteint l'âge de vingt et un ans, et, à défaut de sa mère,
ou si elle n'avait pu s'en charger, tombait entre les mains
du plus proche parent dans la ligne de laquelle vient le fief :
« appartient d'ou cousté dout li fief vient ». La garde de l'enfant était, au contraire, confiée au plus proche parent dans
la ligne opposée. On ne voulait pas donner au baillître la
tentation de faire disparaître le pupille pour s'emparer de
sa succession.

Du reste, personne ne pouvait être contraint de prendre
la tutelle : « Voire est que nus n'est contraint a penre bail ne
estre garde d'enfants ». (Beaumanoir.) Quand l'héritage du
pupille était considérable, composé d'un grand nombre de
seigneuries, il ne se trouvait souvent que trop de compéti-
teurs à sa tutelle; souvent il en résultait la guerre la plus
acharnée entre les barons qui prétendaient avoir droit à la
saisine et au gouvernement des possessions du mineur.
Pour les vilains, il n'y avait point de bail : « En vilenage
n'a point de bail » (Beaumanoir); mais seulement une garde
dont se trouvaient chargés les plus proches parents. C'étaient
là les principes généralement reconnus; mais ils pouvaient
varier. Tandis qu'en Bretagne, suivant les plus vieux usages,
le bail appartenait à une personne qui avait la saisine et la
jouissance des héritages, et la garde des mineurs à un autre parent, en France, celui qui avait droit au bail prenait aussi la garde noble du pupille; ailleurs, le baillître
n'avait pas seulement la saisine de tous les biens de la suc-

cession, mais encore la propriété de tous les meubles, et il était tenu, dans ce cas, d'éteindre toutes les dettes dont elle se trouvait grevée.

Dans certains duchés, et notamment en Normandie, c'était au duc qu'appartenait la tutelle des mineurs nobles : « En la duché de Normandie, des moindres d'ans, le duc en » a le gouvernement et de leurs biens, terres et fiefs jus- » qu'à ce qu'ils soient venus jusqu'à l'âge de 21 ans » (1).

Mais c'étaient là des exceptions; Bouteiller donne plus loin (p. 528) les règles généralement en vigueur et que nous avons déjà analysées : « Briesvement à parler au plus » prochain appartient la garde et administration du bail q il » du costé est dont le fief vient ».

« Item par la Coutume d'Artois et de Vermandois, le bail » a tous les profits et émoluments, venant et croissant sur » toutes les terres, manoir au pupille, comme dessus est dit » mais il n'a nul des meubles, ains demeurent au profit du » pupille et ses frères et sœurs s'il les a ».

Plus tard, on créa pour les fils des bourgeois la garde bourgeoise, qui se distinguait de la garde noble sous plusieurs rapports. Les bornes de cette Thèse ne nous permettent pas d'entrer dans les détails qui n'auraient point directement rapport au sujet.

Nous devons tirer, de tout ceci, les conséquences suivantes : C'est que le bail était établi dans l'intérêt exclusif du baillitre, qui n'était soumis à aucune obligation de rendre compte, à l'inverse du tuteur ordinaire; qu'il était dans certaines Coutumes un véritable droit de succession, puisque le baillitre plus proche parent héritait du mobilier à la charge de payer les dettes; en troisième lieu, que le caractère général de la saisine est de conférer un droit de jouissance sur la chose qui en est l'objet sans aucune obligation de rendre compte.

(1) Bouteiller, Somme rurale, p. 527.

Dans la personne de l'héritier, en effet, la saisine se confond avec la propriété; dès qu'il a fait acceptation de la succession, la saisine héréditaire n'apparaît plus que comme le synonyme de l'acquisition de plein droit de l'hérédité. Ici, au contraire, où elle est nettement séparée de la pleine propriété dans le personnage du baillitre, il est plus aisé de déterminer nettement ce caractère général, cité il y a un instant à côté de son rôle spécial, consistant à faire passer la possession de plein droit sur la tête de l'héritier le plus proche habile à succéder.

## SECTION IV.

*De la saisine dans la légitime des enfants, dans les réserves coutumières, dans les démissions de biens; de la saisine des ascendants.*

1° Les père et mère, les ascendants, doivent à leurs enfants, suivant le droit naturel, une part de leurs biens : c'est la légitime. La majorité des Coutumes la fixait à la moitié de la part que l'enfant aurait eu dans les biens des ses père et mère, s'ils n'en eussent disposé par actes entre vifs ou de dernière volonté. La légitime devait être quitte de toute espèce de charge, et, dans les pays de Coutume, l'enfant en était saisi de plein droit dès l'instant du décès de ses parents. En conséquence, les donations qui portaient atteinte à la légitime étaient censées, dès ce moment, annulées de plein droit jusqu'à concurrence de la quotité disponible, et les fruits des héritages ou les intérêts des sommes qui doivent être retranchés desdites donations pour former la légitime, sont également dus au légitimaire à partir de la même époque (1).

(1) Pothier, *Des donations*, sec. III, art. 5, p. 6.

En sa qualité d'héritier, le légitimaire était saisi de toute la succession, à l'égard de tous et vis-à-vis du légataire; c'était donc à lui que ce dernier devait demander la délivrance de la libéralité que lui avait faite le défunt. Si nous avons vu, dans certaines Coutumes, l'aîné noble considéré comme seul héritier, seul saisi de la succession, c'était par une considération analogue; les portions considérables qui lui étaient attribuées avaient déterminé à lui conférer la saisine de tout le patrimoine, même de ce qu'il devait partager avec ses puînés.

Laurière (art. 10) considère le préciput de l'aîné comme une sorte de légitime coutumière qui saisit le préciputaire du jour de la mort. Et, dans le cas particulier où toute la succession ne se compose que du manoir et d'un arpent de terre, l'aîné est saisi, en qualité de propriétaire et de possesseur de la totalité, sauf l'obligation de fournir leur légitime à ses frères et sœurs, qui peuvent la lui demander par voie d'action, bien que leur aîné ne soit pas forcé de la leur donner en nature.

2° La réserve coutumière, qui était généralement des quatre quints (1), différait beaucoup de la légitime; elle aussi avait pour but de sauvegarder les intérêts de la famille vis-à-vis les prodigalités du testateur; seulement, elle ne se calculait pas comme la légitime sur l'ensemble du patrimoine, elle ne frappait que les propres.

Les propres, dont nos Coutumes réservent à l'héritier les quatre quints, étaient les propres réels, c'est-à-dire les anciens héritages, les héritages des ancêtres ou autres parents qui les avaient transmis dans leurs successions.

C'est aux héritiers du côté et ligne d'où les propres procédaient, que la Coutume réserve les quatre quints. Voilà précisément en quoi la légitime coutumière des quatre quints se différencie de la légitime de droit; la première

_____

(1) Pothier, *Des successions*, ch. IV.

est accordée à l'héritier en sa qualité d'héritier; la seconde aux enfants, principalement en leur qualité d'enfants. Aussi le fils du *de cujus* pouvait-il choisir entre les qualités de légitimaire *jure sanguinis* et celle de lignager, et prendre le parti qui lui offrait les plus grands avantages sur les biens de son auteur.

L'héritier des quatre quints était saisi de toute la succession, mais il était obligé d'abandonner le cinquième au légataire.

Dans les Coutumes, où l'esprit du Droit Romain dominait en maître, où son influence avait fait admettre les testaments et les institutions d'héritiers, la saisine n'appartenait plus seulement à l'héritier du sang, mais à l'héritier testamentaire. Le fils ou le parent du testateur n'était plus que saisi concurremment avec l'étranger; c'est ce que nous dit en ces termes la Coutume de la duché de Bourgogne d'abord : « Si le testateur dispose des deux parts de ses biens en » autres personnes qu'à ceux qui par droit et par coutume » lui peuvent et doivent succéder, faire le peut et en sont » saisis ceux qu'il aura institués héritiers par son testament » valablement fait et selon raison es dites deux parts (1) ».

La Coutume du Berry tenait dans la question un langage analogue : « Et bien que l'héritier testamentaire qui ne doit » avoir que la moitié, ne fût habile à succéder *ab intestat*, et » par conséquent saisi par la Coutume générale du royaume » de France, néantmoins pour éviter circuit, sera saisi et » pourra intenter remède possessoire ainsi que fera l'hé- » ritier *ab intestat* tant pour ladite moitié que pour le tout, » où l'institution d'héritier aura lieu pour tout (2) ».

Du reste, là comme partout ailleurs variaient les Coutumes. Dans celles dites de nantissement, qui avaient con-

(1) *Des successions*, ch. VIII, *Coutume du pays et duché de Bourgogne. (Coutumier général.)*

(2) *Coutumier général*, ch. XVIII, De test. 11.

servé le plus longtemps le reflet des institutions féodales, la saisine de toute la succession n'était acquise qu'au plus prochain successible, et encore devait-il la demander sous peine de ne rien transmettre, s'il venait à mourir, à ses propres héritiers.

« Item, qu'ainçois qu'aucun puist avoir droit réel et pro-
» priétaire sur chose immeuble située en ladite comté à
» lui eschué par succession d'aucuns ses prédécesseurs, il
» convient qu'il le relève préalablement par devers le sei-
» gneur dont ladite chose réelle est tenue et mouvant (1). »

3° Pothier définit la démission de biens, un acte par le-quel une personne, en anticipant le temps de sa succession, se dépouille de son vivant de l'universalité de ses biens et en saisit d'avance ses héritiers présomptifs, en retenant néanmoins le droit d'y rentrer lorsqu'il le jugera à propos.

Le démettant transfère donc au démissionnaire, dès avant sa mort, la propriété des biens dont il se démet par la tradi-tion qu'il fait, mais elle ne lui est transférée jusqu'à sa mort que d'une façon révocable. Et pourtant, bien que proprié-taire, le démissionnaire n'est point encore héritier tant que le démettant est en vie, car la fonction principale de l'héri-tier, le caractère principal de cette qualité, c'est la continua-tion de la personne du défunt. Aussi il est un fait certain, c'est qu'à la mort du démettant, rien n'empêchera le démis-sionnaire d'éviter d'être tenu des dettes *ultra vires*, en ac-ceptant sous bénéfice d'inventaire, ou encore de renoncer à la succession ; car, bien que la démission constituât pour ainsi dire une succession anticipée, on ne peut dire qu'en acceptant la démission de biens, ils ont accepté d'avance la succession et se sont mis par là hors d'état d'y renon-cer; il est, en effet, juridiquement impossible qu'une succes-sion soit acceptée, dans le vrai sens du mot, avant qu'elle soit ouverte et dévolue.

(1) *Coutumier de Ponthieu*, tom. I. (*Coust. génér.*)

Bref, comme ils étaient démissionnaires en qualité d'héritiers présomptifs, ils ne pouvaient conserver les biens qu'à
la condition de rester héritiers et d'accepter.

Alors donc, dans cette institution, la succession, une fois
ouverte, ne donnait pas naissance à la saisine qui existait
déjà du jour de la démission des biens ; elle ne faisait que
consolider sur la tête du démissionnaire des droits qu'il
avait déjà, en les rendant irrévocables sous la condition de
son acceptation.

4° La Coutume de Paris appelait les père et mère, et autres
ascendants à leur défaut, à la succession des meubles et acquêts de leurs enfants morts sans postérité ; ils arrivaient à
cette succession en qualité d'héritiers, et, en conséquence,
ils avaient la saisine.

*La règle propre héritage ne remonte,* signifie que les biens
propres venant d'une famille ne remontent point aux ascendants d'une autre famille, mais rien n'empêche que ces
personnes recueillent la succession des propres donnés par
elles à leurs enfants, s'ils viennent à les perdre. Elles sont
héritières et saisies. Ce cas est mentionné par les articles 313 de la *Coutume de Paris* et 315 de la *Coutume
d'Orléans.*

« Les père et mère et autres ascendants qui ont donné
un héritage à leurs enfants, leur succèdent à cet héritage
devenu propre, naissant en sa personne (ancien acquêt de
père et mère), primitivement à tout autre parent, lorsqu'il
meurt sans postérité. Et ce n'est point à titre de reversion,
comme dans le Droit écrit, mais à titre de succession proprement dite, que l'ascendant donateur succède à ses enfants
aux héritages qu'il leur a donnés ; c'est ce qui résulte du mot
succédant employé par la Coutume ». (Pothier.) Ils sont
donc saisis, et en conséquence tenus aux dettes de la succession.

## SECTION VI.

### *Des successions irrégulières.*

La plus misérable de toutes les conditions était sans contredit celle de serf et du vilain des campagnes. A l'origine, sa personne elle-même était la propriété du seigneur, et il ne pouvait rien posséder en propre. Mais l'établissement des familles dans les manses, en devenant prolongé, fit naître au profit de ses habitants une sorte de droit de possession que le seigneur finit par respecter, en se contentant de percevoir sur son serf une somme d'argent annuelle, un canon périodique pendant sa vie, et, à sa mort, en exigeant de son successeur un droit de rachat et la continuation de la redevance : c'était le droit de mortaille qui consistait soit dans la totalité, soit dans le tiers des meubles, soit dans la meilleure tête de bétail ou le meilleur meuble (droit de meilleur catel.)

Du reste, la législation sur ces points n'était point fixée d'une façon certaine, et nombre de Coutumes donnaient au seigneur, sur le bien de son manant, le droit le plus absolu : « Quand ils se muerent, quanques ils ont eschiet a leur sei- » gneur, muebles et heritages : Il n'a nul hoir fors son » seigneur, ne li enfans du serf n'en ont rien, se ils ne le » rachaptent au seigneur (1) ». La plupart du temps, les manants se réunissaient pour former une communauté et partager le pain et les travaux pendant l'an et jour : « Com- » paignie se fait, selon notre coustume pour seulement ma- » noir ensemble a un pain et a un pot, un an et un jour (2) ». Si l'un des parsonniers se retirait, la communauté était dissoute d'après la rigoureuse maxime : « Le Chauteau part le

(1) Ch. XLV ; Beaumanoir.

(2) Beaumanoir, ch. XXI.

» vilain, un parti, tout est parti ». La communauté formait
donc une sorte de personne morale qui se perpétuait. Elle
avait la saisine indivisible des biens mainmortables ; un parent commun venait à décéder, la saisine subsistait au
profit de son successible commun ; ce parent trouvait dans
son droit de copropriété conventionnelle la prérogative que
l'héritier proprement dit trouvait dans sa simple qualité.
Tous deux avaient la saisine de plein droit en *diversâ causâ*.

Mais si les manants sortaient pour une cause quelconque
de cette communauté, le droit de succession était anéanti,
et le droit d'échûte était immédiatement ouvert au profit
du seigneur : « Le feu, le sel et le pain partent l'homme
» morte main (1) ».

La persistance de la communauté excluait donc le seigneur, et lorsque, par suite de partage ou de l'absence de
successible, le droit d'échûte se trouvait ouvert, il n'y avait
point, à proprement parler, de succession véritable pour le
seigneur, qui était immédiatement saisi de tous les biens du
main-mortable et subrogé aux droits du *de cujus*, dont il
pouvait exercer les actions; il avait le droit de se mettre en
possession de sa propre autorité, non-seulement des biens
compris dans sa seigneurie, mais encore des immeubles
possédés par son serf en franc lieu.

Ainsi donc, le seigneur succédait à tous les droits qui
pouvaient appartenir au serf dans l'hypothèse que nous
venons d'examiner par droit de morte-main, car en France,
l'article qui suit, de la *Coutume de Nivernais*, était universellement adopté :

« Les hommes et femmes, serfs taillables à volonté, abon-
» nez questables et corvéables, sont mainmortables, et au
» moyen du droit de mainmorte, s'ils décèdent sans hoirs
» communs, leur succession entièrement de meubles et im-
» meubles et autre espèces de biens quelque part qu'ils

(1) Loysel.

» soient assis, soit en terre mainmortable ou autres, com-
» pete et appartient à leur seigneur qui s'en peut dire vestu
» et saisi, sinon que par privilège, convention ou prescription
» suffisante, ils soient exemptés de ladite mainmorte (1). »

Les aubains, les bastards étaient aussi régis par des règles
particulières. Tantôt le seigneur haut justicier sur les terres
duquel il venait à mourir, tantôt le roi avaient la saisine de
leur succession.

Dans plusieurs provinces du royaume, les bastards étaient
serfs. Ils ne pouvaient se marier, tester sans la permission
du seigneur auquel leurs biens appartenaient par droit de
mainmorte (2).

« Quand Bastard muërt sans hoir de sa fame, toustes ses
» choses sont a ses saigneurs à chacun ce qui sera en son
» fié, mes il puët bien prendre de ses muëbles à s'aumône
» (faire des legs) et sa fame son douëre, mes il retournera
» après sa mort aux seignories (3).

Et encore : « Se bastard vendoit de ses heritages et il eut
» frères ou cousins ou austre lignage, ils n'auroient point de
» la vente au bastard, ni li bastard de la lor se ils ne l'avaient
» par achat.

» Et se cus moroient sans hoirs et sans lignage, si eschar-
» roit-il au saigneur avant que au bastard ou à la saignorie
» de qui le bastard tiendroit. Car le bastard ne puët rien de-
» mander ne par lignage ne par autre raison pour sa mau-
» vaise condicion (4) ».

On faisait application des mêmes principes aux étrangers,
et les Coutumes les traitaient, du moins à l'origine, avec la
même rigueur que les bâtards et les serfs. Et, longtemps

(1) *Coustume du Nivernais*, ch. VIII, art. 7.

(2) Voir Laurière, *Gloss.*, sur le mot *bâtard*, et Notes sur Loysel, liv. I,
tit. I, reg. 42.

(3) *Établissements de saint Louis*, Isambert, p. 183.

(4) *Établissements de saint Louis*.

après le moyen-âge encore, les étrangers furent l'objet de lois restrictives sévères sous notre ancienne monarchie.

Nous allons citer deux textes empruntés à l'établissement du saint roi, qui nous donneront un aperçu de la législation rigoureuse en vigueur à cette époque : « Se gentilhons a » hoirs mesconneus en sa terre, se il servoit le gentilhons » et il moruet, le gentilhons auroit la moitié de ses muëbles » et si il mûert sans hoir et sans lignage toutes ses choses » seront au gentilhons. »

« Et se le mesconneus, avoit conquises aucune choses, » sous autres vavassors que sous celui auquel il seroit hoirs, » li autres sires ne aurait riens par droit, mes il ne per- » droit pas le cens, ne les Coustumes du saigneur, ains » conviendroit que li sires li en baillast hons coustumiers » qui le servist (1) ».

Enfin, les Coutumes d'Orléans et de Sologne accordaient au roi la succession et la saisine des biens des aubains et des batards, sauf quelques restrictions : « Se aucuns au- » bains, ou bastard mûert sans hoirs ou lignaige, le roy est » hoirs, ou li sires sous qui il est, se il mûert el cuër del » chastel.

» Mes bastard ne aubain ne peut faire austre saigneur » que le roy en son obeissance, ne en autre seignorie, ne en » son ressort qui vaille, ne que soit establi, selon l'usage » d'Orlenois et la Saaloingne ».

C'était surtout sur les bâtards nés de femmes franches que s'exerçaient les droits régaliens ; car, même après que le pouvoir royal eût plié devant lui les exigences des seigneurs, ceux-ci conservèrent encore la saisine et la propriété des bâtards nés, domiciliés et morts sur leurs terres.

---

(1) *Etablissements de saint Louis*; Isambert, p. 181.

# CHAPITRE V.

## Des effets généraux de la saisine héréditaire dans le Droit coutumier.

Nous allons diviser cette importante question en trois parties principales, répondant à trois époques distinctes, et nous verrons varier dans chaque période les principes qui régissent la saisine héréditaire en même temps que les effets qu'elle produit :

1° *Epoque de Beaumanoir*, XIII° *siècle* : « Se aucuns ne » li empesche saisine, dit Beaumanoir, il ne li est pas mes- » tier qu'il en fasse demande, car il peut entrer en la chose » dont droit ou coustume li donne la sésine sans parler a » seigneur.

» La Coustume qui dit que le *mort sesit le vif* est à enten- » dre en ligne directe, et en ligne collaterale, *saisina juris* » *tantum modo et non facti*, par la manière qui s'en suit : » C'est à savoir que si notoirement il appert de la ligne et » du lignage, le successeur y est tout saisi de droit, et ne » lui est nécessaire d'aller ni au seigneur, ni au juge, ni » autre, mais de son autorité se peut de fait ensaisiner, et si » lui est nécessaire cette appréhension de fait, avant qu'il » puisse se dire avoir entier saisine (1) ».

Ces deux passages, tirés l'un du *Grand Coutumier*, l'autre des *Coutumes de Beauvoisy* nous démontrent de la façon la plus évidente que la saisine héréditaire ne rendait pas l'héritier possesseur de plein droit, mais que, pour le devenir, il avait besoin d'une appréhension de fait : la saisine de droit ne donne pas la saisine de fait, mais simplement droit de l'acquérir. Qu'indique, en effet, la rédaction même

(1) *Grand Coutumier*.

de la saisine héréditaire? *Le mort saisit le vif*, qui le défunt, est censé avoir conféré à son successeur l'investiture ou l'insaisinement.

On n'exige plus l'accomplissement des anciennes formalités, on les répute accomplies, de sorte que l'héritier sera, dès le jour même du décès, dans la même situation que l'acquéreur ensaisiné par le seigneur. Il pourra prendre possession de sa propre autorité, il aura le droit de s'ensaisiner lui-même, et lorsqu'il aura acquis cette saisine de fait, il pourra demander à la justice de protéger sa possession, et il triomphera contre tous, excepté contre ceux dont la possession prime la sienne.

« Le usages si est tiex que li mort saisit le vif, et que il » doit avoir sesine, se autre ne se tres avant qui ait plus » grand droit en la chose que cil (1) ». Mais il pouvait arriver, par exemple, que par suite de l'abstention ou de l'abscence du véritable héritier, la saisine de fait fût appréhendée par un successible plus éloigné.

« Agenti pro rebus hereditariis, sufficit probare se esse in » gradu possidendi nec necesse habet probare alium non » esse propinquiorem se (2) ». Quelle était la situation du successible vis-à-vis du véritable ayant-droit? Ce dernier pourra procéder contre ce possesseur par deux voies distinctes, le possessoire ou le pétitoire, suivant qu'il se trouvera ou non en temps utile.

Nous avons admis, en effet, au commencement de ce travail, que la saisine se confondait avec la possession annale, et devint la base des actions possessoires; la saisine dure donc un an, et, pendant ce laps de temps, elle donne à l'héritier le droit d'intenter la complainte. Plus tard, il ne peut agir que par la pétition d'hérédité, c'est là son seul recours, s'il n'a pas la possession. Pour en revenir à notre

(1) *Établissements de saint Louis*, l. II, ch. 1; Isamb.

(2) Art. 651, Anc. Const.; Gl. 3, n° 6, Bretag.

hypothèse, si le successible apparent n'avait point la saisine
de fait depuis an et jour, rien n'empêchait le véritable héritier de procéder vis-à-vis de lui par la voie possessoire ; le
juge le remettait en possession, ou bien le seigneur « sans
plaid faire », toujours à la condition, bien entendu, qu'il se
trouvât dans l'année où la saisine lui était échue. Mais s'il
avait laissé passer ce délai fatal, sa saisine de droit était
perdue, et force lui était bien de procéder par la voie pétitoire, contre son adversaire qui possédait la vraie saisine de
fait (possession conservée pendant l'an et jour).

En résumé donc, la saisine de droit de l'héritier véritable,
qui lui donne la faculté de se mettre en possession, dure
une année ; s'il n'en profite pas pour y entrer, il perd sa
saisine de droit.

Et, en outre, si un étranger a possédé pendant le même
temps les biens héréditaires, il ne pourra plus intenter contre
lui l'action possessoire. Cette dernière, en effet, est fondée
sur la vraie saisine, sur la possession annale, et elle se
trouve entre les mains du possesseur actuel. Il devra donc
forcément employer la voie pétitoire. En outre, au temps de
Beaumanoir et du Grand Coutumier, l'héritier n'acquérait
une position inattaquable, n'était véritablement saisi et propriétaire que sous des conditions déterminées. S'agissait-il
d'un fief noble, il devait, pour éviter la saisie féodale, prêter
la foi et l'hommage dans le délai voulu : « Se che est fief il
» doit aler a l'hommage du seigneur, dedans les 40 jours
» qu'il est entré en la saisine (1) ». S'agissait-il de fiefs
roturiers, il devait en prendre possession.

Nous pouvons déduire de là cette conclusion : c'est que
le second effet essentiel de la saisine était de donner à l'héritier le droit de former complainte dans le délai d'an et
jour. Nous pouvons citer, pour appuyer nos allégations, de
nombreux exemples : « Est saisi chacun de son droit et por-

(1) Beaumanoir.

tion de la succession du dit mort sans appréhension de fait au dedans de l'an et jour du decès d'iceluy mort; car si les dits successeurs ou aucun d'eux laissent passer l'an et jour après le decès sans appréhension de fait et detention de leur portion ou soit complaindre ou appléger et en souffrent autre possesseur par ledit temps ils ne seraient plus saisis, mais conviendraient qu'ils y vinssent par action (1) ».

« Les héritiers dedans l'an se peuvent dire saisis, mais si » l'an et jour est avant passé, il convient que par voie d'ac- » tion ils requierent l'inventaire être fait, etc. (2).

Pour que la saisine des biens pût passer à l'héritier, il y avait une condition essentielle : « C'est que le défunt fût mort saisi et vêtu des choses héréditaires, ou du moins qu'il n'en eût pas perdu la possession ou saisine de fait pendant plus d'une année.

Dans le Livre de Justice et de Plet, f° 44, 1° col. 2, l'héritier dit dans sa demande : « P. tient une meson qui fut mon » père, dont mis pères mori sesis et vestuz n'a pas un an, » dou li hiretages doit estre miens ».

La règle *la mort saisit le vif* ne confère donc pas une saisine d'une nature particulière. Avant que la maxime n'ait pénétré dans les usages, l'investiture ou l'ensaisinement était l'autorisation donnée par le seigneur de se comporter en maître vis-à-vis tel fief ou telle censive, c'était, en un mot, le droit de se mettre en possession et de s'y faire respecter; mais ce n'était certainement pas la possession elle-même.

A l'époque du Droit que nous étudions, c'est le défunt qui est censé remettre en mourant la saisine de ses biens à son héritier, et lui en avoir conféré l'ensaisinement, de telle sorte que, dès le jour du décès de son auteur, il se trouvera exactement dans la même situation que celle qu'occupait autrefois le vassal ensaisiné par son suzerain. Comme jadis,

(1) *Cout. d'Anjou*, art. 272.

(2) *Grant Coutumier*, liv. II, ch. 40.

la maxime ne donne pas la possession, mais simplement le droit de l'acquérir.

*Deuxième période.* — L'effet de la maxime changea sous les jurisconsultes postérieurs. La maxime opéra transmission immédiate de la possession.

C'est Tiraqueau qui écrit : « Mortuus facit vivum possesso-
» rem »; Dumoulin : « Nota quod virtus et effectus, ilius con-
» suetudinis nihil aliud est quam continuatio possessionis a
» moriente in heredem (1) ».

Ce changement dans les effets et la nature de la saisine s'explique par la révolution opérée dans la procédure de la complainte, sous les auspices du premier président Simon de Bucy. La tendance générale de cette époque était de ramener les Coutumes au système du Droit Romain, à l'école duquel les légistes formaient leurs idées théoriques. Grâce à l'application qu'on fit à la complainte des principes de l'interdit *uti possidetis*, cette action ne se donna plus qu'à celui qui possédait ou était censé posséder au moment du procès. L'héritier, évidemment, ne pouvait l'exercer sans être dit possesseur actuel ; aussi la règle *le mort saisit le vif* n'opéra-t-elle plus transmission du droit de posséder, mais de la possession elle-même. C'est ainsi que s'explique le langage de Tiraqueau et de Dumoulin.

*Troisième période.* — Pothier et les auteurs les plus rapprochés de nous devaient s'écarter encore bien davantage de la véritable interprétation de la maxime. Ce jurisconsulte éminent fait, en effet, produire à la maxime la transmission de la propriété elle-même, et de tous les droits et obligations du défunt.

Voici en quels termes il s'exprime : « Cette saisine con-
» siste en ce que tous les droits du défunt, toutes ses obliga-
» tions, dès l'instant de sa mort, passent de sa personne en
» celle de ses héritiers, qui deviennent en conséquence dès

--------

(1) *In consuet. Borbon*, § 290.

» cet instant, chacun pour la part dont ils sont héritiers,
» sans qu'il intervienne rien de leur part, propriétaires de
» toutes les choses dont le défunt était propriétaire, créan-
» ciers de tout ce dont il était créancier, débiteurs de tout
» ce dont il était débiteur. Ils ont dès cet instant le droit
» d'intenter toutes les actions que le défunt aurait eu le
» droit d'intenter; ils sont sujets à toutes celles auxquelles
» le défunt aurait été sujet (1) ». A justement parler, ceci
n'est point un effet de la saisine, mais bien de la qualité
d'héritier; si le successible devient immédiatement propriétaire, s'il peut transmettre à ses propres héritiers son droit
à l'hérédité, ce n'est pas à la saisine qu'il le doit.

Le légataire qui n'a jamais la saisine d'après les Coutumes, n'en transmet pas moins, s'il meurt avant l'acceptation
du legs, le droit qu'il peut avoir à ses propres successibles;
il devient propriétaire, lui aussi, de la chose léguée du jour du
décès du testateur, et la loi ne lui impose qu'une seule obligation, celle de demander à l'héritier la délivrance de son
legs. Donc, autre est l'acquisition de la propriété, autre
l'acquisition de la saisine; l'une est le droit héréditaire,
l'autre est l'exercice de ce droit. Au point de vue de la
rigueur des principes, il est bien évident que la définition de
Pothier renferme une inexactitude. Elle a pourtant été reproduite par Domat, Lebrun, Ferrière, et défendue sous l'empire du Code civil par des autorités considérables. Nous
nous réservons d'examiner plus tard le mérite de cette
doctrine.

L'explication est facile; l'on comprend sans peine que,
dans une législation, la propriété soit attribuée avant la possession, ce qui jadis avait lieu dans le Droit Romain; mais
l'on s'expliquerait avec plus de difficulté, je crois, que la
possession fût acquise avant la propriété. Aussi une législation qui, comme la nôtre, rend l'héritier possesseur dès

---

(1) *Tr. des Succ.*, ch. III, sect. II.

le jour de la mort du *de cujus*, doit forcément le rendre propriétaire au même instant. Dans notre Droit, tous les successeurs sont *sui heredes*, seulement, ce principe n'était formulé par aucun texte des Coutumes, il n'y avait de relatif à la transmission héréditaire que la seule disposition *le mort saisit le vif*. Or, si la continuation immédiate de la propriété n'y est pas directement exprimée, elle y est sous-entendue. Les jurisconsultes de l'époque qui avait précédé la rédaction du Code civil avaient embrassé ces deux idées d'un même coup d'œil, avaient conclu de la transmission de plein droit de la possession, à la transmission de la propriété, et ils avaient alors rattaché à ce texte tout ce qui concernait l'acquisition de la propriété en le représentant comme le témoignage le plus expressif de la différence qui existe sur ces points entre le Droit Romain et la législation française.

Une seconde inexactitude, au point de vue des principes que les jurisconsultes de l'école de Pothier ont commise, qui n'est du reste qu'une conséquence de la façon dont ils interprétaient la règle *le mort saisit le vif*, c'est d'avoir attribué à notre règle l'abrogation de la maxime romaine *hereditas non adita non tranmittetur*. Nous le savons, la transmissibilité n'est qu'une conséquence de l'acquisition de la propriété, et la continuation de la saisine ou de la possession n'y peut absolument rien ajouter.

L'héritier est donc saisi dès l'instant de la mort du défunt, alors même qu'il n'en a aucune connaissance, et par conséquent aucune volonté d'accepter une succession qu'il ne savait point encore lui être déférée, car la volonté suppose une connaissance de ce qu'on veut. Mais si la maxime *le mort saisit le vif* semble faire de tous nos successeurs des héritiers siens, il est un autre principe qui les assimile aux héritiers volontaires. L'héritier peut acquérir la succession *ignorans, sed non invitus*. « Il ne se porte héritier qui ne veut », dit une vieille règle, reproduite dans toutes les

Coutumes, la combinaison de ces deux principes donnait lieu à des incertitudes et à des difficultés qui se retrouvent de nos jours encore dans les articles du Code civil.

La plupart des anciennes Coutumes se trouvaient divisées dans deux camps bien opposés sur la manière dont il fallait concilier les deux textes.

Les unes admettaient que la saisine n'investissait l'héritier que sous la condition suspensive de son acceptation. Dans ce système, c'était l'acceptation seule qui rendait l'héritier propriétaire de l'actif héréditaire, et, en conséquence, l'obligeait à payer les dettes. Il fallait donc que les tiers qui agissaient contre l'héritier pussent prouver, pour obtenir condamnation, qu'il avait accepté.

S'ils ne pouvaient y arriver, ils n'avaient plus que le droit de faire fixer un délai au successible, passé lequel, en cas d'abstention, il était réputé renonçant.

Les autres prétendaient, au contraire, que la saisine était pure et simple, mais pouvait être résolue par une renonciation. Dans ce second système, l'héritier était de plein droit investi de la propriété et soumis aux obligations de la succession. Les créanciers pourront immédiatement le poursuivre comme leur débiteur, il leur suffira de prouver qu'il est saisi. Sans doute leur action pourra être suspendue par le délai qui sera accordé à l'héritier pour prendre parti; mais le délai expiré, si l'héritier ne s'est pas prononcé, l'action reprendra son cours et aboutira à une condamnation.

De ces deux systèmes, lequel était pratiqué dans l'ancien Droit ? Il serait bien difficile de répondre à une pareille question, car les plus grandes divergences régnaient à ce point de vue non-seulement dans les Coutumes, mais chez les auteurs.

Certaines Coutumes admettent franchement une des deux opinions que nous présentions tout à l'heure. D'autres, au contraire, prennent un système intermédiaire qui n'est que le mélange de ces deux explications. Dans la première catégorie, nous trouverons la *Coutume d'Auvergne*, contenant sur le point qui nous occupe un article ainsi conçu : « Aucun » n'est recevable de son dire n'estre heritier d'aucun s'il » ne répudie et renonce expressement à la succession (1) ».

La Coutume du Poitou, au contraire, s'exprime ainsi : « Nul » n'est heritier que ne veut et n'est tenu de renoncer ne » faire autre déclaration, s'il n'etait ajourné pour déclarer » s'il se veut porter heritier ou non ». (*Coutume de Poitou*, art. 278.)

On ne peut consacrer d'une façon plus formelle la saisine sous condition résolutoire d'un côté, et la saisine sous condition suspensive de l'autre.

Mais toutes les Coutumes ne présentaient pas la même clarté dans leur théorie, témoin la *Coutume normande* (art. 235), qui dit d'abord : « *Le mort saisit le vif*... et doit » le plus prochain heritier habile à succéder, étant majeur, » declarer en justice dans les 40 jours après la succession » echue s'il entend y renoncer ». Si l'on s'arrêtait ici, on se croirait en présence d'une Coutume admettant la saisine sous condition résolutoire, mais en continuant la lecture on est fort étonné de voir l'article tomber dans le système opposé : « Autrement s'il a recueilli aucun chose ou fait » acte qu'il ne puisse sans nom et qualité d'héritier il sera » tenu et obligé à toutes les dettes ».

Tout d'abord, le successible devait renoncer pour n'être pas héritier ; maintenant, il faut qu'il accepte pour l'être. Les auteurs n'étaient pas plus fermes dans leurs doctrines, et leurs opinions étaient aussi partagées entre les deux sys-tèmes. Ferrière, sur l'article 316 de la *Coutume de Paris*, « enseigne que la maxime *le mort saisit le vif* a pour seul effet de rendre habile à succéder ; mais que, pour devenir héritier, il faut un acte d'acceptation. Il en conclut naturel-lement que les créanciers ne pourront que contraindre le

(1) Ch. XII, art. 54.

successible à prendre qualité, et, s'il ne se prononce, ils le feront déchoir de la faculté d'accepter ».

Davot, dans ses Notes sur Loysel (1), d'Argentré, sur l'article 507 de la *Coutume de Bretagne*, reproduisent la même théorie. Lebrun est encore plus formel : « L'héritier, dit-il, n'est saisi que sous condition (2) ».

« Il ne faut point d'acte de renonciation pour n'être pas héritier, mais il suffit de n'avoir pas accepté précisément et de n'avoir pas fait acte d'héritier ». Et ceci a lieu, continue l'auteur, tant en ligne directe qu'en ligne collatérale, car l'on n'a pas le droit de dire : « *Filius ergo heres*, ni de » conclure qu'il est héritier, parce qu'il n'a pas renoncé. En- » core un coup, c'est un abus que cela, qui n'a jamais eu cours » que chez ceux qui ignoraient les véritables principes de » notre jurisprudence, qui sont qu'il faut avoir accepté ou » s'être immiscé pour être déclaré héritier, et qu'autrement » le simple défaut d'une renonciation ne fait point un hé- » ritier, en quelque ligne que ce soit, comme il a été jugé » pour la directe même par arrêt du 8 février 1590, qui » est un des arrêtés de la 5ᵉ Chambre des Enquêtes ». La saisine sous condition suspensive avait donc des partisans d'un grand poids et avait pour elle la majorité des Coutumes.

Pourtant, le système contraire est défendu par des auteurs aussi nombreux et non moins autorisés.

« En France, dit Étienne Pasquier, la seule abstinence ne suffisait pour n'être déclaré héritier, mais, outre icelle, il faut renonciation expresse (3) ».

Pothier, lui aussi, malgré l'incertitude de ses écrits sur cette matière, enseigne, en somme, la même doctrine. D'après la définition que cet auteur donne de la saisine, nous

(1) Liv. ii, t. 5, R. 1.

(2) *Succ.*, liv. iii, ch. viii, sect. 2, nᵒ 30.

(3) *Inter. des Inst.*, liv. ii, ch. cvi.

voyons qu'il n'exige aucune acceptation pour que l'héritier soit obligé aux dettes héréditaires et puisse être poursuivi par les créanciers. C'est la loi elle-même qui le soumet au passif de la même manière et au même moment qu'elle lui fait acquérir l'actif, et la saisine produit effet aussi bien au préjudice qu'en faveur de l'héritier. Tel est le principe. On peut voir sans peine qu'il est directement contraire à cette règle de Lebrun que la saisine ne peut être retorquée contre le successible.

Aussi va-t-il conduire Pothier à des conséquences complètement opposées à celles consacrées par le précédent système.

Les créanciers pourront immédiatement agir contre l'héritier comme s'il était pur et simple. On donnera sans doute à ce dernier le temps d'examiner les forces de la succession et de délibérer sur le parti qui lui convient de prendre, mais s'il laisse passer le délai accordé sans se prononcer, il sera condamné sans que les demandeurs aient à prouver son acceptation. En un mot, la maxime *le mort saisit le vif* suffit pour faire du successible un héritier pur et simple, et la règle *il ne se porte héritier qui ne veut* n'a d'autre effet que de lui assurer la faculté de renoncer. En enseignant cette doctrine, Pothier semble s'éloigner un peu du texte des articles 317 *Coutume de Paris*, et 336 *Coutume d'Orléans*. Mais il se conforme à l'ordonnance de 1667, dont ses adversaires tenaient trop peu de compte. Dans son titre VII, cette ordonnance règle la procédure que doivent suivre les créanciers. Elle leur permet d'agir aussitôt après le décès contre le successible, comme s'il était héritier pur et simple. Elle accorde sans doute un délai de trois mois et quarante jours à compter de l'ouverture de la succession pour en examiner les forces et prendre parti, et, tant qu'il se trouve dans ce délai, l'héritier peut opposer une exception aux demandeurs. Mais cette exception sera purement dilatoire, elle n'aura point pour résultat de faire rejeter la demande comme ayant été mal intentée, elle ne fera qu'en éloigner l'effet.

Une fois le temps expiré, l'action reprendra son cours, et l'héritier sera condamné par cela seul qu'il n'aura pas renoncé, et sans que les créanciers aient besoin de prouver son acceptation. La doctrine de Pothier, conforme à cette ordonnance, paraît être le dernier état de l'ancienne jurisprudence.

La saisine entraînait-elle dans l'ancien Droit l'obligation indéfinie aux dettes héréditaires?

D'après le Droit coutumier, l'étendue du titre héréditaire proprement dit donne la mesure des ol⸱   ⸱ns du successeur indépendamment de la quotité des biens relative qu'il pourra recueillir en définitive.

« Dieu seul fait un héritier », disait une vieille règle des Coutumes. Et il avait beau se trouver dans la succession en présence d'un légataire universel ou à titre universel qui venait lui enlever une quote-part de son actif, il n'en était pas moins tenu, au regard des créanciers, à solder toutes les dettes, quitte à recourir contre le légataire, qui, en définitive, devait supporter sa quote-part des charges. La conséquence de tout ceci, c'est que le légataire devait demander la délivrance de son legs à l'héritier du sang, qui était seul saisi passivement et activement à *die mortis* du patrimoine entier, et cette délivrance qu'il faisait au légataire ne le dispensait pas de son obligation vis-à-vis les créanciers.

La qualité d'héritier était donc, en somme, une suffisante garantie pour les créanciers, et puisqu'il répondait des dettes, il était naturel et légitime de l'autoriser à prendre possession des biens héréditaires qu'il administrait pour son compte.

Mais si l'on peut conclure légitimement de ce qu'une personne est obligée indéfiniment aux dettes, qu'elle jouit de la saisine de plein droit, on ne saurait conclure également de la saisine de plein droit à l'obligation aux dettes.

C'est la continuation de la personne qui engendre l'obligation indéfinie aux dettes. Cette obligation existait à Rome, bien que la saisine y fût inconnue, et elle a la même cause, la continuation de la personne qui fait considérer le successeur comme étant tenu des dettes de la même façon que son auteur. Ce n'est donc pas la saisine qui oblige l'héritier, elle ne fait que donner aux créanciers le droit de le poursuivre dès le jour de l'ouverture de la succession. Pour les dettes aussi bien que pour la propriété, la saisine a trait non pas au fond, mais à l'exercice du droit.

Elle est aussi étrangère à la nature qu'au *quantum* de l'obligation.

En voici une preuve évidente :

Elle donne au créancier comme au légataire la faculté de poursuivre l'héritier avant qu'il n'ait accepté, pourvu que son droit soit ouvert et exigible. Pourtant, dans l'ancien Droit, les héritiers n'étaient tenus des legs (1) que dans les limites de leur émolument. Il n'y a donc point corrélation entre la saisine et l'obligation *ultra vires*.

On pouvait citer un exemple où la saisine existait sans l'obligation indéfinie aux dettes; je veux parler des successeurs irréguliers. On leur appliquait généralement la règle *le mort saisit le vif*, et pourtant, de l'aveu de tous, on ne les considérait que comme des successeurs aux biens, obligés *intra vires emolumenti*.

Donc, l'obligation *ultra vires* suppose toujours la saisine. Dans la Coutume de Bretagne (Bret., 563, n. c.), l'aîné était seul chargé des dettes, seul aussi il était saisi, et ses parents devaient demander délivrance.

Mais si l'héritier était responsable de toutes les dettes vis-à-vis des créanciers, il était juste, en définitive, que l'on fît supporter au légataire universel ou à titre universel une part de passif proportionnelle à sa part d'actif sans dépas-

---

(1) Nous croyons, en ce qui concerne les legs, que le Code civil a admis une autre théorie.

ser les limites de son émolument. La responsabilité du légataire était toujours limitée, tandis que celle de l'héritier ne
l'était que dans le cas où il avait accepté sous bénéfice d'inventaire.

Mais, enfin, il devait concourir au paiement des dettes pour
sa part, et pouvait subir le recours de l'héritier si celui-ci
avait fait une avance de fonds aux créanciers. C'est la contribution aux dettes. Les créanciers pouvaient-ils intenter directement, de leur chef, leur action contre le légataire dans
la mesure de sa contribution? Ils n'avaient certainement pas
ce droit à l'origine, et le premier arrêt qui donna aux créanciers une action contre le légataire universel est l'arrêt dit
des Boulards (1562), qui, avec celui de 1564, servit à la réforme de la Coutume de Paris en 1580.

Lebrun et Pothier nous enseignent que, par une raison
d'utilité (*celeritate conjungendarum actionum*), on accordait
une action directe contre le légataire. Quelle était la nature
de cette action? Pothier la qualifie d'action personnelle, et
ne la distingue pas de l'action donnée contre les héritiers
proprement dits : « Les créanciers de la succession, dit-il,
ont une action personnelle contre chacun des héritiers pour
la part dont ils sont héritiers, et contre chacun des successeurs universels pour la part que chacun d'eux a dans les
biens de la succession (1).

*Personnellement* ne veut point dire ici, dans l'esprit de
Pothier, *ultra vires* indéfiniment. Non, l'expression a un
sens beaucoup plus restreint : elle se rapporte moins à la
nature de l'obligation qu'à son mode d'exécution. Il emploie
cette expression, ce terme d'*action personnelle*, par opposition à l'action hypothécaire, pour dire que l'action personnelle se divise entre les successeurs, tandis que l'autre
s'exerce pour le tout. Il ne s'agit ici, non pas de recouvrer
une dette indéfinie, mais une part contributive.

(1) *Int.* au titre x vii, C. d'Orl., n° 113.

# CHAPITRE VI.

### Des actions auxquelles la saisine donne naissance.

*Du* XI<sup>e</sup> *au* XIII<sup>e</sup> *siècle.* — A l'origine, comme nous avons pu le voir, l'idée de possession proprement dite, telle que nous la comprenons aujourd'hui, était peu développée. Les hommes qui vivaient à ces époques reculées n'avaient que des notions fort confuses sur cette matière, et l'on peut dire que, parmi les attentats qui pouvaient être commis sur la propriété, le seul qui fût sévèrement réprimé était la dépossession violente. Sous le Droit féodal, il n'y avait ni propriété, ni possession civile, ni action possessoire répondant à ce qui existe de nos jours ; mais ce qu'il y avait à défendre, c'était la tenure appuyée sur la saisine et se confondant avec elle. Toute atteinte à cette possession légitime donnait naissance à l'action de nouvelle dessaisine ou au claim de force. Cette action existait déjà en Europe au XI<sup>e</sup> siècle, et nous la retrouvons, importée en Orient par les Croisés. Jean d'Ibelin, dans le soixante-quatrième chapitre des *Assises de Jérusalem*, nous en parle en ces termes : « Le dessaisi adresse sa requête au seigneur pour être remis en sa saisine. Ce dernier, après avoir reçu la plainte, doit faire procéder à une enquête, et remettre le dessaisi en possession avec défense à l'adversaire de le déposséder de nouvel. « Et se celui a

» qui la défense aura été faite, s'en ressaisis sans esgart ou
» sans conaissance de court, ou sans le congé dou seignor
» il fera force ; et se il en est ataint ou prové, il sera encheu
» en la merci dou seigneur come ataint de force ». La plainte de nouvelle dessaisine doit être formée dans le délai de quarante jours. Après ce délai, la dessaisine n'est plus nouvelle, à moins que le plaignant ne fasse excuser son retard.

« Se il n'a esté en celui terme, fors dou pays, ou s'il n'a

» esté essoignié de son cors par maladie ou par prison, ou
» parce que le seignor le semonst de son servise, etc. ». Si
les quarante jours s'étaient écoulés sans valable excuse, il
ne restait plus au dessaisi que la ressource d'une procédure
« par claim et par responce qui entraînait tournoi de ba-
» taille ».

On trouve des exemples nombreux de nouvelle dessaisine
dans l'ancien Coutumier de Normandie :

« Se aucuns est depoilliez de son tenement depuis le der-
» renier aost, ou puis celui devant le derrenier, il doit de-
» mander sa sesine par ce brief : « Li rois ou li sénechaux
» mande saluz au baillis de tel leu (1) ».

Pierre Desfontaines : Les *Etablissements de saint Louis*
font aussi mention de cette action de nouvelle dessaisine,
et nous trouvons même dans ce dernier monument la formule de l'action de nouvelle dessaisine reproduite en ces
termes : « Sire, un riche hons est venu à moy d'une meson,
» ou de pré, ou de vignes, ou de terre, ou de cens, ou d'au-
» tres choses, et m'a dessaisi de nouvelle dessaisine, que je
» exploitié au seu et au veu en servage de seigneur jusques
» a ores qu'il m'en a dessaisi a tort et a force, dont je vous
» prie que vous prengniez la chose en votre main (2) ».

C'est encore dans ce monument qu'est édicté le grand
principe : « Nul ne doit en nulle court pleder dessaisis ».

A cette époque, la seule action connue, la seule action en
vigueur, c'est la nouvelle dessaisine ; elle suffit aux besoins
d'une société en formation ; c'est la force aveugle qui domine, le législateur n'a pas d'autre but que de s'opposer à
ses envahissements.

L'Eglise lui apporta son puissant concours, et son influence
bienfaisante fit pénétrer dans les usages juridiques, encore
informes, ce principe éminemment chrétien : « *Spoliatus*

_____

(1) *Etablissements de Normandie,* p. 20.

(2) Liv. 1, ch. 65.

» *venit ante omnia restituendus* ». En même temps que le Droit canon essayait quelques timides réformes, la renaissance du Droit Romain dans les écoles apportait, elle aussi, des éléments nouveaux à la civilisation, et nous allons entrer dans une seconde période avec les légistes Beaumanoir et Simon de Bucy.

Du XIII<sup>e</sup> au XIV<sup>e</sup> SIÈCLE. — Jusqu'ici nous avons trouvé l'action de nouvelle dessaisine ou le cas de force en dehors de toute condition relative à la durée de la possession qu'il s'agissait de défendre. Mais à partir de cette époque, à la fin du XIII<sup>e</sup> siècle, sous l'influence des idées chrétiennes et des études romaines, une révolution importante s'accomplit dans les actions possessoires.

Le jurisconsulte Beaumanoir, dans les *Coutumes du Beauvoisis*, constate pour la première fois l'existence de trois genres d'attaques à la possession qui donnent lieu à autant de moyens d'action correspondants :

La nouvelle dessaisine, la force déjà connues, le cas de *novel trouble*, élément tout nouveau.

Le *novel trouble* existe, lorsque, pour m'ôter ma chose, on m'empêche d'en jouir comme je faisais avant : « Nou-
» viaux torbles, dit Beaumanoir, si est, se jai esté en saisine
» an et jor d'une coze pesivlement, et on le m'empecque se
» je ne puis pas goïr, en autele manière comme je fesoie de-
» vant, tout soit ce que cil qui m'empecque n'emporte pas
» le coze ».

» Aussi, comme son oste mes vendangeurs ou mes ou-
» vriez d'une vigne ou d'une terre, dont j'orai esté en sai-
» sine an et jor ou en assez d'autres cas, sanblavles. Ce sont
» nouvel troble, et je me puis plaindre et ai bonne action
» de me plaindre, se que le coze me soit mise en arrière
» et pesivle estat (1) ». Il y avait là un double changement : Tout d'abord, dans les trois cas indiqués par

_____

(1) Chap. 32, p. 3.

Beaumanoir, il fallait se plaindre dans l'an et jour sous peine de déchéance; en second lieu, nous n'avions encore rencontré pour défendre la saisine, que l'interdit romain *unde vi;* l'action du nouveau trouble n'est pas autre chose que la restauration évidente de l'interdit *uti possidetis.*

Nous dirons donc que la condition d'annalité fut dès lors exigée de la façon la plus formelle dans les actions possessoires. Sans elle, on ne put plus intenter une action quelconque de ces trois actions, dont jusqu'alors les délais avaient été fort arbitraires.

Nous venons de voir plus haut comment Beaumanoir, définissait le *nouveau trouble.* Il faut citer maintenant les explications curieuses qu'il fournit sur l'action de nouvelle dessaisine, pour compléter l'état de la procédure à cette époque :

« Nouvelle desaisine, dit-il, si est s'aucuns emporte le coze
» de le quel j'aurai esté en saisine an et jor pesivlement. Por
» ce, se je tiens le coze ou voil esploitier de le quele j'aurai
» esté an et jor en saisine pesivlement, et l'on m'oste de ma
» main ou de la main à mon commandement, ou on me veut
» oster me coze à grand plenté de gent ou à armes, se que
» si je ni oze estre par peur de mort, en tel cas ai-je bonne
» action de moi plaindre de force, ou de nouvelle dessaisine (1) ».

« Sire Veschi Pierres que m'a dessaisi de novel de tele coze,
» et le doit nommer, de lequele javais été en saisine pesivle
» an et jor : s'il le connoist je requier a être ressaissi, s'il le
» nie, je l'offre à prouver (2) ».

Ainsi donc, la possession annale sert de base fondamentale à toutes ces actions possessoires; bien plus, c'est une loi de déchéance commune « que se veut plaindre de force

(1) Chap. 32, p. 3.
(2) Chap. 32, p. 2.

» et de novel dessaisine, ou de novel torble, il s'en doit
» plaindre avant que le ans et le jor soit passé depuis lo
» dessaisine, et s'il lait l'an et jor passer, l'action qu'il avait
» de novel dessaisine est anéantie et ne poet mes pledier
» for sor la propriété ».

Nous avons vu ailleurs de quelle manière s'est opérée
cette révolution et comment cette annalité est passée tout
à coup du domaine pétitoire dans le domaine possessoire.

Quant à la procédure des actions possessoires à cette première époque, voici comment elle était pratiquée devant le
juge royal ou féodal : Celui qui agissait demandait que la
clause litigieuse fût mise dans la main de la justice et ôtée à
son adversaire. Mais on n'avait égard à sa demande que s'il
donnait pleige ou caution de poursuivre le plet et de payer
les dommages et intérêts. S'il ne donnait pas de pleiges, les
choses en demeuraient là, et l'adversaire restait saisi; s'il
fournissait caution, au contraire, l'adversaire était mis en
demeure d'en fournir de son côté. Celui-ci refusant, la saisine était donnée au demandeur; si le défendeur se décidait
à contre-appléger, la chose restait entre les mains de la justice, le juge instruisait ensuite et décidait sur le *possessoire*.

Voici le texte même de l'instance : le demandeur requé-
rait le juge ou seigneur de prendre la chose contentieuse en
sa main : « Li sires lui doit respondre, si feroi-je, se vous
» metez pleiges à poursuivre le plet, à ce que cil vous a des-
» saisi à tort et à force, se comme vous avez dit : et se il ne
» met pleiges, li sires n'a mie a dessaisir l'autre ». Que, si au
contraire, le demandeur remplissait la condition exigée, la
chose était mise en main de justice, et le demandeur ressaisi
par récréance.

« Et quand il aura pris bons pleiges, il (le seigneur) doit
» l'autre partie mander par certain mesages, et li doit dire,
» que cil a mis pleges que il l'a dessesi a tort et a force et
» de tele chose et la nommera. « Je vueil savoir se vous
» mettrez pleges au deffendre la. Et se il dit je ni mettré ja

» pleges, l'on doit l'autre lessier en la sesinne pour les plei-
» ges qui il a mis. Et so il dit je i mettré bons pleiges au
» deffendre que il n'i a riens et que ce est ma droiture, la
» justice si doit mettre jour ans deus parties et tenir la
» chose en sa main, jusques à tant que le quien que soit ait
» gaignées la saisinne par droit (1) ».

C'est cette obligation des parties de bailler pleges et reple-
ges qui a fait donner à la complainte le nom d'*applegement*.

Ainsi donc, dans la procédure de dessaisine, le demandeur
se disait dessaisi parce qu'en fait il avait perdu la possession
réelle, bien que l'an et jour ne fût pas écoulé. Il ne pouvait
empêcher que pendant l'instance la possession ne demeurât
au défendeur ou ne fût mise en main souveraine, à moins
que l'instance n'eût lieu dans des Coutumes où l'applegement
était en vigueur, et encore, dans ces Coutumes, il était tenu
de trouver caution, sinon le défendeur restait saisi.

Mais bientôt, dans le désir de rattacher les Coutumes au
système du Droit Romain, et ensuite pour faire une position
plus favorable à celui qui avait la vraie saisine tout en ayant
perdu la saisine du fait, on admit par fiction que, lorsque le
possesseur d'an et jour était dessaisi de nouvel, il ne serait
point considéré comme ayant perdu la saisine, mais comme
en étant simplement troublé et empêché. La nouvelle dessaisine, en un mot, fut assimilée au nouveau trouble. On prétend que ce changement fut opéré par Simon de Bucy, premier président du Parlement de Paris, qui, dit le *Grand
Coutumier*, « trouva et mit sus les cas de nouvelleté ».

Une tendance générale à faire rentrer le cas de nouvelle
dessaisine dans celui du nouveau trouble existait même
avant Simon de Bucy parmi les coutumiers français. Jean
Fabert la signalait déjà de son temps chez les légistes du
Parlement.

(1) *Ancien Coutumier d'Artois*, ch. XIX, §2, 4; Beaumanoir, ch. XXXII,
p. 167.

A partir de cette deuxième révolution opérée dans les actions possessoires, la plupart des Coutumes ne parlent plus que de la complainte en cas de saisine et de nouvelleté. Elle n'est, du reste, donnée, pour les meubles que par un petit nombre de coutumiers, quoique Jean Bouteiller dise, *Somme rurale*, ch. 31 : « On peut asseoir complainte de » nouvelleté soit sur chose mobilière, personnelle, réelle, » spirituelle, corporelle, pourvu qu'on en aurait possession » acquise par temps suffisant ».

Malgré tout, la confusion opérée par Simon de Bucy entre le cas de nouvelleté et celui de dessaisine ne fut point complète.

L'ancienne action de dessaisine se conserva, à l'abri des traditions romaines et canoniques, sous le nom nouveau de *réintégrande*. Il y avait bien deux actions distinctes : la complainte et la réintégrande. Elles se distinguaient facilement l'une de l'autre par les conditions auxquelles elles étaient soumises. La complainte ne se pouvait fonder, en effet, que sur la possession annale, mais la réintégrande, au contraire, pouvait s'exercer sans aucune condition d'annalité : « N'est point nécessaire que le demandeur prouve possession d'an et jour avant la spoliation, ains seulement qu'il était possesseur au temps de la spoliation (1).

Mais voici un texte qui tranche tous les doutes sur ce point: « En la réintégrande cela est singulier qu'il suffit de » prouver qu'on fut possesseur au temps de la spoliation » et non pas tout l'an et jour auparavant d'icelle (2) ».

Papon lui aussi distingue la réintégrande de la complainte : « la simple preuve faite par le demandeur qu'il a été dé- » pouillé par force, suffit pour qu'il soit ressaisi (3).

» Pour la fin de cette matière sera noté, que si en toutes

(1) Liv. 1, ch. xvii, Imbert.

(2) Charondas sur le *Grand Coutumier*, liv. ii, chap. xxii, p. 160.

(3) Liv. viii., p. 251.

» autres actions possessoires n'est reçu fait ni exception qui
» seront trouvés de haute disquisition, certes en cet inter-
» dit de réintégrande n'en est point reçu du tout et doit
» être dénié au spoliateur toute audience jusqu'à ce qu'il aura
» réintégré le spolié. Ne vaudra contre ce opposer par le
» défendeur au demandeur : « Tu jouissais par force, tu
» t'étais clandestinement saisi, tu tenais de moi à titre pré-
» caire, ce dont je t'ai déchassé ».

*Du cas de simple saisine.* — Cette action semble avoir été
introduite dans la jurisprudence au xiv⁰ siècle au plus tard.
L'annotateur du *Grand Coutumier* s'en explique dans les
termes suivants : « Qui succombe en la nouvelleté peut in-
» tenter libelle sur simple saisine, car il n'a pas perdu la
» saisine simplement, mais il en est reculé ou débouté en
» tant que touche cette qualité de nouvelleté seulement ».

« *Exemple :* Un homme blanc se fera noir, mais pour ce,
» ne perd-il pas la substance d'homme simplement, mais il
» perd seulement cette qualité de blancheur. Ainsi celuy qui
» a succombé n'a perdu que cette qualité de nouvelleté et
» peut intenter saisine simplement laquelle il n'a pas per-
» due (1) ».

Loysel, dans ses *Institutes coutumières*, nous donne des
notions plus précises sur les conditions de la simple saisine :
« Qui chet en la nouvelleté, dit-il, pour n'avoir joui an et
» jour avant le trouble, peut intenter le cas de simple sai-
» sine ».

Or, avant que Simon de Bucy eût introduit ces innovations
de procédure, la partie qui avait succombé en matière de
dessaisine ne pouvait plus réassigner que sur la propriété.
L'innovation introduite consistait donc à dire que celui qui
perdait le procès sur la nouvelleté n'avait pas perdu la saisine entièrement, mais qu'il y était « reculé ou débouté en
» tant que touche cette qualité de nouvelleté seulement »,

----

(1) *Grand Coutumier*, liv. II, ch. I.

Pour triompher dans cette action, le demandeur devait prouver qu'il avait joui de la chose contentieuse pendant la plus grande partie des dix dernières années : « Celui qui vérifie sa jouissance par dix ans ou la plus grande partie d'iceux, avant l'an de trouble recouvre par le cas de simple saisine la possession qu'il avait perdue (1) ».

Dans la procédure, le cas de simple saisine différait encore du cas de la complainte de nouvelleté : « En simple saisine » ne se fait aucun rétablissement, ains un simple adjourne-» ment et n'y a lieu de recréance ni de sequestre (2) ».

L'action devait être intentée dans l'année de la première sentence, à peine de déchéance absolue.

On comprend combien, dans cette action, la position de l'héritier était favorable, puisque, dans le cas où il eût été embarrassé de montrer les titres de son auteur, il lui suffisait d'invoquer sa possession ancienne et son titre héréditaire.

Du reste, comme, en somme, la preuve d'une ancienne possession décennale pouvait entraîner des longueurs et des difficultés, les parties pouvaient toujours laisser de côté cette action possessoire pour plaider au pétitoire.

Pour terminer ce court aperçu que nous avons cru devoir présenter sur cette matière, nous allons dire un mot sur la procédure qui était suivie dans l'exercice des actions possessoires. Elle se compose de quatre chefs bien distincts : 1° Le rétablissement pur et simple qui était demandé au bailli procédant lui-même ou par sergent. Ils se transportaient sur les lieux et resaisissaient le plaignant si les auteurs du trouble reconnaissaient leurs torts ou faisaient défaut.

Si, au contraire, ils persistaient dans leurs allégations, le sergent opérait le sequestre aussi bien de la chose contentieuse que des fruits de la dernière année, mesure qui

(1) Loysel.

(2) Loysel.

prenait le nom de *fournissement* de la complainte. Ce sequestre était le premier chef de la complainte.

Le sequestre prononcé, le sergent adressait un rapport au juge, et les parties étaient assignées devant lui. Cet état de choses fut modifié peu à peu, et au temps de Lizet et d'Imbert, le sergent n'exécutait plus la commission que verbalement : « Et au cas d'opposition baillait assignation pour voir procéder à la maintenue judiciaire et au sequestre réel ». C'est ainsi que la procédure sur les lieux s'efface de la manière la plus complète. Il nous faut insister maintenant sur le second chef de procédure la *récréance*.

2° La partie dont le droit avait été reconnu fondé par le juge avait, en définitive, un intérêt sérieux à ne pas se voir déposséder de la chose contentieuse pendant le cours de l'instance. Aussi faisait-elle tous ses efforts pour obtenir du juge d'être mise en possession et se faire adjuger la récréance. Les conditions de l'adjudication de la récréance sont réglées par le *Grand Coutumier* dans les termes suivants :

« La récréance doit être faite et adjugée à celuy qui a » pour lui le droit commun et qui a intention mieux fondée, » et du quel cas est le plus favorable, comme à celuy qui a » plus cler droit et qui monstre titre et derniers exploicts, » et qui monstre son droict plus clèrement et plus évidem- » ment, et qui dernier est trouvé saisy, pourveu toutefois » quil ne soit opposé aux exploicts de la partie ».

Du reste, cette attribution que lui faisait le juge ne le dispensait point de donner caution, de rendre et de restituer tout, s'il venait à perdre le procès.

La position de l'héritier était excellente dans un procès de cette sorte, car il n'avait à prouver que deux choses : sa qualité de successeur, la simple possession de son auteur au moment du décès.

La saisine de droit procédant du titre héréditaire avait la même efficacité que celle qui résultait d'un titre d'acquisition à titre onéreux. Il était ressaisi sans plaid faire, mais,

213

bien entendu, sans rien préjuger sur le plaid possessoire.

Bref, toutes ces plaidoiries sur la récréance pouvaient être fort longues. Aussi l'ordonnance de Villers-Cotterets vint décider que la récréance et la maintenue, autrefois séparées et pouvant donner lieu à des enquêtes distinctes, « devaient être conduites par un seul procès et moyen ». « Enfin la pleine maintenue, ou sentence, au plein possessoire, avait pour objet de faire lever tous les empêchements à la saisine de celui qui prouvait avoir joui pendant l'an et jour qui précède la nouvelleté, et de forcer la partie adverse de rétablir les fruits et de donner les dommages et intérêts (*Grand Coutumier*, p. 153.) ».

# CODE CIVIL

---

## CHAPITRE I<sup>er</sup>.

### Généralités. — Transmission de la propriété.

Les rédacteurs du Code civil admirent le principe de la saisine héréditaire, tel à peu près que nous l'avons rencontré dans le dernier état du Droit coutumier, et ils l'ont consacré dans l'article 724, dont voici le texte : « Les héritiers légitimes sont saisis de plein droit des biens, droits et actions du défunt sous l'obligation d'acquitter toutes les charges de la succession. Les enfants naturels, l'époux survivant et l'État doivent se faire envoyer en possession par justice, dans les formes qui seront déterminées ».

Ce texte reproduit, quant au fond, la disposition de l'article 318 de la *Coutume de Paris,* mais il s'en éloigne par sa rédaction. L'ancienne formule *le mort saisit le vif* n'a plus sa raison d'être ; les besoins qui avaient exigé cette rédaction laconique et expressive ont depuis longtemps disparu. Elle ne serait plus aujourd'hui qu'un anachronisme. Ce n'est donc plus le mourant mais la loi qui saisit l'héritier, et si l'on recherche les motifs pour lesquels la saisine existe encore dans notre législation, on les trouvera dans les paroles prononcées par le tribun Siméon au Corps législatif : « Utile et belle conception au moyen de laquelle la pro-

priété ne reste jamais en suspens et reçoit, malgré les vicissitudes et l'instabilité de la vie, un caractère d'immutabilité
et de perpétuité. L'homme passe, ses biens et ses droits demeurent; il n'est plus, d'autres lui-même continuent sa possession et ferment subitement le vide qu'il allait laisser (1) ».

Ce que le législateur attend de la saisine, l'avantage qu'il
se propose d'en tirer, c'est donc de rendre la transmission
héréditaire aussi rapide et aussi complète que possible. Il
importe que le défunt ait immédiatement un représentant
dans la société, que sa personne soit continuée sans interruption par un autre lui-même, jouissant de tous ses droits,
de sa possession comme de sa propriété. Mais il succède
aussi à ses obligations; il est saisi du passif de la même
manière que de l'actif. Les créanciers du défunt sont intéressés à pouvoir exercer sur-le-champ leurs droits, et c'est
à eux que profite surtout la représentation non interrompue
de la personne de leur débiteur. Ainsi donc, la saisine n'est
accordée que sous l'obligation d'acquitter les charges de la
succession, ce qu'il faut comprendre ainsi : L'héritier, du
jour du décès de son auteur, sera, par la seule force de la
loi, tenu des dettes et legs et exposé aux poursuites immé-
diates des tiers intéressés.

On doit se garder ici d'une confusion que nous avons déjà
signalée et que pourrait faire naître l'article 724. Il faut
nettement distinguer la transmission de la propriété de celle
de la possession : La première est réglée par l'article 711,
applicable à tout successeur : la succession est un mode
d'acquisition reconnu par le Code civil, elle suffit à transférer la propriété sans le secours de la saisine. La seconde,
la transmission de la possession, est soumise à des règles,
différentes avec la classe de successeurs.

Tandis qu'aux uns la loi confère de plein droit la possession, elle force les autres à la demander. Telle est la distinc-

_____

(1) Locré, tome x, p. 282.

tion de l'article 724, qui ne signifie pas que les biens, droits et actions du défunt sont acquis du jour du décès aux héritiers, et seulement du jour de l'envoi en possession aux successeurs irréguliers; mais établit une différence entre ces personnes au point de vue de l'exercice du droit héréditaire immédiat chez les premiers, soumis à des conditions chez les seconds.

Le Code civil distingue donc deux classes de successeurs: les héritiers et les successeurs irréguliers (art. 723).

On entend par héritier *stricto sensu* les parents légitimes du *de cujus*. Les successeurs irréguliers sont les enfants naturels, le conjoint survivant, et l'Etat.

Cet article 723 est incomplet dans son ensemble à un double point de vue :

1° Il oublie les père et mère, les frères et sœurs de l'enfant naturel, qui sont cependant appelés à sa succession de préférence au conjoint survivant (art. 765, 766) et à l'Etat.

2° Il semble supposer que le concours des héritiers et des successeurs irréguliers est impossible, car il ne les appelle qu'à défaut d'héritiers légitimes. Appliquée d'une manière absolue, cette règle est inexacte. Les enfants naturels, en effet, concourent avec tous les héritiers légitimes ; ils n'en excluent aucun et ne sont exclus par aucun d'eux. Ce que l'on peut dire, c'est qu'ils n'ont droit à la totalité de la succession qu'à défaut d'héritiers légitimes. C'est peut-être dans ce sens qu'on doit interpréter l'article 723. Ce qui viendrait corroborer cette assertion, c'est l'obligation que l'article 724 impose aux successeurs irréguliers de demander à la justice l'envoi en possession. Or, cette nécessité n'en est une pour l'enfant naturel que pour le cas où il recueille la totalité des biens; lorsqu'il est en concours avec des héritiers légitimes, c'est à eux qu'il doit demander la délivrance. Il résulte de tout ceci que les successeurs irréguliers ne sont pas des héritiers *stricto sensu*. Les articles 756, 767, 768 appuient cette opinion. Mais il ne faudrait pas en tirer trop rigoureusement cette déduction que toutes les dispositions dans lesquelles la loi parle des héritiers ne leur soient pas applicables. Le mot héritier *lato sensu* comprend tous ceux que la loi appelle à recueillir une succession, et s'applique même aux successeurs irréguliers.

Aussi, pour savoir si une disposition applicable aux héritiers l'est aussi aux successeurs irréguliers, il faudra tenir compte de sa place et de sa nature.

La propriété s'acquiert, nous l'avons vu, et se transmet par toute succession, aux termes de l'article 711 ; et sur ce point les successeurs irréguliers sont sur le pied d'une égalité parfaite avec les héritiers ; ils l'obtiennent au même titre qu'eux, en vertu de la loi. Mais la possession est sujette à des règles toutes autres. Les héritiers légitimes sont saisis de plein droit, ils l'acquièrent en vertu de la loi ; les autres n'ont pas la saisine, mais doivent demander au tribunal l'envoi en possession. Malgré ces différences, les successeurs irréguliers et les héritiers sont soumis à quatre règles communes que nous allons successivement passer en revue :

I. — La capacité de tout successeur quel qu'il soit doit s'apprécier au moment précis de l'ouverture de la succession (art. 725). C'est à ce moment, en effet, qu'ils acquièrent la propriété des biens héréditaires ; c'est donc à ce moment que l'on doit se reporter pour apprécier s'ils sont ou non capables.

II. — C'est au moment du décès du *de cujus* qu'ils acquièrent la propriété des biens héréditaires par le seul effet de la loi, fussent-ils mineurs ou interdits, et il en serait ainsi, alors même qu'ils ignoreraient l'ouverture de la succession. Certains auteurs ont prétendu y voir un effet de la saisine, mais il est bien aisé de se convaincre qu'il y a là une erreur. Si l'on considère comme un résultat de la saisine légale l'acquisition de la succession et sa transmissibilité, il faudra nécessairement admettre que ceux-là seuls pourront acquérir et transmettre à *die mortis*, qui auront la saisine.

Or, les successeurs irréguliers pas plus que les légataires ne sont saisis, et pourtant on lit dans l'article 1014 : « Tout legs pur et simple donnera au légataire du testateur un droit à la chose léguée, droit transmissible à ses héritiers et ayants-cause ».

On ne saurait donc soutenir, en présence de ce texte, que les légataires n'acquièrent rien avant d'avoir obtenu la délivrance; et si la loi s'exprime de la sorte au sujet du légataire particulier, il n'y a pas de raison pour ne pas appliquer la même règle aux légataires universels ou à titre universel. Bien au contraire, il existe un argument *a fortiori* à faire valoir en leur faveur; et ce que nous disons de ces personnes, nous pouvons le répéter des héritiers irréguliers. L'article 724 les prive de la saisine qu'il accorde aux seuls héritiers légitimes, mais ils acquièrent de plein droit, dès l'instant de la mort, la propriété des biens héréditaires, aux termes de l'article 711. Que dit-il en effet? « La succession est un mode d'acquérir la propriété ». La succession irrégulière est une succession, donc elle doit en produire les effets et faire acquérir la propriété des biens héréditaires, dès l'instant de la mort, au même titre que la succession légitime.

Nous avons déjà vu, au commencement de cet ouvrage, de quelle manière s'opérait en Droit Romain l'acquisition de la propriété dans les hérédités. Il fallait distinguer l'acquisition de la délation de l'hérédité; elle était offerte (*delata*) pour ainsi dire au successeur, qui pouvait l'acquérir par une acceptation; mais jusque-là le successeur lui était étranger, et il ne l'acquérait d'une façon définitive, il ne devenait véritablement héritier que par l'adition; tel était le nom donné à Rome à l'acception. Il y avait pourtant deux classes d'héritiers qui, par suite de l'organisation de la famille romaine, faisaient exception au principe : c'étaient les héritiers siens et nécessaires et les héritiers nécessaires; ils acquéraient de plein droit et malgré eux la propriété des biens héréditaires *a die mortis*, sans que l'on pût distinguer à leur égard les deux moments de l'adition et de la délation de l'hérédité. Je reviens sur ces principes, pour bien faire sentir les différences qui existaient dans les deux législations française et romaine.

Nous avons vu que cette hérédité ouverte, mais point encore acquise, constituait ce que les Romains appelaient l'hérédité *jacens*. Elle n'était pas à proprement parler, une personne morale qui représentait la personne du défunt, comme l'admettent certains auteurs en donnant une trop grande extension au principe; cette fiction ne servait, en effet, qu'à faciliter certaines acquisitions aux esclaves héréditaires pendant la durée de la vacance de la succession.

En outre, en vertu d'une fiction nouvelle, qui n'est pas du tout une conséquence de la première, l'usucapion commencée par le défunt continuait au profit de l'héritier qui se trouvait usucaper sans avoir possédé pendant le temps qui s'était écoulé entre la dévolution et l'adition d'hérédité. Nous avons vu que cette doctrine des jurisconsultes romains n'avait jamais été suivie dans notre ancien Droit Français, même dans les pays de Droit écrit, et que les principes tout opposés du Droit coutumier avaient constamment prévalu. La succession est acquise à l'héritier dès l'instant de la mort du défunt, par la force même de la loi qui l'y appelle. (Pothier, *Traité des Successions*, ch. III, § 2.)

Les rédacteurs du Code civil ont complètement adopté la théorie nationale que les siècles avaient consacrée. Ils admettent que non-seulement la propriété mais encore la possession des biens héréditaires sont tranférées de plein droit sur la tête de l'héritier, même à son insu, par la force seule de la loi.

Si nous rencontrons encore le mot adition dans l'article 777, c'est que les mots survivent souvent aux idées qu'ils avaient mission d'exprimer jadis ; mais ce serait une erreur monstrueuse que d'attribuer à ce mot, dans l'interprétation de cet article, le sens que lui attribuaient les jurisconsultes romains. Une autre conséquence évidente, c'est que, chez nous, il ne saurait plus être question d'hérédité jacente dans le sens romain. Cette fiction y était nécessaire, parce que personne ne pouvait se dire propriétaire ni possesseur des biens héréditaires. Mais quelle serait son utilité dans une législation où, dès le moment de la mort du défunt, la propriété et la possession de l'hérédité reposent sur la tête de l'héritier présomptif? Et pourtant, les meilleurs jurisconsultes, les Merlin, les Pothier, reproduisent la théorie romaine en s'ingéniant à la rattacher au principe coutumier. Vains efforts! La fiction coutumière diffère essentiellement et dans le point de départ, et dans ses conséquences.

Le principe nouveau, relatif à la transmission de la propriété des biens héréditaires, ne s'applique pas seulement aux héritiers *stricto sensu*, mais encore aux successeurs irréguliers.

Nous avons vu, il y a un instant, que les successeurs irréguliers, les légataires, acquièrent de plein droit, dès l'instant de la mort du *de cujus*, la propriété des biens héréditaires.

Nous ne pourrions que répéter ici les arguments que nous invoquions tout à l'heure, pour expliquer cette transmission immédiate du patrimoine du *de cujus;* nous nous contenterons d'indiquer simplement qu'en ce qui concerne les donataires par contrat de mariage, la question est plus compliquée, car leur droit tient tout à la fois de la donation et du testament. Nous y reviendrons plus tard (art. 1082).

Maintenant, si nous nous demandons quel est le fondement de cette transmission de la propriété en usage dans notre pays, nous serons forcés d'avouer que la théorie romaine est bien plus juridique et bien plus naturelle. On comprend difficilement, en effet, qu'on acquiert la propriété de certains biens sans aucune manifestation de volonté. A

Rome, précisément, c'était le but de l'adition. Je sais bien que l'on pourra m'objecter que la loi romaine ne restait point fidèle, dans tous les cas, à son système, et qu'elle faisait une exception pour les héritiers nécessaires. La réponse est facile. Il ne pouvait être question d'une manifestation de volonté chez des successibles qui étaient héritiers malgré eux.

Ce n'est pas cette institution romaine qui pourra nous fournir l'explication de la théorie du Code civil, car la loi frnçaise n'admet pas d'héritiers nécessaires. Fidèle aux anciens principes que nous avons vu proclamer si souvent par notre ancienne jurisprudence, elle a consacré dans l'article 775 la vieille maxime coutumière : « Nul n'est héritier qui ne veut ». Il faut donc une manifestation de volonté; mais, remarquons-le bien, cette manifestation ne fait pas acquérir l'hérédité. Elle ne fait que confirmer une acquisition préexistante. Et du reste, l'héritier est toujours libre de prendre un autre parti : si la succession à laquelle il est appelé lui semble onéreuse, s'il ne veut pas s'en charger, il peut y renoncer. Alors il sera censé n'avoir jamais été héritier, jamais les biens héréditaires n'auront été transportés sur sa tête.

Pourquoi donc alors, puisqu'il faut une manifestation de volonté, la loi française n'a-t-elle pas adopté la théorie si rationnelle de l'adition?

Il nous faut remonter jusque dans la Germanie pour trouver la solution de ce problème.

Il a été souvent parlé dans cette Thèse du *condominium*, de cette copropriété familiale source de notre régime successoral. Tous les membres de la famille, nous le savons, étaient copropriétaires *in solidum* des biens qui appartenaient à chacun d'eux, et, à l'origine, ce principe avait une telle vigueur, que les enfants pouvaient s'en prévaloir même du vivant du père de famille. Il y avait là évidemment une exagération qui devait disparaître avec les Coutumes, mais l'ensemble du système subsista en ce sens, que le droit de propriété ne devint plus efficace qu'au décès du propriétaire. Ceci explique comment nulle manifestation de volonté n'est nécessaire. Car ce n'est pas, à proprement parler, une acquisition nouvelle, mais une continuation de propriété que fait l'héritier.

Cette acquisition de la propriété est souvent désignée dans les auteurs sous le nom de *saisine de la propriété*. Lebrun, Pothier lui-même emploient ces mots dans le sens que nous indiquons. Mais il serait dangereux de suivre cet exemple, et on serait amené presque fatalement à une confusion fâcheuse de deux idées fort différentes. Le mot saisine désignerait, en effet, la transmission de la propriété et de la possession. Or, s'il existe des héritiers qui sont saisis de l'une et de l'autre, il en est d'autres, au contraire, qui, tout en étant devenus propriétaires de plein droit, ne sont pas saisis de la possession. Ils sont donc dans cette situation singulière qu'ils ont la propriété, et non pas la saisine. Aussi vaut-il mieux parler de transmission de propriété, et réserver le mot *saisine* pour la transmission de la possession.

Du reste, n'était-ce pas là le véritable sens que les auteurs anciens attachaient au mot *saisine* ? Tiraqueau, Dumoulin ne le traduisaient-ils pas ainsi : « Mortuus facit vivum posses- » sorem, nota quod virtus et effectus illius consuetudinis » nihil aliud est quam continuatio possessionis a moriente » in heredem ». Mais sans aller chercher aussi loin les preuves à l'appui de notre système, le seul texte que le Code civil consacre à cette matière prouve que le mot *saisine* désigne spécialement la transmission de la possession. Il oppose aux héritiers les successeurs irréguliers, les premiers sont saisis, les seconds ne le sont pas. En quoi consiste la différence ? En ce que les successeurs irréguliers doivent se faire envoyer en possession. Donc la saisine est relative à la transmission de la possession.

III. — La troisième règle commune consiste en ce que

tout successible appelé à recueillir une succession a la faculté de l'accepter ou d'y renoncer. Quoique devenu propriétaire de plein droit des biens héréditaires, en vertu de la loi, il ne peut être héritier malgré lui; la législation française n'admet pas les héritiers nécessaires. Il y aurait une injustice flagrante à imposer à un homme une succession onéreuse, à le forcer à subir les conséquences d'une gestion maladroite, à le rendre responsable des fautes d'autrui, et cela sans manifestation de volonté. Ainsi donc, le successible peut renoncer, comme l'héritier volontaire des Romains. Mais il ne faudrait pas croire pourtant que la position des deux appelés fût la même dans les deux législations. Il y a entre la renonciation de l'un et de l'autre une immense différence. Pendant que le successeur romain, lui, ne devient propriétaire que par l'adition, le successible français, au contraire, est propriétaire des biens héréditaires dès l'instant du décès du *de cujus*. En renonçant, le premier ne perd aucun bien, n'abdique aucune propriété, il n'est ni plus riche ni plus pauvre. Le second, au contraire, déjà propriétaire au moment où il renonce, abandonne des biens qui sont entrés dans son patrimoine. D'où résulte une importante différence pour l'action Paulienne.

On ne doit pourtant pas non plus exagérer le principe de la saisine. Certainement l'héritier qui renonce abdique un droit dont la loi l'avait investi, mais il ne faudrait pas aller jusqu'à dire qu'il transmet la propriété à l'héritier du degré subséquent. Ce serait alors une véritable aliénation, et s'il y avait aliénation, il y aurait acceptation de l'hérédité. Ce cerait là évidemment deux idées contradictoires. Néanmoins, il y a un fait certain, c'est que, jusqu'à la renonciation, l'héritier est saisi et en conséquence propriétaire. La renonciation a donc un effet rétroactif, elle remonte dans le passé, elle efface ce qui a existé jusqu'alors, et, par une sorte de fiction, l'héritier est censé ne l'avoir jamais été et n'avoir jamais eu la propriété des biens héréditaires.

Accepte-t-il, au contraire, il assure la transmission de propriété qui s'était opérée en vertu de la loi ; il fixe d'une façon irrévocable sur sa tête les biens du défunt, qui font dès lors partie de son patrimoine, et à son décès il les transmet à ses héritiers, comme les siens propres, dans sa propre succession.

IV. — L'héritier vient à mourir avant d'avoir exercé son droit héréditaire, c'est-à-dire avant d'avoir opté entre l'acceptation et la renonciation. Que vont devenir ses droits ? La solution de cette question découle du principe même de la transmission de la propriété des biens héréditaires ; ils lui appartiennent, ils font partie de son patrimoine, et sont transmis à ses héritiers avec les biens qui le composent. Ses héritiers trouveront donc dans sa succession son droit héréditaire, et ils pourront l'exercer comme leur auteur. C'est en cela que consiste la transmissibilité du droit.

Les héritiers ont donc, comme leur auteur, la faculté d'accepter ou de renoncer, seulement, ce droit se trouve dans la succession à laquelle ils sont appelés. Et la première condition pour qu'ils puissent l'exercer, c'est qu'ils acceptent l'hérédité dont il fait partie. En cas de renonciation à la succession de leur parent, ils ne pourraient élever aucune prétention sur la succession qui lui était échue. Si plusieurs cohéritiers sont en présence et qu'ils ne soient pas d'accord sur le parti à prendre, que va-t-il arriver ? Nous examinerons cette question dans le prochain chapitre.

# CHAPITRE II.

## De la saisine des héritiers légitimes,

Il n'y a donc aucune différence entre les héritiers légitimes et les successeurs irréguliers au point de vue de la transmission de la propriété; elle passe de la même manière sur la tête des uns et des autres.

Mais il n'en est plus de même pour la transmission de la possession, pour nous la véritable saisine, et pour l'exercice des droits dont l'héritier est devenu propriétaire au moment de l'ouverture de la succession. La loi fait tout d'abord une distinction entre les héritiers légitimes et les successeurs irréguliers; aux premiers elle accorde la saisine, aux autres elle la refuse. Il faudra donc examiner successivement la situation respective de ces deux catégories de successeurs. Nous ne traiterons ici que de la succession *ab intestat;* nous renvoyons à un autre chapitre l'hérédité testamentaire.

Les héritiers légitimes sont saisis de plein droit; ils acquièrent la possession comme ils acquièrent la propriété de plein droit; ils n'ont besoin ni d'appréhender la succession, ni de manifester une volonté quelconque; c'est la loi qui les investit. Il serait peut-être bon, avant d'entrer dans le détail de cette difficile matière, avant de passer au système adopté par les rédacteurs du Code civil, de rappeler quel était le sens et l'origine probable de cette institution si fameuse dans la législation ancienne.

Prise dans son acception générale, la saisine consiste non pas dans la possession elle-même, mais dans une qualité de la possession, qui la rend susceptible d'effets civils. L'intelligence donne à la possession, qui n'est qu'un fait, la force d'un droit.

Ce n'est pas là, nous le savons, le sens de la saisine héréditaire ; celle-ci est une fiction en vertu de laquelle la loi, au moment de la mort d'une personne, met son héritier le plus proche en possession de tous ses biens. C'est l'idée qu'exprimait à peu près la maxime coutumière. Nulle appréhension physique, nulle volonté d'acquérir la possession n'est nécessaire. La fiction consiste en ce que ni l'*animus* ni le *corpus*, ces deux éléments essentiels de toute possession, ne sont exigés. Elle ne nous a pas été léguée par le Droit Romain ; les jurisconsultes de cette nation éminemment juridique, si rigoureux dans leurs déductions, n'auraient pas pu admettre que l'héritier acquît la possession des biens du défunt à son insu, sans aucun acte matériel d'appréhension. Ils avaient bien des héritiers nécessaires, mais, s'ils devenaient propriétaires malgré eux, ils ne devenaient point possesseurs de plein droit ; cette doctrine eût constitué à leurs yeux une véritable hérésie.

Nous avons admis, au commencement de cet ouvrage, que la première origine de la saisine héréditaire se trouvait dans la *rechte gewere* du Droit Germanique. Elle était attribuée, par anticipation ou par continuation, à celui qui n'avait pas la possession de fait, soit qu'il ne l'ait jamais eue, soit qu'il l'ait perdue. Parmi les cas d'application de cette *rechte gewere* se trouvait la saisine héréditaire ; c'est la saisine de droit qui passe aux héritiers à partir du décès.

C'était bien là une véritable fiction, car, en Germanie, celui-là seul était considéré comme le légitime représentant de la propriété territoriale, qui avait été reconnu comme tel par la commune dont il faisait partie. Cette reconnaissance publique, résultant d'un jugement ou d'une tradition solennelle, lui conférait seule le droit d'avoir la chose en sa puissance et de la défendre ; ce droit, c'était la saisine.

A quelle idée se rattachait-il ? Nous avons admis qu'il découlait de la copropriété familiale. Nous nous sommes longuement étendus sur l'état social des Germains habitant encore le sol de leur patrie, nous l'y avons vu libre et indépendant au fond de ses forêts. Il conquiert la France, et lui, le vainqueur, l'homme libre, il y trouve la servitude. La terre asservit à son tour celui qui l'a dominée un instant. La féodalité jette ses racines profondes jusqu'au fond du corps social, et la lutte commence entre les seigneurs et les légistes, leurs ennemis déclarés.

Nous avons vu ce que devint la saisine dans le monde féodal et dans le Droit coutumier. A l'origine, cette saisine n'est d'abord qu'une saisine de droit, l'héritier continue la possession du défunt, quoiqu'il n'ait pas appréhendé de fait l'hérédité ; mais pour avoir une saisine entière, il fallait qu'il se mît en possession des biens, comme il en avait le droit.

Plus tard, et il est très-difficile de déterminer d'une façon certaine et les causes et l'époque, cette saisine de droit équivalut à une saisine de fait, si bien qu'en vertu de cette fiction, l'héritier, sans aucun acte matériel d'appréhension, était censé posséder les choses héréditaires.

Les rédacteurs du Code civil ont admis la même règle dans l'article 724. Seulement, c'est la loi aujourd'hui, et non plus le mort, qui saisit l'héritier. La possession qui se continue ainsi par les mains de l'héritier, c'est la possession du défunt elle-même, ce n'est pas une possession nouvelle.

## SECTION I.

### Des effets de la saisine.

La généralité des auteurs lui attribuent cinq effets principaux. Mais nous allons voir que, dans beaucoup de cas, ils ont fait une véritable confusion entre les effets de la qualité d'héritiers et ceux de la saisine.

A. L'acquisition immédiate par l'héritier, alors même

qu'il est incapable ou qu'il ignore l'ouverture de la succession, de tous les droits du défunt, à partir du décès de celui-
ci. Nous avons déjà démontré l'inexactitude de cette assertion. Cette acquisition est une conséquence immédiate de la
qualité d'héritier, et pas du tout de la saisine.

в. On signale, en second lieu, comme une conséquence
de la saisine, la transmissibilité du droit héréditaire. C'est
par l'effet de la saisine, dit-on, qu'il entre dans le patrimoine
de l'héritier et se transmet à ses successeurs universels avec
ses propres biens dans le cas où lui-même viendrait à décéder avant d'avoir pris parti.

Comme dans la première hypothèse, il y a là une inexactitude, et ce système peut être combattu par les mêmes
armes. Si l'héritier transmet son droit, c'est qu'il est devenu
propriétaire en vertu de la loi, et non point parce qu'il est
saisi. En voici la preuve : Le légataire particulier n'a jamais
la saisine, et, pourtant, il transmet son droit à ses héritiers.

L'héritier qui n'a pas pris parti transmet donc sa succession avec le droit qu'il avait lui-même d'accepter ou de renoncer. L'application de cette règle ne souffre aucun empê-
chement quand l'héritier décédé ne laisse qu'un héritier;
elle pourrait soulever, au contraire, une bien grave difficulté s'il en laissait plusieurs, elle se présenterait dans le
cas où, parmi ces successeurs, les uns voudraient se prononcer pour l'acceptation, les autres pour la renonciation.
Comment régler cette situation?

Dans l'ancien Droit, le juge était chargé d'examiner le
*quid utilius*, et de faire prévaloir le parti qui eût été le plus
avantageux, dans la circonstance, à la majorité des héritiers.

Notre article 782 repousse l'intervention de la justice et
décide que la succession devra toujours être acceptée sous
bénéfice d'inventaire.

Ces solutions, bien que fort différentes, reposent pourtant
sur une même idée. On a considéré qu'un héritier ne pou-

vait pas scinder le parti qu'il adopte, ceux qui le représen-
tent ne devaient pas non plus avoir le droit de diviser leur
acceptation ou leur répudiation.

C'est pourquoi on leur a imposé l'obligation de prendre
un parti uniforme, et le Code, voulant supprimer les difficultés possibles auxquelles donnait lieu dans l'ancien Droit
l'appréciation de faits soumis aux juges, a proscrit d'une
manière invariable l'acceptation bénéficiaire. C'est là un bien
mauvais remède ; les rédacteurs du Code n'ont pas réfléchi
aux conséquences désastreuses que pouvait avoir l'acceptation bénéficiaire au point de vue du rapport. Elle offre dans
cette hypothèse les mêmes dangers que l'acceptation pure
et simple. Elle peut exposer les successeurs à une perte si
les biens rapportés ont une valeur plus considérable que la
part qui doit revenir dans la succession. L'article 782 rendra
ce préjudice inévitable sur la simple opposition d'un des
héritiers, opposition qui naîtra souvent d'une entente avec
les personnes intéressées au rapport. En présence de ces
dangers, un grand nombre d'auteurs ont proposé de limiter
l'article 782 au cas où l'acceptation bénéficiaire ne peut
nuire à personne, c'est-à-dire au cas où il n'y a pas lieu au
rapport. Dans l'hypothèse contraire, on suivrait la doctrine
de l'ancien Droit. Les tribunaux pourraient, suivant les circonstances, ou bien prescrire la renonciation, ou bien autoriser les partisans de l'acceptation à se porter héritier au
nom de tous, mais à leurs risques et périls (1). Nous ne pouvons admettre un pareil système, car ce serait corriger la
loi.

L'article 782 est clair et formel. Les héritiers n'auront
contre la fraude que la ressource du Droit commun : ils devront la prouver.

Seulement, la preuve sera facile, si la demande d'acceptation a été formulée par celui-là même qui devait profiter

(1) Demante, t. III, n° 103 bis, II.

du rapport ; ce qui arrivera dans le cas où l'un d'entre eux serait appelé à la fois aux deux successions.

La loi eût été plus sage de permettre à chacun des héritiers d'accepter ou de répudier pour sa part, mais elle ne l'a point fait.

c. L'acquisition des fruits par l'héritier saisi est-il une conséquence de la saisine? Proudhon (t. I, p. 270, *De l'usufruit*) tient pour cette opinion.

Je crois qu'ici encore il y a une inexactitude : si l'héritier acquiert les fruits, c'est qu'il est propriétaire des biens. Nous sommes en face d'une application de l'article 547, à n'en pas douter, car le légataire universel, dans le cas où il n'a pas la saisine, a pourtant droit aux fruits (art. 1005). Donc, l'acquisition des fruits n'est point une suite de la saisine, c'est une suite du droit de propriété.

Si la loi fait exception à la règle pour le légataire particulier (1014) et pour le légataire universel dans certains cas (1005), c'est que ces légataires sont en concours avec des héritiers légitimes. L'exception ici confirme la règle.

d. Le quatrième effet rattaché par les auteurs à la saisine, c'est la continuation et la représentation de la personne du défunt par ses héritiers, et par suite l'obligation aux dettes *ultra vires*. La vérité est que c'est là un effet de la qualité même d'héritier, et non pas de la saisine. En Droit Romain, l'héritier volontaire continuait la personne du *de cujus*, et pourtant il n'avait pas de saisine ; à plus forte raison devrait-il en être de même dans notre législation, où nous avons vu que le droit de succession reposait sur l'idée d'une copropriété de famille, où l'héritier, du vivant même de son auteur, a dans ses biens une sorte de *condominium* latent, qui prendra vie au décès de celui-ci. Que fait le successible? Il continue, après la mort du *de cujus*, cette communauté d'intérêts et de biens qui les a liés pendant leur vie, et cette confusion même dans les intérêts matériels devait nécessairement amener la continuation de la personne.

Au point de vue des principes, ce raisonnement semble inattaquable. Il reste à savoir s'il est conforme à la loi. L'article 724 rattache à la saisine l'obligation de payer toutes les dettes du défunt, puisqu'il déclare que les héritiers légitimes sont saisis de plein droit des biens, droits et actions du défunt. C'est en même temps le seul article qui impose à l'héritier l'obligation de payer toutes les charges de la succession. En disant toutes, la loi entend bien qu'il les paiera *ultra vires.*

Notre article suppose donc que l'héritier continue la personne du défunt, et il rattache à la saisine la continuation de la personne, en même temps que l'obligation de payer les dettes *ultra vires.* Il y a là, évidemment, une confusion. Les rédacteurs du Code civil ont fait produire à la saisine des effets qu'elle n'avait pas, et, en raisonnant d'une façon rigoureuse, il faut reconnaître que si l'héritier est tenu aux dettes *ultra vires,* il le doit à sa qualité de représentant de la personne ; mais enfin le texte existe, nous ne pouvons le changer.

Du reste, dans l'ancien Droit, il y avait aussi chez les auteurs une grande tendance à établir ce principe que quiconque avait la saisine, était tenu des dettes *ultra vires.* L'erreur ne serait donc pas nouvelle ; nous avons, du reste, examiné la question en son lieu. Bref, il résulte de tout ceci que l'article 724 établit une règle générale. Tout successible saisi sera par cela même tenu de solder les dettes *ultra vires.* Je ne crois pourtant pas que le principe soit absolu, et je ne puis aller jusqu'à admettre que le légataire universel, quand il aura la saisine, constituera un véritable héritier légitime pour les droits et obligations.

Toujours est-il qu'en l'absence de la saisine, les successeurs ne seront considérés que comme succédant aux biens et non à la personne, et ils ne seront jamais obligés que jusqu'à concurrence de la quote-part qui leur échoiera en partage. Ce sera le cas des successeurs irréguliers.

M. Demolombe n'admet pas notre principe. C'est à l'influence du Droit Romain, qui a introduit en France le principe de la succession universelle, de l'*unitas personnœ*, qu'il attribue l'obligation de payer les dettes *ultra vires* imposées à l'héritier. C'est de ce temps, dit-il, que, voyant réunis dans le même sujet la saisine et l'obligation de payer les dettes *ultra vires*, on s'accoutuma à dire que cette obligation dérivait de la saisine.

Pour lui, même sous l'empire du Code, c'est là une conséquence de la succession *in universum jus defuncti*, de telle sorte que quiconque, saisi ou non saisi, deviendra successeur universel ou à titre universel du défunt, sera tenu personnellement, par l'effet de cette qualité, de payer même *ultra vires* les dettes héréditaires pour le tout ou pour sa part et portion.

Le mot *charges*, de l'article 724, ne comprend pas seulement les dettes héréditaires, il embrasse encore dans son acception les frais funéraires, les frais de délivrance, etc., en un mot, toutes les obligations qui ont pesé sur le défunt; et les frais funéraires rentrent jusqu'à un certain point dans cette catégorie, puisqu'ils ont été faits en son honneur et pour son service. Faut-il faire entrer les legs dans les charges de la succession? Oui, certainement. Mais une question très-importante et fort discutée, c'est de savoir quelle est l'étendue de l'obligation de l'héritier pur et simple vis-à-vis des légataires. Est-il tenu *ultra vires*, ou bien, au contraire, dans les bornes de la succession? Pour soutenir que dans les legs l'héritier pur et simple n'est pas tenu *ultra vires*, on invoque trois sortes d'arguments :

1° L'héritier pur et simple est tenu des dettes *ultra vires;* c'est qu'il représente le défunt, et qu'il est débiteur de tout ce dont ce dernier était débiteur. Cette règle ne saurait recevoir ici son application, car jamais le testateur n'a été débiteur des legs : *Defunctus non debuit legata*. (Donneau.)

L'héritier s'est engagé vis-à-vis du légataire, c'est vrai,

en appréhendant le patrimoine dont les legs font partie. Mais on ne saurait soutenir que l'héritier doit payer les legs *ultra vires* comme les dettes, car les causes de ces obligations ne sont pas les mêmes ; ce serait même aller contre la raison, que de mettre ces deux choses sur la même ligne. Car, si l'on comprend qu'un héritier, par respect pour la mémoire de celui qui n'est plus, accepte une succession onéreuse et paie les dettes sur ses biens particuliers, ce sentiment louable n'existe plus lorsqu'il s'agit d'acquitter des legs immodérés, dont l'inexécution importe assez peu à la mémoire du défunt. Non, on ne saurait attribuer au testateur le droit d'engager les biens personnels de son héritier à l'accomplissement de ses dernières volontés, pas plus qu'à l'héritier l'intention de consacrer ses propres ressources aux libéralités excessives du défunt.

Jamais le Droit Romain, à l'époque classique, n'admit un pareil principe. Ce fut Justinien qui, le premier, pour assurer la prépondérance au bénéfice d'inventaire qu'il avait créé, soumit, à titre de peine, les héritiers qui n'avaient pas accepté la succession suivant ses prescriptions, au paiement intégral des legs. Ce principe nouveau a pu s'appliquer peut-être dans quelques provinces du Droit écrit, mais il n'a jamais pénétré dans les pays de Coutume. Les rédacteurs du Code civil, dans cette importante question, ont suivi leurs devanciers, et s'ils avaient voulu déroger à cette règle généralement admise chez nos coutumiers, que l'héritier n'est jamais tenu des legs qu'*intra vires*, ils l'auraient fait dans une disposition formelle.

2° Bien loin de là, les textes que nous opposent les partisans du système adverse ne sont pas concluants ; ils invoquent les articles 724 et 873 : 1° L'article 724, qui oblige les héritiers à toutes les dettes et charges de la succession, et ils veulent en tirer la preuve, d'abord que les legs sont compris dans le mot *charges*; en second lieu, que l'héritier en est tenu *ultra vires*. On peut répondre que les legs ne

sont pas compris dans le mot *charges*, parce que les articles 1000, 1012 et 1013 prennent précisément le soin d'établir la distinction entre les legs et les charges de la succession. De plus, en admettant même que le terme générique
*charges* embrasse les legs, l'article 721 ne ferait que déterminer les obligations de l'héritier sans s'occuper de leur
étendue.

Quant à l'article 783, on cherche aussi à en faire résulter
pour l'héritier pur et simple l'obligation aux legs *ultra vires*,
en se fondant sur ce qu'il ne peut éviter les pertes que
lui causerait la découverte d'un testament postérieurement à son acceptation, qu'en la faisant rescinder; mais on
peut donner de cet article deux explications qui, ni l'une ni
l'autre, n'ont pour conséquence l'obligation pour l'héritier
de payer les legs *ultra vires*. La disposition de l'article 783
peut parfaitement trouver sa place et avoir sa raison d'être,
sans que l'on soit obligé de supposer que l'héritier soit tenu
indéfiniment des legs. Il peut éprouver de sérieux préjudices
sans cette circonstance, et par conséquent avoir le droit de
réclamer le bénéfice de l'article 783. Si l'héritier, en effet,
s'est soumis à l'obligation de payer toutes les dettes, c'est
qu'il comptait sur la totalité de l'actif. Or, il arrive, en fait,
qu'il paie les dettes connues; puis un testament se découvre
contenant des legs qu'il est obligé d'acquitter aussi, car il ne
dépassent pas l'actif; enfin, au moment où il se croit libéré,
surgissent de nouvelles créances qu'il devra éteindre sur ses
ressources personnelles. Il y aura donc lieu, dans ce cas, de
recourir à l'application de l'article 783; et il ne faut pas
venir objecter que, dans notre système, l'héritier se retournera contre les légataires indûment payés, car il pourrait arriver qu'ils fussent insolvables, et cette dernière
voie de salut lui serait alors enlevée. Donc, voilà un premier cas où il n'est pas besoin de supposer l'héritier tenu
des legs *ultra vires* pour expliquer la disposition de l'article 783.

Une seconde explication consiste à voir dans l'article 783 un secours accordé à l'héritier contre la lésion qui pourrait résulter pour lui, par suite de la découverte d'un testament, du rapport qu'il aurait fait à ses cohéritiers en acceptant purement et simplement, voire même sous bénéfice d'inventaire.

Voici l'hypothèse prévue : Un homme meurt laissant une succession de 200,000 fr. et deux héritiers; il a donné à l'un, par acte entre vifs, 100,000 fr. sans dispense de rapport. Celui-ci accepte la succession, car il en retirera 150,000 fr.; mais quelque temps après on trouve un testament contenant 160,000 fr. de legs, la succession tombe immédiatement au chiffre de 140,000 fr. La position de l'héritier va bien changer, puisqu'il a rapporté 100,000 fr., et qu'en définitive il ne retirera plus que 70,000 fr. du nouveau partage; son acceptation lui fait donc subir une perte de 30,000 fr. C'est évidemment le cas que prévoit l'article 783, car ici la lésion atteindra aussi bien l'héritier pur et simple que l'héritier bénéficiaire. S'il s'agissait, en effet, d'une lésion ordinaire que l'héritier aurait pu éviter au moyen du bénéfice d'inventaire, le législateur ne l'aurait certainement pas relevé des conséquences de la faute qu'il aurait commise en demeurant héritier pur et simple. Il fallait donc, pour donner une explication plausible à cet article 783, trouver une hypothèse où le bénéfice d'inventaire ne suffirait plus à garantir l'héritier; c'est celle que nous avons développée. On peut donc en conclure que l'article 783 n'implique nullement que l'héritier pur et simple soit tenu des legs *ultra vires*.

3° Enfin, pour terminer l'exposé de cette théorie, nous citerons les articles 802 et 1017, qui en font ressortir la vérité. Que suppose l'article 802? Que l'héritier, grâce au bénéfice d'inventaire, ne sera tenu des dettes qu'*intra vires successionis*. Ne résulte-t-il pas de cette idée même que l'héritier n'aura pas besoin de se prémunir du bénéfice d'inventaire pour ne pas être forcé de payer les legs au delà des forces de l'hérédité? On peut, enfin, expliquer d'une façon naturelle la fin de l'article qui semble servir le système adverse. L'héritier, y est-il dit, peut même, en abandonnant tous les biens aux créanciers et aux légataires, éviter les ennuis et les dangers qu'entraînerait le paiement des dettes. Il semblerait en effet, à première vue, que l'article assimile ces deux classes de personnes ; mais on expliquera facilement la présence, dans le texte, du mot *légataire*, si l'on réfléchit que le bénéfice d'inventaire n'a pas son utilité simplement au point de vue des créanciers, mais qu'il assure à l'héritier bénéficiaire une situation plus favorable vis-à-vis des légataires. Car, tout en admettant que l'héritier pur et simple ne soit tenu des legs qu'*intra vires*, il y est tenu néanmoins dans cette proportion sur ses biens personnels, tandis que l'héritier bénéficiaire ne peut jamais être poursuivi que sur les biens de la succession.

Quant à l'article 1017, il tranche toutes les difficultés de cette matière épineuse ; il ne fait aucune distinction entre les héritiers et les débiteurs de legs ; il les place sur le même rang. Or, quels sont ces autres débiteurs de legs ? Des légataires universels, ou à titre universel, ou à titre particulier, qui pourraient être grevés d'un legs. Or jamais la loi, que je sache, n'aurait eu l'idée de déclarer un légataire particulier tenu d'un legs *ultra vires*. L'héritier pur et simple ne le sera pas davantage, puisque la loi les met avec l'article 1017 sur la même ligne.

Je ne me range pas à ce système, et je me fonde sur les arguments qui suivent : L'article 724 est formel et général dans ses termes, et le mot *toutes les charges* qu'il emploie embrasse nécessairement les legs. Je ne puis pas adopter l'opinion de certains auteurs qui prétendent que ce mot ne vise que les frais funéraires ; comment admettre que les rédacteurs du Code civil se soient servis d'expressions si absolues et si générales, pour arriver à désigner une chose d'aussi mince intérêt que les frais funéraires, tandis qu'il n'aurait pris aucun souci de charges aussi importantes que les legs? Ce serait prêter au législateur une idée singulière.

Je ne crois pas que les arguments tirés des articles 1000 et 1013 aient une grande valeur; ils ne peuvent prouver qu'une chose, c'est que le sens du mot *charge* varie avec l'espèce dans laquelle il est employé, et qu'il est susceptible de plus ou moins d'étendue dans son acception.

Quant à l'article 1017, on a essayé d'en tirer cette conséquence, que les héritiers ne sont jamais tenus d'acquitter les legs au delà de leur émolument, en se fondant sur son texte même : « Les héritiers du testateur, ou autres débiteurs d'un legs seront personnellement tenus de l'acquitter chacun au *prorata* de sa part et portion dont ils profiteront dans la succession ». On s'est appuyé surtout sur les mots *dont ils profiteront* pour soutenir le système. Mais cet article n'a absolument pour but que de régler une question de répartition entre les intéressés, et il n'a nullement rapport à l'étendue et au montant de la contribution de chacun. Cet article 1017 n'est que le pendant de l'article 870, qui oblige les cohéritiers à contribuer entre eux au *prorata* de leur émolument à l'extinction des dettes et charges de la succession, ce qui ne les empêche pas d'en être chacun tenu pour leur part *ultra vires*.

Enfin, le second argument que l'on emprunte à cet article est absolument faux. On a conclu de ce fait, qu'il s'appliquait à tous les débiteurs de legs indistinctement, soit héritier, soit légataire universel ou particulier, qu'ils devaient tous être traités de la même manière. Or, le légataire particulier ne pouvant être tenu de l'acquittement d'un legs *ultra vires*, on a décidé que les héritiers ne le pouvaient pas plus que lui. Mais ce raisonnement n'est pas exact, si l'on songe que les héritiers ne sont tenus *ultra vires*, que parce qu'ils sont les continuateurs de la personne, ce que ne sauraient jamais être des légataires particuliers. On ne saurait donc rien tirer de cet article; et nous allons voir maintenant que l'article 783, sur lequel nos adversaires fondent leur plus grande espérance, va fournir la preuve la plus évidente de la vérité de notre système.

Que décide, en effet, cet article? « Un héritier peut attaquer l'acceptation expresse ou tacite qu'il a faite d'une succession, dans le cas où elle se trouverait absorbée ou diminuée de plus de moitié par la découverte d'un testament inconnu au moment de l'acceptation ». (Art. 783.)

Or, il serait impossible de donner de ce texte une explication satisfaisante et de comprendre comment la découverte postérieure d'un testament serait une cause de lésion, si l'héritier n'est pas tenu des legs *ultra vires*.

C'est là la seule solution admissible; et, en réfutant les deux explications successives que fournissent de cet article 783 les partisans de l'opinion contraire, je démontrerai par cela même que nous sommes seuls dans le vrai.

La première explication, celle où nos adversaires supposent que l'héritier pourra subir une lésion si de nouvelles dettes viennent à surgir, après qu'il aura acquitté les dettes et legs déjà connus, ne me semble pas exacte, parce que notre article 783 ne régit que les cas où il existe une lésion véritable, certaine, entraînant un dommage immédiat et effectif. Or, le système adverse admet l'application de l'article dans l'hypothèse même où la lésion ne serait qu'à l'état d'éventualité probable. Bien plus, pour soutenir leur opinion, nos adversaires, sans se tenir aux termes mêmes de l'article qui fait naître la lésion de la découverte d'un testament inconnu, font produire le même résultat à la découverte postérieure de nouvelles dettes ou à l'insolvabilité possible des légataires qui auraient été payés. Ce n'est pas suivre la loi, c'est la faire.

La seconde n'est pas plus concluante. Je ne veux pas dire que l'article 783 ne soit pas applicable à l'hypothèse prévue par les auteurs de l'opinion contraire, mais je crois qu'il est conçu dans un esprit trop général, pour ne viser qu'une espèce assez rare et où on doit supposer réunies une foule de circonstances; car il faut d'abord trouver une lésion contre laquelle l'héritier n'aurait même pas pu se garantir par le bénéfice d'inventaire, et une succession dévolue à plusieurs cohéritiers, puisque le rapport ne saurait exister sans ce fait. Enfin, ne serait-il pas bizarre que le législateur ait créé une disposition pour une hypothèse qui se rencontrera fort rarement en pratique, sans prévoir celles d'une application journalière. — Nous concluons donc que l'héritier saisi est tenu des legs *ultra vires*.

E. Le cinquième effet attaché à la saisine, c'est l'acquisition instantanée par l'héritier, même à son insu, de la possession des biens du défunt et de l'exercice des droits actifs et passifs qui pourraient exister dans son patrimoine. C'est là un effet certain de la saisine. L'héritier légitime est saisi, par la seule force de la loi, sans avoir besoin d'un acte matériel d'appréhension ou d'une autorisation de la justice pour se faire envoyer en possession. C'est là ce qui le distingue des successeurs irréguliers.

De là résultent trois propositions principales :

1° L'héritier a le droit, à partir du jour de la mort du défunt, de prendre la gestion et l'administration des biens héréditaires. Il réalise, en fait, une possession qui lui appartenait en droit en vertu de l'article 724, et contrairement à l'article 2228, sans aucun acte d'appréhension matérielle.

2° Il a le droit d'exercer *hic et nunc* les actions personnelles ou réelles, mobilières ou immobilières, pétitoires ou possessoires dépendant de la succession, bien qu'il n'ait pas encore appréhendé les biens héréditaires. C'est là un effet caractéristique de la saisine. Il est bien devenu propriétaire de ces actions, parce qu'il est héritier, mais la qualité de propriétaire ne suffit point pour exercer ces actions; car exercer ces actions, c'est faire acte de possesseur. Or, pour agir en justice, il faut avoir la possession ; c'est donc en vertu de la saisine que l'héritier a l'exercice des actions dont il est propriétaire.

L'héritier aura donc l'exercice des actions possessoires qui appartenaient au *de cujus*. Il pourra agir comme lui par la complainte et la réintégrande. Les textes anciens comme les textes actuels, notamment l'article 6, 1°, de la loi de 1838, et nombre d'auteurs, distinguent encore les actions possessoires en ces deux grandes classes.

La première de ces deux actions est fondée sur la possession annale ; elle se donne dans le cas où le possesseur a été non point expulsé, non point spolié, mais inquiété, troublé dans la possession de la chose.

Quant à la seconde, elle se donne à tout possesseur, par cela seul qu'il a été dépouillé violemment.

La Cour de cassation, dans de nombreux arrêts, distingue les deux cas de complainte et de réintégrande : elle a décidé que, de la part du demandeur en complainte, il y a lieu de prouver le concours de circonstances exigées par l'article 23 du Code de procédure civile, c'est-à-dire possession annale, paisible, non précaire, etc. ; au contraire, le demandeur en réintégrande, celui qui réclame la possession d'une chose qui lui a été ravie par voie de fait, doit rentrer dans cette possession par cela seul qu'il établit la spoliation ; que la possession ravie n'ait duré qu'un mois, qu'une semaine, qu'un jour, peu importe, elle doit lui être rendue en vertu du principe *spoliatus ante omnia restituendus.*

« Cette distinction a passé dans la pratique ; l'exercice de ces actions peut se présenter dans deux hypothèses : le trouble et la violence ont lieu du vivant du *de cujus.* Les actions sont nées en sa personne, il les transmettra purement et simplement à ses héritiers, qui les exerceront.

Il pourra même arriver que l'héritier puisse intenter les actions possessoires alors que le défunt ne l'aurait pas pu lui-même.

Le défunt possédait, au moment de sa mort, un immeuble

depuis six mois. Il n'aurait pas pu intenter l'action en complainte. Il meurt, un tiers s'empare de l'immeuble; six mois s'écoulent depuis l'ouverture de la succession sans qu'il y ait eu aucun acte de possession de la part de l'héritier. Par suite de l'article 724, il n'en a pas moins acquis la complainte; car, en vertu de la loi, il continue la possession du *de cujus*. Il n'aura donc à prouver, pour triompher dans son action, que son auteur a sinon accompli, du moins commencé la possession annale, et il pourra, pour compléter l'année, y joindre le temps qui s'est écoulé du décès jusqu'à l'usurpation. Dans la réintégrande, d'après la jurisprudence, il n'aura qu'à prouver la possession du *de cujus*.

Nous avons supposé jusqu'ici que la complainte avait lieu à propos d'immeubles; en ce qui touche les meubles, la question est beaucoup plus délicate.

En cette matière, en effet, la loi française ne fait guère de distinction entre la possession et la propriété. De là cette conséquence que l'action possessoire en général ne leur est pas applicable. La raison en est bien simple, elle se trouve dans la fameuse maxime : « En fait de meubles, possession vaut titre. » Elle conduit à cette conséquence que le propriétaire d'un meuble ne peut pas le revendiquer contre le possesseur actuel. Donc, il n'y a pas lieu de distinguer le possessoire du pétitoire; il est certain que celui qui a perdu la possession ne peut la suivre dans les meubles.

Pourtant, l'ordonnance de 1667, conforme d'ailleurs à certaines Coutumes, et notamment à celle de Paris (art. 97), admettait l'action possessoire, non pas pour un meuble particulier, mais pour une universalité de meubles. Cette question était assez intéressante dans l'ancien Droit, parce qu'il arrivait fréquemment que les meubles étaient dévolus à une classe d'héritiers, et les immeubles à une autre classe.

Elle est fort controversée parmi les auteurs modernes. Les uns tiennent pour la négative; ils s'appuient d'abord

sur l'article 6, 1°, de la loi de 1838, qui traite d'actions possessoire, et ne parle que d'objets immobiliers; en second
lieu, sur l'article 3 du Code de procédure dans le paragraphe 2, qui suppose également les actions possessoires
intentées pour les immeubles, et exige qu'elles soient por-
tées devant le juge de la situation de l'objet litigieux;
les autres, au contraire, ne voient pas dans ces objections
un motif sérieux d'empêcher de conserver aujourd'hui l'ancien usage et les vieilles règles, c'est-à-dire d'autoriser l'action possessoire à raison du trouble apporté à la possession
de l'universalité de meubles.

Nous avons vu que, non-seulement les actions possessoires, mais encore toutes les actions héréditaires, compé-
taient à l'héritier en vertu de la saisine; elle en rend
l'exercice immédiatement possible. Il me semble d'abord
incontestable que chaque cohéritier pourra intenter l'action
possessoire pour le tout, quand bien même l'acceptation de
tous les successibles aurait irrévocablement fixé la part qui
lui revient, car ce n'est, en somme, qu'un acte d'administration qu'il est urgent de faire, peut-être dans l'intérêt
général. Les tiers ne peuvent pas se plaindre, puisqu'ils
n'avaient pas acquis la possession annale, et qu'ils conservent la faculté de se porter demandeurs au pétitoire.

La pétition d'hérédité appartient évidemment à l'héritier
saisi, puisque c'est l'exercice même de son droit.

Mais les successeurs irréguliers ont-ils l'action en pétition d'hérédité?

Le Code étant muet sur ce point, nous chercherons
encore dans Pothier la solution de cette question. Il répond:
Non, les successeurs irréguliers n'ont pas la pétition d'hérédité, car ils ne sont pas héritiers, mais il leur donne une
action utile formée à l'instar de la véritable, et applique à
l'une tout ce qu'il dit de l'autre.

En somme, la pétition d'hérédité est donnée à l'héritier,
non pas parce qu'il est parent légitime, mais propriétaire,

Or, les successeurs irréguliers sont propriétaires ; nous ne leur refuserons pas l'action en pétition d'hérédité.

La saisine produit, au point de vue passif, les mêmes effets qu'au point de vue actif. Elle donne aux tiers le droit d'exercer immédiatement contre l'héritier saisi les actions qu'ils avaient contre le défunt (724).

Car l'héritier est propriétaire en même temps que possesseur de l'hérédité. Elle fait donc du successible un héritier investi, dès le jour du décès, de tous les droits et de toutes les obligations attachées à cette qualité.

Mais la loi ne lui impose pourtant pas la succession.

Et voilà quelle pourra être sa situation :

1º La loi accorde à tout successeur un délai pour prendre parti et se rendre un compte exact des biens de la succession ; il est de trois mois et quarante jours, pendant lequel, aux termes de l'article 707, l'héritier ne peut être contraint de prendre qualité, et où il ne peut être obtenu contre lui de condamnation. On pourrait croire tout d'abord, d'après les termes de cette disposition, que les créanciers, avant d'agir, seront forcés de mettre l'héritier en demeure de choisir un parti, mais il n'en est rien. Les effets passifs de la saisine héréditaire subsistent, et même, pendant les délais, l'action des tiers sera valablement intentée. Le seul privilège de l'héritier consistera à faire subir à la procédure un temps d'arrêt ; mais ce temps, une fois passé, il sera condamné comme héritier pur et simple, à la seule condition qu'il n'ait pas renoncé. La saisine produit donc provisoirement tous les effets d'une acceptation pure et simple. Et l'on s'explique difficilement pourquoi quelques auteurs ( Troplong, *Revue de législation* , t. III, p. 184) ont soutenu que les créanciers devaient, pour obtenir condamnation, prouver l'acceptation. Cette opinion ne me semble pas compatible avec la nature de l'exception délatoire de l'article 174. Si l'on se contente de suspendre l'action des tiers, c'est qu'elle procède régulièrement, et on s'expliquerait difficilement comment la saisine suffirait pour commencer les poursuites sans donner le droit de les mener à fin.

2° L'héritier a renoncé, il pourra dans ce cas opposer une exception péremptoire.

3° S'il a laissé passer le délai, et s'il renonce, il supportera les frais de la poursuite qui a été intentée contre lui.

4° Enfin, il garde le silence ; il sera condamné en qualité d'héritier pur et simple, alors même qu'il n'aurait fait aucun acte d'acceptation.

Du reste, la saisine doit avoir pour objet d'exposer l'héritier aussi bien aux poursuites d'exécution qu'aux poursuites par voie d'action. L'article 877 abroge sur ce point une tradition contraire de l'ancien Droit, qui voulait que les titres exécutoires contre le défunt ne le fussent pas contre son héritier, et obligeait le créancier à obtenir un jugement qui rendit à son titre la force qu'il avait perdue. Toutefois, pour qu'il n'y ait point de surprise, l'article 877 ne permet l'exécution qu'après une signification suivie d'un délai de huit jours.

Je crois que le délai de trois mois et quarante jours pourra être opposé aux poursuites d'exécution, comme il l'est aux actions judiciaires. L'exception délatoire me semble aussi équitable dans un cas que dans l'autre. Nous savons que l'héritier peut renoncer en vertu de l'article 785. S'il renonce, il est censé n'avoir jamais été héritier, et la saisine disparaît rétroactivement. Jusqu'à ce moment, il est saisi, bien qu'il n'ait fait aucun acte d'acceptation.

Il l'était donc sous la condition résolutoire de sa renonciation, et non pas, comme certains auteurs le prétendent, sous la condition suspensive de son acceptation.

Si l'on se demande quel est l'intérêt de la question, il est incontestable quand on envisage la situation de l'héritier.

S'il est saisi sous la condition résolutoire de sa renonciation, il peut être actionné de suite en sa qualité de successible saisi, et la condamnation sera possible sans qu'il soit nécessaire de prouver l'acceptation. S'il ne l'est, au contraire, que sous condition suspensive de son acceptation, il en sera tout autrement. Pour moi, je n'hésite pas à admettre la théorie de la saisine sous condition résolutoire : elle me semble ressortir clairement des principes contenus dans les articles 724 et 785 du Code civil.

Je sais bien que les partisans du système contraire invoquent Lebrun, qui soutenait que la saisine admise dans l'intérêt du successible ne pouvait être rétorquée contre lui, et que c'était aux créanciers à prouver son acceptation. Je ne crois pas cette idée exacte, car l'article 724 commence par décider que l'héritier est saisi de plein droit, c'est-à-dire en vertu de la loi, sans aucun acte de sa part, en conséquence, sans acceptation. L'article 785 est de tous points d'accord avec le précédent quand il s'exprime ainsi : « L'héritier qui renonce est censé n'avoir jamais été » héritier ». C'est parce qu'il est héritier ou plus exactement successible saisi, tant qu'il n'a pas renoncé, qu'une fiction est nécessaire. Il est censé n'avoir jamais été successible et, par conséquent, n'avoir jamais eu la saisine, c'est l'effet même de la condition résolutoire. Les partisans de l'opinion adverse opposent l'article 777, qui dispose que l'effet de l'acceptation remonte au jour de l'ouverture de la succession.

Mais cet article est en antinomie complète avec les principes généraux de la matière : il présente avec l'article 785 une doctrine toute contraire; la vérité est qu'ils appartiennent à des législations différentes. L'article 777 est tout imprégné des idées romaines, si je puis m'exprimer ainsi; c'est un témoignage des résistances que rencontra parfois la saisine chez les jurisconsultes d'une certaine époque, et des difficultés contradictoires qu'ils firent naître en voulant ériger des principes diamétralement opposés.

Les effets que nous venons de reconnaître à la saisine semblent bien conformes à la nature que nous lui attribuons, et nous croyons pouvoir dire que l'héritier est saisi sous condition résolutoire.

Il est un article en cette matière qui a donné lieu aux plus vives controverses et aux plus graves difficultés ; on a cherché à l'expliquer par les principes de la saisine, et c'est ainsi qu'il se relie à notre matière : c'est l'article 789 du Code civil, il est ainsi conçu : « La faculté d'accepter ou de » répudier se prescrit par le laps de temps requis pour la » prescription la plus longue des droits immobiliers ».

Cet article contient tout à la fois une dérogation à l'ancienne jurisprudence et une dérogation à l'article 2232.

Les facultés légales, en effet, ne tombent pas sous le coup de la prescription, ou, en d'autres termes, ne se perdent pas par le non usage ; or, la faculté d'accepter ou de renoncer est une faculté légale, donc elle ne devrait pas se prescrire. Tous nos anciens auteurs admettaient que la faculté de renoncer était imprescriptible, car nul n'est héritier qui ne veut. Certains, au contraire, Claude, Ferrières, Merlin, déclaraient la faculté d'accepter prescriptible ; tandis que Pothier et Furgeole soutenaient l'imprescriptibilité de la faculté d'accepter. L'article 789 est introductif d'un Droit nouveau. Quel sera l'effet de la prescription établie par l'article ? Rendra-t-elle le successible héritier pur et simple, ou définitivement étranger à la succession ? L'article 789 est de ceux dont le sens a le plus exercé la sagacité des commentateurs. Nous allons passer en revue les différents systèmes qu'il a fait naître.

M. Delvincourt (t. II, p. 87), voulant se conformer rigoureusement à la lettre de l'article, enseigne qu'après trente ans, l'héritier sera tout à la fois renonçant et acceptant, suivant l'intérêt des deux catégories de personnes en face desquelles il se trouve : renonçant, vis-à-vis les cohéritiers et successibles inférieurs qui auraient appréhendé l'hérédité, à l'égard des débiteurs ou des détenteurs de biens héréditaires ; acceptant, vis-à-vis des créanciers de la succession. Si bien qu'il se trouverait dans la singulière position d'un homme obligé de supporter le passif héréditaire, tout en étant privé de l'actif.

Cette opinion se fonde sur la combinaison de deux lois romaines que nous avons examinées (Dig., l. LXIX, *De acq. vel. omitt. hered.* ; C., l. XXII, § 14, *De jur. delib.*). Mais elle amène à un résultat tout à la fois si étrange et si injuste, qu'il suffit à la faire rejeter.

Dans une seconde opinion, qui compte parmi ses défenseurs les plus autorisés MM. Malleville et Vazeille, l'héritier qui pendant trente ans a gardé le silence, doit être considéré comme renonçant. L'acceptation consacrée par le seul laps de temps, sans aucun fait de la part du successible, serait forcée. Or, aux termes de l'article 775, nul n'est tenu d'accepter une succession qui lui est échue. De plus, cette solution serait inique, car l'héritier pourrait, à son insu, se trouver irrévocablement engagé dans une succession onéreuse.

On pourrait opposer à l'opinion de ces auteurs l'article 784, d'après lequel la renonciation à une succession ne se présume pas. Ils répondent que l'article 784 ne doit pas être examiné seul, qu'il faut le combiner avec les articles 724 et 789; que la règle enseignant que la renonciation ne se présume pas, est une conséquence immédiate de la saisine légale, et ne peut subsister qu'autant que la saisine elle-même subsiste. Or, au bout de trente ans, la saisine légale se retire de la personne de l'héritier; la présomption légale doit être alors qu'il a renoncé et non pas qu'il a accepté.'

Nous voyons bien dans ce système que la faculté d'accepter est prescrite, perdue; mais la faculté de renoncer, dont parle l'article 789, quel est son sort? M. Vazeille répond qu'il faut effacer les mots : *ou répudier,* qui peuvent n'avoir été mis que par erreur. Ce système se condamne de lui-même, par ce fait seul qu'il retranche une partie du texte.

Un troisième mode d'interprétation consiste à entendre

l'article 789 de la manière suivante : La faculté d'accepter ou la faculté de renoncer se prescrivent par trente ans. En s'exprimant ainsi, il édicterait deux prescriptions qui ne s'accompliraient pas en même temps sur la tête d'un seu successeur, mais qu'on appliquerait distributivement chacune à l'hypothèse qui lui convient. S'agit-il d'un héritier saisi, c'est la faculté de renoncer qui sera prescrite ; s'agit-il, au contraire, d'un successeur irrégulier ou de l'héritier légitime dans le cas de l'article 790, ce sera la faculté d'accepter.

Ce système s'appuie sur la disposition de l'article 790, qui se lie au précédent, et qui ne parle que de la prescription d'une seule faculté. Je ne puis me ranger à ce système, car je ne reconnais pas l'explication littérale qu'il donne de l'article 780 ; car cet article a en vue une faculté unique qui porte à la fois sur l'acceptation et sur la renonciation qui est prescrite par un seul et même héritier. La construction de la phrase le prouve de la façon la plus claire.

Dans un quatrième système, on raisonne de la sorte : Le légslateur ne s'est pas préoccupé dans l'article 789 de la condition du successible après les trente ans, il a été préoccupé uniquement d'une seule idée, établir la prescription dans une matière où elle n'existait pas. La loi donne à l'héritier, dans les articles 774 et 775, la faculté d'accepter, soit purement et simplement, soit sous bénéfice d'inventaire, ou de renoncer. Au bout de trente ans, elle décide qu'il ne pourra plus faire ni l'un ni l'autre, c'est-à-dire qu'il n'aura plus le droit de modifier par un acte de sa volonté, une situation devenue irrévocable ; ce qu'il a perdu, c'est donc le choix, l'option que la loi lui accordait entre l'une ou l'autre de ces facultés.

Maintenant, quelle sera la situation de l'héritier, la loi ne le dit pas dans l'article 780, et ce point doit être déterminé sans qu'on tienne aucun compte de sa disposition ; que le successible devienne par la prescription héritier pur et simple ou étranger à la succession, il est évident qu'il ne pourra plus ni accepter ni renoncer. L'article 789 s'adapte aussi bien à la première qu'à la seconde hypothèse, et ne fournit d'argument à aucune d'elles. La solution de ce point dépend du parti qu'on adoptera sur la nature de la saisine. Admet-on que le successible est investi de l'hérédité sous condition suspensive de son acceptation, il est clair que la prescription, en lui faisant perdre son droit d'option, lui fera perdre la faculté d'accepter et le rendra étranger à l'hérédité.

Si, au contraire, comme nous l'avons admis, il est saisi de la succession sous condition résolutoire de sa renonciation, la prescription fera alors de lui un héritier pur et simple. Ce système est ingénieux, mais on peut lui faire de sérieuses objections : d'abord, il ne fait porter la prescription que sur la faculté de renoncer, sans tenir aucun compte des mots *ou accepter;* en second lieu, il est contraire à l'article 775 : « Nul n'est héritier qui ne veut ».

Ne serait-ce pas violer, en effet, cette règle fondamentale qu'il n'y a pas en France d'héritiers nécessaires, que de venir déclarer après trente ans un homme héritier pur et simple, alors que peut-être il ignorait que la succession à laquelle il était appelé fût ouverte. Je sais bien que les partisans du système essaient d'atténuer cette injustice flagrante en prétendant que ce n'est pas forcer, à proprement parler, la main au successible, que de le déclarer héritier pur et simple après trente ans de réflexion. Le successible a ignoré, disent-ils, que l'hérédité lui était dévolue, mais on peut tout aussi bien supposer qu'il l'a connue, et la prescription alors légitimera cette acceptation tacite, et si une personne se montre assez négligente pour ne point s'inquiéter de ses affaires pendant trente années, ce sera le cas ou jamais d'appliquer la vieille maxime romaine : *Vigilantibus jura subveniunt non dormientibus.*

Toutes ces considérations ne sauraient empêcher les immenses inconvénients auxquels conduit ce système. Il peut se faire, par exemple, qu'une succession vienne à s'ouvrir dans des pays étrangers, que les biens soient proscrits par les tiers, alors que les dettes du défunt ne le seront pas pour une raison quelconque, et voilà le successible ruiné sans le savoir. Certains auteurs ont cherché à remédier à cet état de choses : les uns ont cru trouver un remède en lui laissant la faculté d'accepter sous bénéfice d'inventaire, sous prétexte que la loi ne lui donnait pas de limite, qu'elle était perpétuelle et échappait à l'article 789 ; mais cette décision ne saurait être acceptée : l'article 789 a un sens général et vise les deux acceptations ; car accepter sous bénéfice d'inventaire, c'est accepter, quoi qu'on en dise. Le législateur a placé les deux acceptations sur la même ligne, et s'il avait dû créer un privilége, ce n'aurait point été pour faire survivre à la renonciation, précisément l'acceptation bénéficiaire.

Une cinquième opinion, qui arrive à des conclusions un peu différentes du troisième système que nous avons exposé, a été soutenue par MM. Aubry et Rau.

Ici, ces auteurs distinguent deux hypothèses pour appliquer alternativement tantôt la faculté de renoncer, tantôt, au contraire, celle d'accepter. Avant d'entrer dans les explications de cette théorie, nous devons dire qu'elle peut se rattacher dans une certaine mesure à une autre, suivant laquelle la saisine héréditaire appartiendrait à tous les successibles collectivement.

Tous les parents au degré successible ayant ainsi le droit d'appréhender la succession, si nous supposons que le plus proche héritier reste trente ans sans prendre un parti, tandis qu'un successible d'un rang inférieur a pris possession en temps utile, nous nous trouverons dans la première hypothèse, et nous dirons que l'héritier a laissé prescrire le droit qu'il avait d'écarter les successibles inférieurs, et, par conséquent, qu'il a perdu la faculté d'accepter.

La durée du temps pendant lequel le successible a possédé, importe fort peu ; nous sommes ici en présence d'une prescription extinctive qui a pour effet d'éteindre la saisine dans la personne du parent le plus proche. Pour le successible du degré inférieur, il suffit de s'être mis en possession avant les trente ans expirés, et d'avoir ainsi assuré la saisine sur sa tête.

Mais si, au contraire, aucun successible n'a appréhendé l'hérédité, le parent le plus proche est irrévocablement saisi, puisqu'il n'aurait pu perdre la faculté d'accepter qu'au regard de personnes qui auraient eu qualité de le faire en son lieu et place.

Je ferais à ce système le même reproche qu'au troisième. Il établit deux facultés distinctes, applicables dans deux cas différents, et est en désaccord avec l'article 789, qui parle d'une faculté unique et non pas de deux facultés. En second lieu, il est contraire à la règle de l'article 775 : « Nul n'est héritier qui ne veut »,

Voici, en dernier lieu, l'interprétation de l'article 789 à laquelle je crois devoir me rattacher. Cette théorie est professée par mon savant maître, M. Paul Deloynes, dans son cours de Code civil.

Ce qui se prescrit dans notre article, c'est le droit héréditaire s'éteignant au bout de trente ans.

Il s'agit bien ici d'une prescription extinctive, car la loi parle d'une faculté qui se prescrit, et on ne peut concevoir qu'une faculté puisse s'acquérir par prescription. En second lieu, la faculté dont il est question résultant de la loi elle-même, exclut par ce fait même toute idée de prescription acquisitive.

Dans cette circonstance, une chose ressort clairement de tout ceci, c'est qu'il ne peut être question, dans l'espèce, que d'une prescription extinctive. Or, qu'est-ce qui se prescrit, c'est la faculté d'accepter ou de renoncer, répond l'article 789, car le droit héréditaire consiste précisément dans la faculté d'accepter ou de renoncer. La loi a qualifié le droit non pas par sa nature intime, mais par les avantages juridiques qu'il constitue ; et ce qu'il faut entendre par ces termes ne saurait être autre chose que le droit héréditaire, car il consiste dans la possibilité d'accepter ou de renoncer accordée au successible par la loi, et, une fois ce point admis, il est naturel de conclure qu'il y a prescription du droit héréditaire lui-même.

Ainsi donc, après trente ans, l'héritier a perdu son droit. Il est étranger à la succession, il ne peut plus ni l'accepter, ni la répudier, et ceci d'une façon générale, sans attacher d'importance à ce fait que la succession ait été ou non appréhendée par un autre successible.

C'est là, à notre avis, la façon la plus naturelle d'expliquer l'article 789, et ce système a cet immense avantage qu'il se concilie admirablement avec les principes généraux du Code sur cette matière.

La loi, dans l'article 775, a posé un principe : « Nul n'est » héritier que ne veut ». Notre solution le respecte, car, lorsqu'un homme est resté dans l'inaction pendant trente années sans manifester de volonté, on ne peut légitimement en conclure qu'il a manifesté la volonté d'accepter. « Nul n'est présumé renonçant », dit la loi un peu plus loin, article 785. Or, l'opinion que nous soutenons n'est point basée sur une présomption de renonciation, mais sur la perte du droit par une inaction prolongée.

La renonciation suppose un successible, tandis que nous, nous nions la qualité d'héritier. Il l'avait, mais il l'a perdue. On n'abdique pas une qualité qu'on n'a plus.

Nous sommes donc amenés à voir, dans cet article 789, comme je le disais au commencement de sa discussion, une dérogation à ce grand principe que les droits de pure faculté sont imprescriptibles. Certainement, on aurait pu dire, avec quelque apparence de raison, que le droit héréditaire ne saurait se prescrire, parce qu'il repose en même temps sur la loi civile et sur les droits du sang. Mais la loi a décidé une exception, en cette circonstance, dans un but d'intérêt supérieur, pour ne pas laisser la propriété livrée à des incertitudes indéfinies. Elle sacrifie les liens du sang à l'avantage général.

Le système que nous venons de présenter a été admis par un grand nombre d'arrêts de Cours d'appel. Tous ne décident pas également la prescription du droit héréditaire, alors même qu'il n'y aurait pas appréhension de la part d'un successible plus éloigné, mais, en principe, ils confirment notre théorie. (Cour de Paris, 3 février 1848; D., p. 48, 2, 23. Paris, 11 décembre 1858; D., 58, 2, 222. Paris, 25 novembre 1802; Sirey, 63, 2, 89. Caen, 25 juillet 1862; Sirey, 63, 2, 89.

Enfin, il a été rendu sur notre matière, par la Cour de Rouen, un arrêt fort remarquable, dont les considérants établissent de la façon la plus nette et la plus évidente le système que nous avons adopté. Nous croyons devoir le reproduire en entier, car il en fera ressortir beaucoup mieux que nous ne pourrions le faire nous-même, les fondements et les avantages.

M<sup>lle</sup> Marie-Claude Barré est décédée à Louge, canton de Nonancourt, le 13 octobre 1833, sans héritiers réservataires et sans avoir fait des dispositions testamentaires, et sa succession s'est alors trouvée dévolue de droit pour moitié aux héritiers de la ligne paternelle, et pour l'autre moitié aux héritiers de la ligne maternelle.

La succession a été appréhendée en totalité par Nicolas, Pierre, Marie, Guëroult, tous héritiers dans la ligne paternelle, à défaut d'héritiers connus dans la ligne maternelle.

Les 3 octobre et 30 novembre 1868, et le 17 janvier 1869, M<sup>me</sup> Bradin, appartenant à la ligne maternelle, et parente au sixième degré, intente une action contre les héritiers Guëroult pour procéder au partage.

Ceux-ci concluent à la non recevabilité de la demando de la dame Bradin , en s'appuyant d'abord sur ce fait que plus de trente ans se sont écoulés depuis l'acte de liquidation du 19 mars 1834, et qu'ils ont acquis, par une possession plus que trentennaire, le droit de conserver toute la succession ; et en second lieu, que la demanderesse n'étant héritière qu'au sixième degré de la ligne maternelle de la demoiselle Barré, elle se serait trouvée exclue par des héritiers au cinquième degré existant au moment de l'ouverture de la succession.

La Cour, dans cette affaire, rendit l'arrêt suivant :

« Attendu que, d'après l'article 789 Code civil, la faculté d'accepter ou de répudier une succession se proscrit par trente années, et que, dès lors, le successible à l'expiration de ce temps devient étranger à la succession, laquelle se trouve dévolue à ses cosuccesssibles ou au degré subséquent;

» Attendu que la principale objection présentée dans le procès, consiste à dire qu'après trente ans le successible ne pouvant plus ni accepter ni renoncer, continue d'avoir la saisine légale, reste dans la position où il se trouvait auparavant et devient dès lors héritier pur et simple, même à son insu et malgré lui; mais attendu, en premier lieu, qu'il est impossible d'admettre que le successible puisse être conduit à sa ruine par la dévolution d'une succession onéreuse dont il n'aurait pas même soupçonné l'existence; qu'un pareil résultat froisserait tous les sentiments d'équité et de justice; attendu, en second lieu, que l'objection repose sur la confusion de la qualité de successible avec celle d'héritier; attendu qu'il n'est pas contestable que *le mort saisit le vif*, et qu'à partir du décès de son auteur, celui qui est appelé à lui succéder se trouve investi de la saisine légale (art. 724); mais que, pourtant, il n'est encore que successible; qu'en effet, nul n'est tenu d'accepter une succession qui lui est échue (art. 775); qu'en d'autres termes, n'est héritier qui ne veut; que, dès lors, l'acceptation seule attribue la qualité d'héritier et oblige au paiement des dettes *ultra vires*;

qu'aussi il est loisible au successible de délibérer, et que, pendant la durée des délais qui lui sont impartis, il ne peut être contraint à prendre qualité; que l'acceptation a une telle importance, que la loi a pris soin d'indiquer à quelles conditions, en général, on en reconnaît l'existence;

» Attendu, dès lors, qu'après trente ans celui qui est appelé à recueillir une succession, qu'il en ait ignoré l'existence ou qu'il se soit volontairement tenu à l'écart, n'est pas héritier comme l'objection le suppose; qu'en effet, n'étant que successible auparavant, qu'habile à se dire et porter héritier, la qualité dont il était revêtu n'a pu que se perpétuer sans changer de caractère; mais qu'alors la faculté d'accepter étant prescrite, et l'acceptation seule faisant l'héritier, il en résulte que la vocation héréditaire s'évanouit dans la personne du successible, puisque, désormais, elle ne peut plus produire aucun effet; que, par conséquent, il devient étranger à la succession; attendu que, d'après l'article 785, l'héritier qui renonce est censé n'avoir jamais été héritier; qu'on induit de là que, si la qualité d'héritier n'est effacée que par une fiction de la loi, c'est qu'elle existait avant la renonciation; que, par suite, après trente années, cette qualité d'héritier est celle qui réside dans la personne qui a la vocation héréditaire; mais qu'il est évident que le mot héritier n'est employé par l'article 785 que dans le sens de successible; qu'en effet, on ne peut renoncer qu'autant qu'on n'a pas encore accepté, *semel heres, semper heres,* c'est donc qu'avant la renonciation on n'est encore que simple suc-cessible;

» Attendu qu'on objecte que, depuis le 16 octobre 1832, jour du décès de l'auteur commun, qu'au moins depuis le 15 mars 1834, époque du partage et de la liquidation de la succession, les héritiers paternels sont en possession de la part dévolue à la ligne maternelle; que, dès lors, l'action en pétition d'hérédité, qui ne remonte qu'à la fin de 1868, était prescrite quand elle a été exercée; mais que les héritiers du cinquième degré, dans la ligne maternelle, écartés par l'application de l'article 780, sont devenus étrangers à la succession; qu'alors, le droit héréditaire s'est trouvé dévolu au sixième degré; qu'ayant accepté la succession, l'effet de son acceptation est remonté au jour de l'ouverture de la succession; que, par conséquent, c'est contre elle seulement et non contre les héritiers du cinquième degré que la prescription aurait pu s'accomplir; qu'étant mineure au moment où la succession s'est ouverte, la prescription a été suspendue en sa faveur; que, par suite, il n'y a pas lieu de s'arrêter à l'exception proposée, puisque l'action a été intentée avant l'expiration des trente années, à partir de la majorité de l'intimée;

» Par ces motifs, confirme », (Rouen, 29 juin 1870; Sirey, 72, 2, 209.)

La Cour de cassation, dans ses arrêts, paraît favorable à notre théorie, bien qu'en général elle statue dans les espèces où la succession a été appréhendée par des successibles d'un degré inférieur. (Cass., civ. rej., 13 juin 1855, Sirey, 55, 1, 689. Cass., civ. rej., 29 janvier 1862; Sirey, 62, 1, 337.) Pourtant, dans l'arrêt du rejet de la Chambre des requêtes du 23 janvier 1855 (D., p. 55, 1, 110), la Cour ne semble pas relater cette dernière condition.

Ce système, qui nous semble le plus conforme à la loi, n'échappe pas cependant à une très-grave objection. L'on objecte que l'héritier ne saurait perdre l'hérédité, parce qu'il est devenu propriétaire à *die mortis* de la succession, et que le droit de propriété ne s'éteint pas par non usage. Je répondrai qu'il y a une grande différence entre le droit héréditaire et le droit de propriété. Le premier n'a rien de la fixité et de la certitude du second; car, s'il peut être confirmé par l'acceptation, il peut aussi disparaître avec la renonciation. Ce ne serait donc pas le lieu d'invoquer ici les principes relatifs à la propriété, puisque, suivant sa volonté, l'héritier sera ou ne sera pas propriétaire, et c'est précisément cette faculté légale que la loi lui accorde, qu'elle soumet en même temps à la prescription.

Tel est donc, à notre sens, l'application de cet article 789.

Je vais suivre la théorie que je viens d'exposer dans les deux applications qu'elle présente :

1° Je supposerai d'abord un héritier qui sera resté dans l'inaction pendant trente ans, mais la succession n'a été appréhendée par aucun successible.

Quel est, dans cette hypothèse, le point de départ de la prescription ? Le droit héréditaire est éteint, c'est incontestable, et le point de départ des trente ans est le jour de l'ouverture de la succession ; tant pis s'il a ignoré l'ouverture de son droit, la prescription n'en courra pas moins, car la succession lui est déférée. Nous en trouverions la preuve dans la transmissibilité du droit.

Si l'héritier le plus proche renonçait, la prescription ne commencerait à courir contre les héritiers du degré ou de l'ordre le plus éloigné appelé à sa place, que du jour de sa renonciation. Je ne saurais admettre la théorie qui décide que la prescription commence à courir contre les héritiers d'un degré plus éloigné du jour de l'ouverture de la succession.

Ceci peut être une conséquence logique pour ceux qui admettent la saisine collective. Je me réserve de démontrer plus tard que cette opinion n'est pas fondée, car on ne peut prescrire un droit avant qu'il ne naisse, et la succession n'appartient aux héritiers inférieurs que du jour où l'héritier le plus proche a renoncé à ses droits (780).

Nous sommes donc encore une fois en contradiction avec les auteurs de la théorie sur la saisine collective qui, conséquents avec leur principe, placent tous les successibles sur a même ligne et font courir la prescription du jour du décès, puisque tous, dès ce jour, peuvent renoncer ou accepter.

Peuvent se prévaloir de cette prescription :

Les cohéritiers de celui qui est resté dans l'inaction, puisque sa part leur est dévolue par droit d'accroissement;

Les héritiers ou successeurs irréguliers du degré subséquent;

Les débiteurs de l'hérédité, si l'héritier venait à les poursuivre après les trente années écoulées;

Enfin, le successible lui-même, s'il venait à être poursuivi par les créanciers héréditaires ou par les légataires en qualité d'héritier.

2° Mais si la succession a été appréhendée par des successeurs éloignés, l'héritier le plus proche pourrait-il agir contre eux par la pétition d'hérédité?

La jurisprudence offre sur ce point des décisions véritablement inexplicables. Le parent du second degré s'est mis en possession de l'hérédité; le véritable héritier la réclame plus de trente ans après l'ouverture de la succession, mais moins de trente ans depuis la prise de possession du défendeur. Telle est l'espèce sur laquelle elle a statué le plus souvent dans les arrêts cités précédemment. Or, la Cour déclare la demande non recevable, non point seulement par ce que le droit héréditaire est prescrit, mais elle exige que celui qui invoque cette déchéance ait lui-même accompli une sorte de prescription acquisitive de l'hérédité. En principe, cette prescription devrait être trentennaire; mais quoique, dans l'espèce, le parent du deuxième degré ait possédé un moindre temps, comme il est saisi et que son acceptation remonte au jour du décès (art. 777), il est réputé avoir commencé dès ce moment la prescription acquisitive. En un mot, la Cour admet que la possession, ne fût-elle que d'un jour, remonte au jour de l'ouverture de la succession.

La Cour semble appliquer l'art. 789 à la pétition d'hérédité et confondre ainsi la prescription de l'hérédité avec le droit héréditaire, ce qui nous semble contraire à l'article 789.

Je ne saurais admettre un pareil principe, et je crois que la solution est bien facile si l'on adopte l'interprétation que nous avons proposée.

Si l'héritier a laissé passer trente années sans manifester sa volonté, il a perdu, par suite de cette inaction, son droit héréditaire ; il est étranger à la succession, il ne saurait y revenir à aucun titre.

Mais s'il a accepté dans le cours des trente ans, qui pourrait l'empêcher d'intenter la pétition d'hérédité contre les détenteurs, quels qu'ils soient, des biens héréditaires? n'est-il pas héritier? Et il pourra le faire même après les trente ans écoulés, dans le cas, bien entendu, où on ne pourrait lui opposer une prescription acquisitive et fondée sur une possession trentenaire.

On peut encore tirer de la disposition de l'article 789 cette conséquence, que le successible du deuxième degré n'a aucune action pour forcer celui qui le précède à prendre parti. Aux yeux de tous, il est saisi, et il a la liberté de renoncer quand bon lui semble, voire même à la fin de la vingt-neuvième année.

La théorie de l'ancien Droit sur l'imprescriptibilité du droit héréditaire est-elle préférable à l'innovation introduite par l'article 789? Je le crois. Tout en conservant dans leur plénitude les deux grands principes édictés par les articles 775 et 784, tandis que l'introduction de la prescription devait aboutir fatalement à la limitation d'une de ces deux règles, elle sauvegardait suffisamment le droit des tiers, puisqu'elle leur permettait de prescrire, suivant le Droit commun, les choses corporelles, les créances de la succession.

6° *Conséquence de la saisine.* — M. Demolombe croit voir dans le partage un effet plus éloigné sans doute, mais dérivant de la saisine héréditaire. Je regarde bien comme certain que les deux règles inscrites dans les articles 724 et 883 sont nées de nécessités analogues; le partage déclaratif comme la saisine héréditaire sont les fruits de la réaction populaire contre les droits seigneuriaux ; mais il n'en ressort point pour cela que l'article 883 soit une conséquence de l'article 724.

L'article 883 est d'une application générale; il s'applique à tout partage, quelle que soit la cause de l'indivision *verbi gratiá*; communauté, société, même une chose individuelle qui serait dans la succession (1476, 1872, 1408), aussi bien entre successeurs irréguliers qu'aux héritiers légitimes. Or, la saisine n'appartient qu'à ces derniers.

Je crois donc qu'il faut reconnaître à ces deux principes une communauté d'origine, mais ne point les faire dépendre l'un de l'autre.

## SECTION II.

### *A quels biens s'applique la saisine.*

L'article 724 nous donne la réponse. Elle comprend le patrimoine tout entier, les meubles et les immeubles; elle s'applique à tout les biens du défunt, et investit l'héritier de la possession des choses corporelles et de l'exercice des droits et actions héréditaires. Mais l'héritier n'est pas seulement saisi des biens dont la propriété appartenait au défunt; continuant en principe la possession même de son auteur, pourvu que cette possession s'exerce à titre de maître, il sera saisi des choses que le défunt avait commencé à prescrire.

Elle s'applique même, dans sa généralité, à des biens que l'héritier peut être tenu de remettre à des tiers, soit en vertu d'un texte de la loi, soit en vertu d'une manifestation régulière de la volonté. Ce sera, par exemple (art. 757), les biens qui forment la part de la succession des enfants naturels. Les héritiers légitimes, en concours avec des enfants naturels, sont saisis de la totalité de la succession jusqu'à ce que ces derniers intentent contre eux une action en partage et délivrance. D'un autre côté, les légataires particuliers à titre universel, universels même dans certains cas, sont obligés eux aussi de demander la délivrance des libéralités que le défunt leur a faites, aux héritiers légitimes saisis de toute la succession (1004, 1011, 1014).

Mais la saisine ne s'applique pas aux biens qui de leur nature sont intransmissibles et qui meurent avec le *de cujus* : la rente viagère, l'usufruit ; l'héritier n'a aucun titre pour en réclamer la possession. Elle retourne de plein droit au nu-propriétaire, qui a sur les biens un droit pré-existant ; elle ne s'applique pas aux biens possédés par le *de cujus* sous la condition résolutoire de son prédécès. Tels sont les biens dont il était donataire sous la condition du droit de retour au profit du donateur survivant, ou les biens qu'il avait donnés lui-même entre vifs par contrat de mariage sous la condition de survie du donataire.

## SECTION III.

### *A quelle personne appartient la saisine.*

Aux héritiers légitimes, répond l'article 724, et tous sans distinction des descendants, ascendants collatéraux ; pourvu qu'ils soient capables de succéder, peu importe qu'ils soient mineurs, majeurs ou interdits ; mais à eux seuls. Elle n'appartient ni aux successeurs irréguliers, ni aux légataires particuliers, à titre universel, et même universels, sauf le cas de l'article 1000.

C'est donc pour les héritiers légitimes une sorte de privilège, et la loi ne l'accorde à d'autres successeurs que par exception : les enfants adoptifs, les enfants légitimes, ceux qui sont issus d'un mariage putatif (art. 333, 201, 202, 250) rentrent dans la disposition de l'article 724.

On a dit que l'ascendant donateur dans le cas de l'article 747 est saisi lui aussi des biens qu'il recueille : son droit n'est point autre chose qu'un droit héréditaire, puisque la loi emploie à son égard l'expression *succéder*, et que tout le monde s'accorde à le regarder comme tenu des dettes.

Du reste, la seule place qu'occupe dans le Code l'article 747 suffirait à prouver qu'il est héritier, et, comme de plus
son titre est fondé sur la parenté légitime, on ne voyait pas
pourquoi on lui refuserait la saisine en lui déniant l'application de l'article 724. La loi, du reste, ne le soumet dans
aucune de ses dispositions à l'envoi en possession : il semble
donc résulter de tout ceci qu'il a la saisine.

Nous ne pouvons admettre ce système. Le droit de retour
est un droit de succession spécial, c'est vrai, mais on ne
peut en conclure que ceux auxquels la loi l'accorde sont
héritiers dans le sens légal du mot.

Certainement, si seul l'ascendant avait le droit de retour,
en considérant que les ascendants sont des héritiers légitimes, que l'article 747, comme on nous le disait tout à l'heure,
est placé au titre des successions légitimes, nous aurions
admis peut-être le système précédent. Mais ce droit, la loi
l'accorde à l'adoptant et à ses descendants. Or, ils ne sont
pas héritiers légitimes, puisqu'ils ne sont pas même parents.
Les frères et sœurs légitimes de l'enfant naturel en jouissent également, et cependant ils ne sont pas héritiers; car
ce sont des parents naturels, et il n'est jamais venu à l'esprit de personne de soutenir qu'un parent naturel fût héritier.

Donc, dans les trois cas, le droit de retour a la même
nature; et il serait illogique de décider qu'on l'exerce, suivant
les cas, tantôt à titre d'héritier, tantôt à titre de successeurs.

Nous y verrons donc des successeurs universels, et nous
leur refuserons la saisine en nous basant sur les considérations qui vont suivre.

L'article 724 accorde ce titre d'héritiers à une certaine
classe de personnes, parce qu'il existe entre elles et le défunt
des liens de parenté légitime d'abord, et que la loi ensuite les
appelle à recueillir la totalité du patrimoine du *de cujus*, l'hérédité tout entière, charges et biens. Or, le retour successo-

ral n'a pas tant sa base dans les rapports de parenté que dans l'origine même des biens qui font l'objet du droit. Il n'embrasse pas l'ensemble du patrimoine du défunt, il ne porte que sur les biens déterminés qu'une fiction de la loi a transformés en une universalité juridique. En conséquence, nous refuserons de voir, dans l'ascendant qui exerce le retour successoral, un héritier, parce qu'il fonde son droit, malgré sa qualité de parent légitime, bien moins sur ce titre même que sur celui de donateur; parce que le retour successoral ne frappe que des biens déterminés constituant, comme nous le disions, une universalité juridique et non une hérédité générale.

N'étant pas héritier il n'est pas saisi. Il devra donc demander délivrance. Car, comme il est de la nature de la saisine de s'étendre sans distinction à tous les biens qui composent l'hérédité, les biens sujets au retour sont compris dans la saisine des héritiers. C'est en vain qu'on objecte qu'il n'est pas soumis à cette formalité parce qu'aucune disposition n'existe obligeant les donateurs à demander la délivrance.

N'ayant pas la saisine, ils ne peuvent se mettre en possession; il faut donc qu'ils la demandent.

Ce n'est qu'à l'héritier capable de succéder qu'appartient la saisine.

Que décider de l'indigne?

De nombreux auteurs ont prétendu qu'il fallait abandonner la doctrine de Lebrun et refuser la saisine à l'indigne aussi bien qu'à l'incapable. Voilà l'argument sur lequel on fonde ce système.

A la différence de l'ancien Droit, le Code détermine de la façon la plus formelle les causes d'indignité. Elles ne sont plus laissées à l'arbitraire des tribunaux, et de même que l'article 725 dit : « Sont incapables de succéder », l'article 725 dit aussi : « Sont indignes de succéder ». C'est donc la oi qui les prive l'un et l'autre de la succession. Lorsque les juges rendront le jugement prononçant l'indignité, ce ne sera que la constatation d'une déchéance déjà encourue depuis l'ouverture de la succession. Mais, dans ce système, on fait une exception pour le cas prévu par l'article 727, 3ᵉ paragraphe, supposant que l'héritier instruit du meurtre du défunt ne l'a pas dénoncé à la justice. Là, en effet, la cause de l'indignité est forcément postérieure au décès. On ne saurait empêcher, en conséquence, la succession de s'ouvrir à ce moment au profit du successible en même temps qu'à la saisine de se fixer sur sa tête. (Bordeaux, décembre 1853; Sirey, 1854, 2, 225. *Revue critique*, 1855, t. vii, p. 10; Art. de M. Coin de Lisle.) Cette dernière exception me semble détruire tout le système. La loi, en effet, ne reconnaît qu'une seule espèce d'indignité, et ces expressions « sont indignes » de l'article 727 s'appliquent aux trois paragraphes.

L'argument qu'on en tire prouve donc trop, et nous ne devons pas y attacher le sens qu'on leur prête. Aussi nous nous rattacherons purement et simplement à l'ancien système en vigueur dans le Droit coutumier, et nous croyons que c'est là la pensée des rédacteurs du Code. Que disent-ils, en effet, dans l'article 727 ? Que l'indignité exclut de la succession. Or, il est bien évident que, pour être exclu d'un droit, il faut que ce droit existe à votre profit. La loi ne se sert pas de ce terme quand elle parle de l'incapacité, parce qu'ici précisément il y a absence de droit. Toute la différence consiste en ceci, que l'incapable ne peut acquérir, tandis que l'indigne ne peut conserver. Aussi, conformément à l'avis de Lebrun, déclarerons-nous que l'indigne est saisi jusqu'au prononcé du jugement; que, jusque-là, c'est un héritier jouissant de tous les droits attachés à cette qualité, et que, s'il meurt avant la reddition du jugement, il pourra transmettre à ses héritiers les biens de la succession dans son propre patrimoine.

Deux questions fort importantes restent encore à examiner dans cette partie de ce travail.

17

La saisine est-elle attribuée collectivement à tous les parents jusqu'au douzième degré? Est-elle limitée, au contraire, aux plus proches?

La première de ces doctrines compte de nombreux partisans et s'appuie sur les arguments que je vais indiquer :

1° La saisine héréditaire est fondée sur le *condominium* germanique ; elle doit avoir chez nous la même base et le même caractère, qui se justifie, du reste, aussi bien par les raisons historiques qu'au point de vue de la philosophie.

2° L'article 724 offre à ces auteurs un second argument : Contrairement aux anciennes Coutumes du royaume de France, qui ne donnaient la saisine qu'au plus proche héritier, l'article 724 l'attribue à tous les héritiers légitimes d'une façon générale, ce qui comprend tous les parents au degré successible ; il les prend en masse, pour ainsi dire, et leur accorde les mêmes droits vis-à-vis des tiers.

Ce système, que nous avons déjà réfuté, entraînerait les conséquences suivantes :

1° En cas d'inaction du parent le plus rapproché, tout successible, quel que soit du reste son degré, pourrait appréhender la succession tout entière.

2° Intenter contre les tiers toutes les actions héréditaires, soit possessoires, soit pétitoires.

3° Il pourrait refuser ou accepter la succession avant même que l'héritier le plus proche se soit prononcé ; si bien que la prescription du droit héréditaire aurait pour point de départ unique, applicable à tous les successibles, le jour du décès du testateur.

Aucune de ces conséquences n'est consacrée par les textes du Code.

Nous tenons pour certain, au contraire, que la saisine n'est accordée qu'à ceux qui, par l'ordre et le degré de parenté avec le défunt, sont appelés à la succession.

La saisine a pu puiser son origine dans le Droit Germanique, nous l'avons admis, mais elle a été singulièrement modifiée, et nous avons pu voir que ce principe tel qu'il a été admis par les jurisconsultes allemands n'a jamais été introduit même dans notre ancienne législation aux temps les plus reculés. L'article 318 de la *Coutume de Paris* portait : « *Le mort saisit le vif*, son hoir le plus proche et » habile à lui succéder ». Et cette règle avait été acceptée dans le plus grand nombre des Coutumes ; l'article 724 n'est que la reproduction de cette disposition, sinon dans la lettre du moins dans l'esprit.

Quant à l'argument tiré de ce même article 724, il ne faut pas voir dans ce texte plus qu'il ne s'y trouve. Ce serait abuser du mot *héritier* que de le prendre dans le sens du mot *parent*. Il n'y a d'héritier que celui auquel la succession est dévolue. Dans cette formule générale, l'article n'a pas d'autre but que de vouloir établir une différence entre deux classes de successeurs ; mais abroger l'article 318 de la *Coutume de Paris*, il n'en est pas question. Enfin, ce serait vouloir se jeter à cœur joie dans les difficultés les plus inextricables, que d'autoriser les tiers à poursuivre les héritiers du deuxième, du troisième degré, de la même manière que celui du premier, conséquence inévitable si l'on accorde à tout parent le droit de se prévaloir de la saisine ; car la saisine e l'actif ne saurait exister sans la saisine du passif.

Enfin, les dispositions des articles 785 et 780 s'expliquent, nous l'avons vu, de la façon la plus naturelle sans le secours de la saisine collective.

Sous l'empire du Code, il est pour nous un fait certain, c'est que l'héritier le plus proche est seul saisi.

Mais que décider dans le cas où, la succession venant à s'ouvrir, l'héritier est absent ? L'article 136 déclare que, dans ce cas particulier, elle sera dévolue à ses cohéritiers, s'il en a, ou aux héritiers du degré subséquent. C'est purement et simplement une application de l'article 135. Les représentants de l'absent, à l'exception des enfants, ne peuvent réclamer un droit échu en son nom, qu'en prouvant son existence au moment de l'ouverture de sa succession. Or, l'absence rend précisément cette preuve impossible. Aussi l'hérédité est forcément dévolue, comme si l'absent avait cessé de vivre.

La loi n'apporte aucune restriction à la vocation héréditaire des personnes qui viennent recueillir la succession au lieu et place de l'absent. Ils succèdent conformément au droit commun; ils sont saisis. L'absent conserve son droit héréditaire, sans doute, s'il revient en temps utile (art. 137). Il pourra le faire valoir et exercer les actions qui lui compètent, mais il aura perdu la saisine qui sera passée entre les mains de ses cohéritiers ou autres ayants-droit.

Une seconde question fort importante de notre matière est de savoir si la saisine légale n'a jamais lieu qu'une seule fois au profit des plus proches héritiers, ou si, au contraire, la renonciation de ces derniers ne la fait point passer au degré subséquent?

Dans l'ancien Droit, pas de doute. La saisine, d'abord attribuée à l'hoir le plus prochain, passait successivement, en cas de renonciation, aux successibles des degrés inférieurs. Dans le Droit actuel, l'article 785 a pour but d'anéantir la saisine d'une façon rétroactive, et de faire considérer l'héritier renonçant comme n'ayant jamais été appelé à la succession. Or, s'il est réputé n'avoir jamais eu la saisine, le successible du degré subséquent doit être censé en avoir toujours été investi.

On a contesté cette solution à notre époque. On a prétendu que la saisine n'avait jamais lieu qu'une seule fois, et l'on s'est appuyé, pour soutenir le système, sur des arguments tirés de l'article 700 d'abord, et 811 ensuite.

Ce premier article, dans sa teneur, donne à l'héritier qui a renoncé le droit de revenir sur sa détermination, de reprendre la succession si elle n'a pas été acceptée par d'autres.

Par conséquent, disent les contradicteurs de notre système, si le successible du deuxième degré était saisi, l'héritier qui a déjà renoncé ne pourrait pas lui enlever, par une acceptation postérieure, une succession qui était passée dans son patrimoine ; et il est logique de supposer que, s'il donne à l'héritier du premier degré la faculté d'accepter la succession, c'est que celui du deuxième n'a acquis aucun droit sur elle, qu'elle est vacante, et peut être appréhendée aussi bien par le premier que par le second.

Je ne crois pas ce système exact. Il a d'abord le tort de n'envisager dans cet article 700 qu'une des applications qu'il peut avoir. La renonciation, en effet, peut donner naissance à la dévolution au degré subséquent, c'est vrai, mais elle peut donner lieu aussi à accroissement.

Dans ce second cas, je ne vois pas le moyen de soutenir que la saisine de l'héritier qui renonce ne passe pas sur la tête de ses cohéritiers. Chaque cohéritier, en effet, est appelé à la totalité de la succession. Son droit général, qui embrasse toute l'hérédité, n'est limité que par celui des autres. Si l'un d'eux renonce, l'obstacle qui s'opposait à l'exercice plus complet de la vocation héréditaire disparaît avec la renonciation. Or, il me semble bien difficile d'admettre que les cohéritiers ne soient pas saisis de la part à laquelle l'un d'eux a renoncé, et alors l'article 700 ne viserait plus, dans le système adverse, que le premier cas que nous prévoyions tout à l'heure, celui où la succession serait déférée au degré subséquent. Or, scinder un article aussi général, c'est la condamnation du système. On ne peut accorder ainsi la saisine dans un cas et la refuser dans l'autre. Cet article 700 se justifie et s'explique difficilement. Il est contraire à la théorie du Code et à nombre de dispositions sur cette matière; il faut le prendre pour ce qu'il est, pour une anomalie.

Du reste, nous devons le dire, le système que nous combattons a été créé en grande partie pour éviter les inconvénients pratiques auxquels donnait lieu la dévolution successive de la saisine ; si elle passait successivement de degré en degré, tant qu'il y aurait un héritier saisi, la succession ne pourrait être déclarée vacante, et, par suite, un curateur à la succession ne saurait être nommé aux termes de l'article 811. Or, si la renonciation d'un héritier saisit l'héritier du degré inférieur, les créanciers seront obligés de renouveler leur action contre chacun d'eux, et de descendre ainsi toute l'échelle des successibles saisis ; ceux-ci, chaque fois qu'ils seront poursuivis à leur tour par les créanciers héréditaires, pourront leur opposer un nouveau délai de deux mois et quarante jours pour faire inventaire et délibérer, et les entraîner ainsi à des frais fort onéreux, à des lenteurs interminables, tout cela pour aboutir, le plus souvent, à une déclaration de vacance pure et simple.

Ces inconvénients sont graves, c'est vrai, mais, à tout bien considérer, on exagère un peu les conséquences auxquelles peut conduire le système contraire.

Certains auteurs, frappés de la situation faite aux créanciers héréditaires, ont admis que la saisine, bien qu'elle passât à l'héritier du second degré, ne faisait pas, malgré tout, obstacle à la vacance, et que les créanciers, en conséquence, pouvaient faire nommer, après la renonciation du plus proche héritier, un curateur aux biens, sans s'adresser à l'héritier plus éloigné, saisi à sa place.

Il y a là, évidemment, une anomalie, car on suppose difficilement que la présence d'un héritier saisi s'oppose à la vacance lorsqu'il est au premier degré, et ne s'y oppose plus lorsqu'il est au second. C'est pour nous un expédient inacceptable.

Bien que, dans l'ancien Droit, on fût assez enclin à suivre cette théorie, que plusieurs arrêts des Parlements, que de nombreux auteurs des plus autorisés l'aient adoptée (Pothier, *Intr. au titre* XVII, C. d'Orl., n° 67), nous maintenons notre première opinion, en ayant soin de faire remarquer d'abord que, sur ces matières, la théorie de l'ancien Droit était bien vacillante, et qu'elle ne considérait guère l'héritier comme obligé aux dettes qu'après son acceptation, ce qui se conciliait parfaitement avec la vacance; enfin, les effets produits par la saisine successive ne seront point aussi dangereux dans le Droit actuel qu'on a bien voulu le dire. Il sera très-rare, en fait, qu'il y ait beaucoup plus de deux ou trois degrés connus, et alors l'inventaire ayant été dressé une première fois, le temps de l'exception dilatoire sera réduit à quarante jours.

Du reste, il est incontestable que, par le seul effet de la saisine, le successible est investi de la succession; et, en présence de l'article 811, qui ne permet point la déclaration de vacance tant qu'il y a un héritier connu, il faut bien avouer que cette déclaration ne sera plus possible; les biens héréditaires n'ont-ils pas un maître et les créanciers un débiteur.

Une autre question peut encore être soulevée : Qu'adviendra-t-il si l'héritier ne renonce ni n'accepte, s'il reste dans l'inaction? Qu'adviendra-t-il de la saisine d'abord? Quels sont les droits des parents plus éloignés ensuite?

Dans notre ancien Droit, Pothier écrivait : « La saisine de l'héritier est en suspens jusqu'à ce que l'héritier se soit décidé sur le parti de l'acceptation ou de la répudiation ». Cette théorie manque, suivant nous, d'exactitude. La règle *le mort saisit le vif* exprimait aussi énergiquement que possible que la transmission de la possession se faisait immédiatement du défunt à son héritier. En vain peut-on objecter que cette situation n'est que provisoire, qu'elle peut changer suivant l'acceptation ou la renonciation de l'héritier. Qu'il accepte, la propriété et la possession seront définitivement fixées sur sa tête; qu'il renonce, il sera censé n'avoir jamais été héritier, ni par conséquent saisi; il n'en résulte pas que la saisine soit restée suspendue. En devenant héritier, on devient immédiatement propriétaire et possesseur sous une condition protestative. Il n'y a donc aucune suspension dans la propriété, ni dans la possession. Mais si l'héritier peut renoncer, puisque son droit sera résoluble, il n'aura jamais été en suspens. C'est précisément cette situation qui fait que, jusqu'à la renonciation, il peut être valablement actionné par les créanciers, ce qui éloigne toute idée de suspension dans le droit de l'héritier.

Maintenant, dans cette situation, quels sont les droits des parents les plus éloignés? Peuvent-ils se mettre en possession? C'est le système généralement accepté par les partisans de la saisine collective; nous ne l'avons point admis, nous le repousserons, au contraire, énergiquement.

Pour nous, c'est le plus proche héritier qui a la saisine; il l'a de plein droit, partant il est propriétaire et possesseur. Nous ne voyons pas de quel droit des parents éloignés viendraient le déposséder; ils ne sont pas saisis, ils n'ont aucune action pour forcer l'héritier à prendre un parti. La situation, nous en convenons, est fort pénible, mais elle le serait encore bien davantage, si nous admettions, comme certains auteurs, que, pour tous les successibles, la faculté d'acceptation se prescrit à compter de l'ouverture de la succession.

Il y a là une lacune dans le Code, c'est évident, puisque les héritiers du degré subséquent ne peuvent forcer l'héritier saisi à prendre parti; mais nous ne pouvons pas y apporter de remède. Du reste, ces hypothèses se rencontreront fort rarement dans la pratique; si la succession est bonne, l'héritier le plus proche viendra presque toujours la recueillir; si elle est mauvaise, les plus éloignés ne se présenteront point à la place de l'héritier du premier degré.

1° Chaque cohéritier est-il autorisé à revendiquer contre les tiers la totalité de la succession?

2° Les parents plus éloignés qui se sont mis en possession de l'hérédité peuvent-ils revendiquer contre des tiers les biens héréditaires?

Les deux questions sont fort controversées. La saisine appartient seulement au successible du premier degré appelé à la succession, mais s'ils sont plusieurs, à tous indistinctement : elle leur appartient d'une manière indivisible. La saisine a pour but la conservation de l'hérédité ; or, pour l'atteindre, il fallait investir chacun des héritiers de la possession du tout, sans quoi il n'aurait pu conserver que sa part héréditaire, et il était impossible de déterminer cette portion avant le partage.

Ce principe ne saurait s'appliquer aux créances et au paiement des dettes. En ce qui les concerne, il n'y a pas d'indivision. La part de chacun est immédiatement déterminée. Elles se divisent de plein droit (art. 1220).

De tout ceci résultent les conséquences suivantes : d'une part, le cohéritier peut se mettre en possession de toute l'hérédité ; d'autre part, il peut intenter pour le tout la pétition d'hérédité. Le tiers actionné ne peut pas se défendre, en lui opposant qu'il n'est pas le seul héritier. Il n'a qu'une ressource, demander la mise en cause des autres héritiers ; en un mot, opposer l'exception *plurium cohæredum.*

C'était le système soutenu dans notre ancienne jurisprudence par Pothier, qui commence, du reste, par rappeler les principes romains où la pétition d'hérédité ne 'pouvait avoir lieu que pour la part héréditaire, et finit par conclure « qu'en attendant que ceux qui sont héritiers pour les autres portions se présentent, l'équité veut que toutes les choses de la succession qui sont entre les mains de ce possesseur soient remises en entier à cet héritier, quoi qu'il ne le soit que pour partie, plutôt que d'être laissées à cet usurpateur, qui n'a aucun droit aux biens de la succession (1) ».

Plusieurs auteurs, parmi lesquels on compte M. Demolombe, n'admettent pas cette théorie d'une façon complète. Selon leur opinion, le tiers peut opposer au cohéritier une exception dilatoire tirée de son défaut de qualité, exception qui le tiendra en échec jusqu'au moment où il justifiera que

(1) *De la propriété*, n° 415.

son cohéritier a renoncé ou qu'il a acquis son droit par prescription.

Je ne puis admettre ce système, car, s'il est vrai qu'entre cohéritiers la présence des uns restreint les droits des autres, ces mêmes droits conservent avant le partage de la succession toute leur étendue à l'égard des tiers qui, n'étant pas eux-mêmes héritiers, ne pourront se prévaloir d'une qualité qui ne leur appartient pas, pour conserver l'hérédité.

M. Laurent, conformément à la jurisprudence des Cours belges, soutient que l'action en pétition d'hérédité est toujours divisible : « elle tend à faire reconnaître l'existence et la quotité du droit de propriété, réclamé par le demandeur à titre d'héritier. Or, le droit de copropriété de chaque héritier affecte la totalité tout ensemble, et chaque partie des choses qui composent la masse héréditaire; et ces choses étant susceptibles de division, soit matérielle, soit intellectuelle, il en résulte que le droit qui s'y applique est lui-même divisible activement et passivement; d'où suit que les héritiers du demandeur ne peuvent exercer chacun l'action que pour sa part virile, et que les héritiers du défendeur n'y sont tenus que dans la même proportion (1) ».

Mais jamais un cohéritier ne pourra intenter pour le tout l'action en revendication; puisqu'il n'est héritier que pour partie, il ne pourra revendiquer un immeuble héréditaire en son entier. Cette décision n'est pas en contradiction avec la règle que nous posions il y a un instant sur l'indivisibilité de la saisine, car, si le cohéritier a sur l'ensemble du patrimoine un droit général et indivisible, qui n'est autre que la saisine elle-même, en revanche ce droit ne frappe sur les objets particuliers que d'une manière indivise.

Les auteurs qui soutiennent que la revendication est impossible dans notre espèce, répondent à l'argument que nous venons de présenter : s'il n'y a qu'un droit indivis, droit qui

(1) Laurent, t. IX, p. 581.

s'évanouira entièrement par le partage, si l'immeuble ne tombe pas dans le lot de l'héritier revendiquant, on ne peut admettre que le cohéritier soit propriétaire, et, en conséquence, puisse revendiquer. Du reste, à quoi tend l'action? Au délaissement de la chose; or, le propriétaire dans l'indivision pourra-t-il exiger du possesseur la restitution de cette chose sur laquelle il n'a aucun droit déterminé?

Nous répondrons avec MM. Aubry et Rau, qu'en pareil cas, l'action en revendication ne peut évidemment avoir pour objet le délaissement d'une chose corporelle, mais qu'elle peut, et cela suffit pour en établir la recevabilité, avoir pour but la reconnaissance du droit de propriété du revendiquant (1).

Quant à la seconde question, elle offre, elle aussi, de sérieuses difficultés : — Il est certain que le parent qui revendique des biens détenus par les tiers n'est pas l'héritier le plus proche; pourra-t-il intenter utilement l'action, en a-t-il le droit? Nous ne le croyons pas, et nous basons notre opinion sur ce principe que l'héritier saisi est seul propriétaire des biens de la succession, et, par conséquent, peut seul intenter la revendication, sanction du droit de propriété. Pour nous, son action n'est pas recevable.

On nous fait à ce sujet deux objections qui n'ont pas plus de valeur l'une que l'autre.

D'abord, dit-on, l'action du demandeur est fondée sur son titre de parenté avec le défunt, et il est supérieur à celui du tiers qui possède les biens héréditaires. C'est une grande erreur, précisément, que de croire que les parents qui n'ont pas la saisine aient un titre quelconque dans leur simple qualité de parents. Nous avons déjà développé cette idée que, tant que l'héritier le plus proche n'avait pas renoncé, les parents qui le suivent ne pourraient avoir aucun droit.

On objecte ensuite que le tiers défendeur, qui n'est pas

(1) Aubry et Rau, t. vi, p. 620, note 3.

lui-même héritier, ne peut être admis à exciper des droits qui ne sont pas les siens, qu'il ne peut point invoquer le défaut de qualité de ceux qui l'attaquent, qu'il n'y a que l'héritier saisi qui puisse l'opposer aux parents plus éloignés.

Cette prétention est un oubli complet des principes : depuis quand n'est-ce plus au demandeur à prouver la validité de sa demande, à démontrer la base sur laquelle il l'a fondée? Dans l'espèce, c'est la qualité d'héritier. Le demandeur ne peut triompher qu'en faisant cette preuve; or, il est évident que le tiers défendeur et possesseur peut lui opposer qu'elle n'existe pas. Son action n'est donc pas recevable.

## CHAPITRE III.

### Section I.

#### Des Successeurs irréguliers.

Nous touchons ici à une des matières les plus controversées du sujet : Quelle situation le Code civil a-t-il fait aux successeurs irréguliers? L'article 724 nous l'indique d'un mot. Ils n'ont pas la saisine; ils doivent demander et obtenir l'envoi en possession, ou la délivrance, suivant les cas. Le conjoint survivant et l'Etat ne succédant jamais qu'à défaut de tous autres, c'est la justice qui les enverra en possession ; mais les enfants naturels peuvent arriver seuls à la succession ou en concours avec des héritiers légitimes? Dans la première hypothèse c'est le tribunal qui les enverra en possession ; dans la seconde, c'est aux héritiers qu'ils devront demander la délivrance.

Dans cette matière, les rédacteurs du Code se sont montrés innovateurs; l'ancienne jurisprudence montrait, du reste, sur ces points délicats, les plus grandes hésitations; les uns, comme Lebrun, accordaient la saisine aux successeurs irréguliers, le seigneur haut justicier, le conjoint, l'abbé ; d'autres, au contraire, la leur refusaient expressément ; quelques-uns prenaient un système mixte. Ils donnaient bien la saisine, mais en refusant la qualité de continuateur de la personne du défunt. Le jurisconsulte Merlin fait remarquer qu'il y avait entre ces deux idées antinomie absolue ; les rédacteurs du Code civil, pour couper le mal dans sa racine, ont donc déclaré que les successeurs irréguliers seraient privés de la saisine.

Pourquoi ? C'est que la loi n'attribue qu'à regret les biens héréditaires aux successeurs irréguliers ; bien qu'écrit dans la loi, leur droit n'a pas la même évidence que celui des parents légitimes, et elle exige qu'il soit vérifié par l'héritier ou par la justice. Il règne toujours sur leur vocation héréditaire les plus grandes incertitudes ; n'arrivant jamais seul à la succession de ses père et mère que lorsque l'un et l'autre ne laissent pas de parents au degré successible (et l'on succède jusqu'au douzième degré), l'enfant naturel est suspect aux yeux de la loi, qui craint toujours de compromettre les droits d'héritiers légitimes, inconnus ou absents ; à plus forte raison, le conjoint survivant, que la loi, par une criante injustice, n'appelle qu'à défaut de parents naturels, l'Etat qui ne recueille les biens qu'à titre de déshérence, excitent-ils sa défiance? Aussi, elle leur défend de se mettre d'eux-mêmes en possession, et elle ne leur permet d'entrer en jouissance qu'après avoir accompli différentes formalités énumérées par les articles 769 à 773, dans le but d'avertir les intéressés et d'assurer la restitution de l'hérédité aux successeurs véritables, s'il s'en présente.

Donc, l'article 724 refuse la saisine aux successeurs irréguliers ; mais s'ils n'ont pas la possession qui en est la conséquence, la propriété des biens héréditaires leur est transmise de plein droit dès l'instant de l'ouverture de l'hérédité ; ils sont donc propriétaires. Avant d'entrer dans les détails,

Il faut faire une distinction bien nette entre les droits qui dérivent de la propriété et ceux qui découlent de la possession.

Or, les successeurs irréguliers n'ont point la saisine d'après l'article 724; ils ne doivent avoir, par suite, aucun des droits et des obligations qui s'y rattachent; et la conséquence naturelle que nous devons en tirer, c'est que, n'ayant, comme nous venons de le dire, aucun des avantages attachés à la saisine, ils ne doivent s'en prévaloir qu'après avoir obtenu l'envoi en possession; ils n'ont donc la possession que du jour où ils l'ont obtenue judiciairement. Ceci n'est pas l'avis de tout le monde : l'envoi en possession, disent certains auteurs, constitue pour les successeurs irréguliers une véritable saisine judiciaire, au lieu d'être légale, qui produit chez eux les mêmes effets que la saisine légale chez les héritiers légitimes; ils sont censés avoir rétroactivement la possession du jour de la mort du défunt. Je crois que cette manière d'interpréter la loi n'est point exacte, pour plusieurs motifs : d'abord, cette expression de saisine judiciaire semble incompatible avec l'idée que nous nous sommes habitués à prendre de cette institution; c'est, en effet, la possession transmise de plein droit que la saisine, et, du moment qu'une cause étrangère, que le juge doit intervenir pour opérer cette transmission, il n'y a plus là véritablement de saisine. Ensuite, il nous semble bien difficile d'admettre qu'un jugement crée dans le passé des droits qui n'existaient pas et qui n'existent que par lui. Or, si l'on reconnaît que la possession, dont une décision judiciaire rend seule l'exercice possible, rétroagit par une fiction au jour de la mort du *de cujus*, ce n'est plus appliquer la loi, c'est la faire, car rien dans l'article 724 n'autorise une pareille interprétation.

Dire que les successeurs irréguliers ont la saisine sous condition d'obtenir l'envoi en possession, me semble aussi une opinion erronée. La condition une fois accomplie rétroagirait évidemment au jour de l'ouverture de la succes-

sion : or, donner la saisine sous condition, c'est l'accorder
en réalité, et le Code, qui fait une distinction formelle entre
les héritiers et les successeurs irréguliers, la refuse expressément aux seconds. Je crois donc qu'il faut repousser ce
système comme créant des fictions que ne justifie pas la
loi. Je sais bien que la théorie qui me semble avoir été
consacrée par le Code civil, et qui consiste à n'accorder la
possession aux successeurs irréguliers qu'à dater du jugement, crée par cela même une lacune fâcheuse dans la
possession; mais qu'y faire ?

La jurisprudence s'est presque complètement ralliée au
système de nos adversaires, et la Cour suprême elle-même
a donné son appui à cette doctrine; elle aussi a admis l'effet
rétroactif au jour de l'hérédité. Elle s'est basée sur ce motif
que les successeurs irréguliers ont la jouissance des fruits à
partir de cette époque; qu'en cas d'éviction, ils les gardent
comme possesseurs de bonne foi. Cette dernière considération, exacte en soi, n'a rien de commun avec la saisine; si
le successeur irrégulier a droit aux fruits, c'est qu'il est propriétaire du jour du décès du testateur, ce que nous n'avons
jamais mis en doute.

Il résulte de ce que nous venons de dire :

1° Que les successeurs irréguliers ne peuvent pas se mettre
en possession avant le jugement qui les y autorise.
MM. Aubry et Rau, à ce sujet, ont une théorie spéciale qui
consiste à distinguer le cas où les successeurs irréguliers se
trouvent en présence de prétendants à l'hérédité ou de
simples tiers. Dans cette dernière hypothèse seulement, ils
ont besoin de l'envoi en possession, en ce sens qu'il faut
absolument que leur droit ait été sanctionné par la justice
pour être opposable aux tiers. Cette distinction ne me paraît
reposer sur aucun texte. L'article 724 fait, d'une manière
générale, une distinction entre les héritiers légitimes et les
successeurs irréguliers. Elle accorde aux uns la saisine, elle
la refuse aux autres. Cette saisine des premiers est générale,

Elle a lieu aussi bien à l'encontre des tiers que des autres héritiers, ce qui implique bien *a contrario* que les successeurs irréguliers ne l'ont pas plus à l'égard des uns que des autres.

N'est-il point naturel de supposer, avec la simple logique, qu'étant en présence de deux dispositions corrélatives dans un même article, la première accordant la saisine à une classe d'héritiers, la seconde la refusant à une autre, que, s'il n'y a pas de distinction dans l'une, il ne doit pas y en avoir dans l'autre. Or, l'article 724 n'en fait pas dans son premier paragraphe.

2° Que les successeurs irréguliers ne pourront pas intenter les actions possessoires. Les héritiers légitimes peuvent les exercer précisément parce qu'ils sont saisis. C'est dire que les successeurs irréguliers ne le pourront pas. Du reste, ils ne pourront pas davantage exercer les autres actions héréditaires. Ils ne pourront agir ni contre les débiteurs ni contre les détenteurs des biens héréditaires, car, pour exercer une action, il ne suffit pas d'être propriétaire, il faut être possesseur, puisque l'exercice est un acte de possession. Or, les successeurs irréguliers n'a pas la possession avant l'envoi en possession. La conclusion est facile. Ils ne pourront non plus prescrire, du moins dans notre opinion, que du jour où ils seront entrés en possession, par la même raison que celle exposée plus haut, c'est qu'ils ne commencent à posséder qu'à partir de cette époque.

Enfin, réciproquement, pour être conséquent avec nous-mêmes, nous devons admettre qu'ils ne peuvent pas être immédiatement actionnés par les créanciers héréditaires, malgré l'avis opposé d'un grand nombre de jurisconsultes.

Pas plus qu'il ne peut exercer les actions héréditaires, le possesseur irrégulier qui n'est pas encore envoyé en possession, n'a le droit à plus forte raison de prendre en mains l'administration des biens de la succession, car ce serait alors la réalisation en fait d'une possession qui lui appartiendrait en droit. Or, elle ne lui appartient pas, car il ne pourrait l'avoir reçue que de la saisine, et la loi ne la lui confère pas.

Les successeurs irréguliers sont-ils tenus des dettes *ultra vires?* Cette question est généralement décidée dans le sens de la négative. Nous pensons que c'est avec raison; nous pouvons appuyer notre avis sur les considérations suivantes : C'est d'abord l'ancien Droit Français qui décidait en notre faveur. En second lieu, la gravité même de la question du paiement des dettes *ultra vires*, imposée aux successeurs irréguliers, doit nous amener à n'adopter cette opinion que si elle résulte de textes formels. Or, il n'y en a pas. Au contraire, tous les articles semblent supposer qu'ils n'en sont pas tenus; de l'article 724 d'abord, et de la combinaison des articles 767 à 773 et 774 et suivants, il résulte que les règles relatives à l'acceptation pure et simple et sous bénéfice d'inventaire s'appliquent d'une manière exclusive aux héritiers légitimes. Pour les successeurs irréguliers, le mode normal consiste dans l'envoi en possession.

De plus, nous pouvons encore tirer un autre argument de l'article 724. Il n'y a de représentant de la personne que les héritiers saisis, les autres ne sont que les simples successeurs aux biens. Ils ne continuent pas la personne. En conséquence, ils ne sauraient être tenus des dettes *ultra vires*. Bien que cette théorie soit celle de la loi, et que nous l'ayons adoptée, nous ne pouvons pas nous empêcher de reconnaître qu'il est regrettable que les successeurs irréguliers qui, après l'envoi en possession, jouissent exactement des mêmes droits que les héritiers légitimes, ne soient pas soumis comme eux aux mêmes charges; mais je ne crois point cette raison toute d'équité assez décisive pour aller contre l'enseignement des textes.

Après l'envoi en possession, ils ont exactement les mêmes droits que les héritiers légitimes; de là résultent les conséquences suivantes :

18

1° Ils peuvent prendre l'administration et la gestion des biens héréditaires, puisqu'ils ont la possession.

2° Ils peuvent exercer toutes les actions qui appartenaient au défunt. Ils peuvent donc intenter les actions possessoires et invoquer la prescription; mais à quelles conditions? Nous l'avons déjà vu, le jugement d'envoi n'est pas déclaratif, il crée un fait qui n'existait pas. Le successeur n'avait pas le droit de posséder, il l'acquiert, par conséquent, la prescription ne court que du jour de l'envoi en possession.

3° Ils peuvent être poursuivis comme les héritiers légitimes par les créanciers héréditaires, avec cette seule différence que ce ne sera pas *ultra vires*.

Enfin, une dernière question fort importante reste à résoudre; les successeurs irréguliers ont-ils droit aux fruits depuis l'ouverture de l'hérédité, alors même qu'ils n'en demandent pas leur part dans l'année du décès?

Voilà notre opinion sur ce point : L'acquisition de la succession n'étant pas un effet de la saisine, mais s'opérant par le seul effet de la loi et en vertu de l'article 711, les successeurs irréguliers acquièrent la propriété des biens héréditaires à partir de la mort du défunt. Par conséquent, nous sommes tentés d'admettre qu'ils ont droit aux fruits à partir du jour du décès; c'est une conséquence de leur droit de propriété. Cette question est tout à fait étrangère à la saisine. Les fruits appartiennent au propriétaire (art. 547).

C'est par exception que les fruits sont accordés au possesseur de préférence au propriétaire. Or, quand les enfants naturels se trouvent en concours au moment du décès avec des héritiers légitimes, s'ils n'ont pas la possession, ils ont la propriété. Il est donc naturel qu'ils gagnent les fruits.

Nous devons reconnaître, du reste, que la jurisprudence se montre hostile à cette doctrine, et qu'elle a été rejetée dans un arrêt du 22 mars 1841. (Dalloz, *Succession*, n° 70, 2°.)

Seulement, la Cour part d'un principe qui n'est qu'une exception à une règle générale : à savoir que les possesseurs de bonne foi gardent les fruits. Elle trouve la consécration du principe en matière de saisine dans l'article 1005 : « Attendu que le meilleur commentaire des articles 724 et 756 se trouve dans l'article 1005, où l'on voit que, pour accorder au légataire universel la jouissance avant la demande en délivrance, le législateur a pris soin de l'exprimer, et y a même mis pour condition que cette demande serait formée dans l'année du décès, etc ». — Le légataire universel, en présence d'héritiers réservataires, n'a pas la saisine qui appartient aux parents légitimes. Aussi, aux termes de l'article 1005, ont-ils droit aux fruits, si le légataire ne fait pas une demande en délivrance dans l'année. Si, dans cette circonstance, la loi les accorde au légataire universel, c'est par une exception faite en sa faveur, car tous les autres légataires n'ont droit aux fruits que du jour de leur demande.

Et la loi, continue cet arrêt, « accorde la jouissance des fruits et leur acquisition, aux héritiers légitimes, parce que ceux-ci sont possesseurs de bonne foi, tant que le légataire universel n'agit pas, attendu que dans le doute légal de leur volonté de demander l'envoi en possession, et jusqu'à ce que cette volonté soit manifestée par une action, les héritiers légitimes jouissent de la succession dont ils sont saisis de plein droit, avec une bonne foi qui ne serait pas même altérée par la connaissance personnelle des droits non exercés et qui peuvent ne pas l'être ».

Alors la Cour, raisonnant par analogie, fait l'application des règles ci-dessus exposées aux enfants naturels. Ce que la loi dit des légataires, la Cour le dit des enfants naturels. Comme eux, ils doivent faire une demande en délivrance pour entrer en possession ; jusque-là, les héritiers légitimes possèdent de bonne foi pour les mêmes motifs que ceux invoqués il y a un instant, et ils gagnent les fruits, dans tous les cas, jusqu'au jour de la demande en délivrance, car l'exception de l'article 1005 n'a été créée que pour le seul légataire universel.

Cette théorie nous semble inexacte sous plusieurs rapports. D'abord, elle a le tort de faire d'une exception une règle générale. Le principe, en effet, n'est pas que le possesseur de bonne foi gagne les fruits, mais bien le propriétaire. Or, les successeurs irréguliers le sont à *die mortis*. En second lieu, les articles 1005 et 1014, qu'on voudrait appliquer par analogie, sont des dispositions spéciales. Si, dans ces deux articles, les rédacteurs du Code civil accordent l'acquisition des fruits aux héritiers saisis, ce n'est pas à cause de leur bonne foi, qui est plus que douteuse, puisqu'ils peuvent connaître l'existence des légataires, mais dans un but de conservation, pour les engager à bien gérer l'hérédité qu'ils ont entre leurs mains. En conséquence, ces deux articles, visant des faits particuliers, ne sauraient être étendus d'un cas à un autre, et régir les successeurs irréguliers en même temps que les légataires.

## SECTION II.

### *De l'envoi en possession.*

Nous savons que les successeurs irréguliers doivent se faire envoyer en possession des biens, et nous avons déterminé quelle est leur situation soit avant, soit après l'envoi en possession.

Quelles sont les formes et les conditions de l'envoi en possession ? Voilà qui va faire l'objet de ce chapitre.

Nos articles n'imposent ces conditions qu'aux enfants naturels, au conjoint survivant et à l'Etat, sauf quelques exceptions pour ce dernier. De là une question assez délicate que nous examinerons après l'étude des formalités. S'appliquent-elles aux autres successeurs irréguliers ?

Nous devons faire immédiatement cette remarque, c'est que l'enfant naturel n'y est soumis que dans le cas où il est appelé à la totalité des biens, à défaut de parents (art. 773). S'il se trouve en concours avec des héritiers légitimes, il doit se contenter de former contre eux une demande en délivrance. La règle serait la même s'il était en concours avec un légataire universel investi de la saisine en vertu de l'article 1006.

Nous étudierons successivement : 1° quelles sont les conditions et les formalités de l'envoi en possession ; 2° quel est l'effet de l'accomplissement ou de l'inaccomplissement de ces formalités.

I. Quelles sont les conditions et les formalités de l'envoi en possession ?

1° Elles ont pour but de constater la qualité des personnes qui demandent l'envoi en possession, et d'avertir en second lieu, par une certaine publicité, les héritiers légitimes, s'il y en a, que les successeurs irréguliers réclament la succession.

2° D'assurer, dans certaines limites, la conservation des biens dans l'intérêt des successeurs égaux ou préférables qui pourraient se présenter plus tard.

Aussi, la première obligation que la loi leur impose est celle de faire apposer les scellés et dresser un inventaire (art. 769). La même obligation incombe aux enfants naturels en vertu de l'article 773. Régulièrement, cette première obligation doit être accomplie avant qu'on ne forme la demande d'envoi en possession. Rien ne s'oppose pourtant à ce qu'il en soit autrement et à ce qu'on forme la demande avant d'avoir fait poser les scellés et dresser l'inventaire ; seulement, le Tribunal saisi de la demande ne devrait pas ordonner l'envoi en possession sans que ces formalités n'aient été remplies. Les scellés et l'inventaire ont pour but de prévenir le détournement des effets mobiliers, tout en constatant ce que le successeur devra restituer aux héritiers légitimes, si par hasard il s'en présente.

L'article 770 fixe la compétence du Tribunal sans indiquer toutefois la manière dont la demande doit être introduite. Elle se forme par requête (art. 859 et 860 proc. civ.). Il n'est point nécessaire que le successeur qui demande l'envoi en possession fasse nommer un curateur destiné à devenir son contradicteur. La succession n'est point vacante, et il n'y a pas lieu d'appliquer l'article 811.

Quelles preuves doit faire le successeur irrégulier à l'appui de sa demande? Doit-il, en face de la disposition de l'article 758, si c'est un enfant naturel, prouver, pour avoir la totalité de la succession, qu'il n'existe pas de parents jusqu'au douzième degré? C'est, en effet, à cette condition seule qu'il peut recueillir la succession entière. Le conjoint survivant sera-t-il condamné à faire la preuve qu'il n'existe ni parents légitimes, ni parents naturels (art. 767) (car ceux-ci succèdent avant le conjoint) pour obtenir l'envoi en possession? Enfin, l'État, qui n'arrive qu'en dernier lieu, en cas de déshérence, doit-il prouver qu'il n'y a ni successeurs réguliers ni irréguliers? Je crois qu'adopter ce système serait aller beaucoup trop loin; ce serait appliquer rigoureusement les principes, quand le Code y déroge. Or, ne le fait-il pas en prescrivant ces garanties et ces précautions de toutes sortes pour assurer précisément la position des héritiers qui pourraient se présenter dans la suite?

A quoi serviraient ces inventaires, ces publications de demandes, ces ventes de mobiliers, etc., etc., s'il était déjà prouvé que tous les parents au degré successible ont cessé de vivre?

Certes, il doit fournir des pièces justificatives: 1° les actes destinés à prouver les qualités à raison desquelles il a droit à l'envoi en possession, c'est-à-dire l'acte de reconnaissance, un acte de notoriété destiné à prouver qu'il ne s'est présenté aucun héritier légitime. Si, au vu de ces pièces, il apparaît que la demande est mal fondée, le Tribunal pourra la rejeter de plano. Si, au contraire, le Tribunal juge qu'il y a lieu de donner suite à la demande, il rend un jugement préparatoire dans lequel il ordonne que là demande sera rendue publique au moyen de trois publications et affiches. Il peut aussi pourvoir à l'administration de la succession et la confier aux mains des successeurs qui demandent l'envoi.

Ces publications et affiches doivent faire connaître l'individualité de la personne décédée, et la demande formée par le successeur irrégulier. L'article 770 décide qu'elles auront lieu dans les formes usitées, mais aucune loi n'a déterminé ces formes. On en a conclu avec raison, ce me semble, qu'elles étaient abandonnées à la prudence du juge.

Du reste, le Tribunal rejettera la demande dont il a été saisi, si l'instruction révèle l'existence de parents légitimes ou de successeurs irréguliers préférables à l'auteur de la demande. Le Tribunal devra la repousser, à moins qu'il ne justifie de la renonciation de ces parents ou successeurs ; car, en effet, ces parents sont saisis de plein droit, et le Tribunal n'a pas le droit de leur enlever cette saisine en envoyant le demandeur en possession. Nous déciderions de même dans le cas où l'État ou le conjoint survivant demandant l'envoi en possession, il y aurait un enfant naturel, car cet enfant a la propriété, s'il n'a pas la saisine; et ce fait est plus que suffisant pour empêcher un Tribunal d'envoyer une autre personne en possession. Mais si l'instruction n'a pas amené la découverte de successeurs préférables, quels qu'ils soient, après avoir entendu les conclusions du procureur de la République, qui a le devoir de prendre les intérêts de ceux qui ne peuvent pas veiller sur leurs affaires, les juges pourront prononcer l'envoi en possession.

Nous trouvons avec l'article 771 l'indication des mesures prescrites pour empêcher la disparution des biens, et en assurer, s'il le fallait, la restitution. Les règles que nous allons examiner ne sont point applicables à l'État. Leur seul but, en effet, sera de prémunir les parties intéressées contre les chances d'insolvabilité que pourraient offrir les successeurs irréguliers, s'il fallait opérer une restitution, et, avec l'État, on n'a pas à craindre cette éventualité fâcheuse. L'article 771 offre une option aux successeurs irréguliers : « Ou bien ils pourront vendre le mobilier et en placer le prix ». La loi ne dit rien, du reste, des formalités de la vente, et est parfaitement muette sur l'emploi qui devra être fait d.. sommes reçues; ce qui autoriserait jusqu'à un certain poi.. dans cette matière, l'emploi des formes prescrites à l'h.... r bénéficiaire et au curateur à succession vacante; du r...., le Tribunal pourra aviser. Ou bien ils peuvent encore ....rder le mobilier et en avoir la libre disposition, à la condition alors de donner une caution suffisante pour en assurer la restitution. Il faut bien remarquer, du reste, que l'enfant naturel n'étant dans aucun cas tenu de restituer la totalité des biens, la caution n'aurait pas besoin de garantir la restitution de la totalité de la succession. Par exemple, il pourra très-souvent, en pratique, être fort embarrassant de .. voir quelle valeur au juste la caution devra garantir, puisque les restitutions que l'enfant naturel pourrait avoir à faire varieront, et suivant la qualité, et quelquefois suivant le nombre des parents légitimes en concours avec lui.

Cette caution est légale. Aussi elle tombe sous le coup des articles 2018, 2010, 2041 du Code civil. Le procureur de la République est appelé à donner son avis sur l'acceptation de la caution, comme sur l'opportunité de l'envoi en possession, son devoir dans les deux cas étant de défendre les intérêts des héritiers absents ou inconnus.

Du reste, si la caution est exigée, ce n'est point .. tout en faveur des créanciers de la succession, qui n'ont aucune espèce de restitution de mobilier à exiger. Il leur appartient de sauvegarder eux-mêmes leurs intérêts en prenant les mesures conservatoires autorisées par la loi.

Une question assez délicate peut se présenter dans le cas où c'est le conjoint survivant qui a demandé l'envoi en possession. La caution, nous l'avons vu jusqu'ici, a été inventée pour sauvegarder les intérêts des héritiers. Si un enfant naturel qui n'est pas un héritier, mais un successeur, vient à se présenter, pourra-t-il venir prétendre que la caution est aussi tenue vis-à-vis de lui? Je le crois, car, dans un sens très-large, le mot *héritier* contient aussi les successeurs irréguliers. Quel est le sens de ce mot dans l'article 771? C'est ce qu'il faut déterminer. La loi a exigé la caution pour assurer la restitution du mobilier à tous ceux qui pourraient se présenter dans l'avenir avec des droits égaux ou préférables. Les successeurs irréguliers peuvent se trouver parfaitement dans cette condition. Nous devons donc en conclure que la caution a été exigée aussi bien dans leur intérêt que dans celui des héritiers légitimes, et que le législateur a donné dans l'article 771, à ce mot d'*héritier*, son sens le plus étendu.

Mais la caution n'assure que la restitution du mobilier, toujours suivant les termes de l'article 771. Son obligation a un objet unique, spécial, qui ne saurait être étendu au delà des bornes affectées par la loi. La gestion des successeurs irréguliers, la restitution des fruits qui pourrait être demandée au cas de mauvaise foi, ainsi que les dommages et intérêts encourus pour la dégradation des immeubles, ne sont pas garantis par elle. Sa responsabilité ne va pas aussi loin.

Du reste, la durée du cautionnement est fixée à trois ans. Les rédacteurs du Code ont pensé avec raison que, passé ce délai, il était probable qu'il n'y a pas d'autres héritiers, qu'il avait un temps suffisant pour se présenter, et qu'il y a bien des chances pour que le successeur irrégulier envoyé en possession conservât les biens.

Ces trois ans commencent à courir du jour de l'envoi en possession, et non pas seulement à partir de sa soumission, car c'est de cette première époque que date la responsabilité de la caution; et, en supposant que le successeur irrégulier eût dissipé, avant même la soumission de la caution, une partie du mobilier, elle en serait certainement responsable.

Ainsi donc, aussitôt ce laps de trois ans passé, la caution est libérée pour l'avenir, et, si après ce délai, il se présente des héritiers, ils ne pourront pas agir contre elle, même pour les actes qui auraient été passés pendant les trois années. Mais si les héritiers avaient manifesté leur présence dans le délai des trois ans, la caution pourra être poursuivie, alors même qu'ils n'agiraient contre elle qu'une fois les trois années écoulées, car la condition sous laquelle elle était obligée a eu son effet ; en conséquence, elle reste tenue vis-à-vis les héritiers.

Il nous reste encore à résoudre une dernière question que nous avons renvoyée. Ces formalités s'appliquent-elles aux père et mère, frère et sœur légitimes de l'enfant naturel? sont-ils obligés de demander l'envoi en possession ?

Une première opinion les considère comme de véritables héritiers saisis. On se fonde sur ce qu'aucune des dispositions de nos lois ne leur refuse cette qualité, et sur ce que, n'étant pas compris dans l'exception de l'article 724, ils doivent rentrer dans la règle générale édictée par le même article.

Les auteurs qui soutiennent cette opinion argumentent principalement du silence des articles 770 à 773; ce silence est d'autant plus significatif, que ces textes suivent immédiatement les articles 765 et 766, et si la loi ne soumet pas les successeurs dont il s'agit à l'envoi en possession, c'est qu'elle les regarde comme jouissant de la saisine.

Ce système ne me semble pas le vrai : L'esprit de l'article 724 est de faire de la saisine une prérogative attachée à la qualité de parent légitime, qualité qui fait ici complètement défaut. Ce serait une chose curieuse de refuser aux enfants naturels un droit qu'on accorderait à des personnes qui viennent après eux dans l'ordre successoral. Ils n'ont

donc pas la saisine, ceci me semble résulter de l'article 724,
aussi ils doivent se faire envoyer en possession.

Toutefois, un certain nombre de jurisconsultes ont émis
le système ingénieux que nous allons exposer. Tout en
refusant à ces successeurs la saisine, ils les dispensent de
l'envoi en possession, et voilà quel est leur raisonnement :

La loi peut faire des omissions, c'est incontestable, mais
elles peuvent être volontaires. Si les articles 724 et 770 à
773, ne parlent pas des successeurs qui nous occupent, leur
silence n'est point l'effet d'un oubli, car il s'explique de la
façon la plus naturelle. Nous trouvons-nous en présence de
l'enfant naturel, du conjoint survivant et de l'État, l'envoi
en possession et les formalités qui l'accompagnent sont
d'une nécessité absolue, puisqu'elles n'ont point d'autre but
que de sauvegarder les intérêts d'un héritier légitime ou
préférable, qui peut se présenter plus tard. Mais ici, le
danger a bien perdu de sa consistance. Les personnes qui
sont nommées par ces articles 765 et 766 ne viennent jamais à la succession que d'un enfant naturel. S'ils ont des
parents, des héritiers qui leur soient préférables, ce sont,
ce ne peuvent être que des descendants. Or, il faudrait
inventer un concours de circonstances bien bizarres pour
que les enfants soient inconnus, ou qu'ils ignorent le décès
de leur père. Cette procédure, qui peut être fort utile quand
il s'agit de porter à la connaissance de parents légitimes
éloignés le décès du *de cujus,* n'arriverait ici à d'autre
résultat que d'obliger les parties intéressées à des formalités
longues et dispendieuses ; car cet envoi en possession, qui
serait sans contredit d'une grande importance pour des
successeurs irréguliers égaux ou supérieurs en degré, et
dont l'existence surtout n'est pas aussi notoire que celle des
enfants légitimes, n'a plus sa raison d'être dans notre hypothèse, où il s'agit d'une classe d'héritiers sur l'existence de
laquelle il ne peut planer aucun doute.

Quoi qu'il en soit, je persiste dans mon opinion première,

et je crois que ces successeurs doivent demander l'envoi en possession. La loi, en effet, ne reconnaît que deux classes d'héritiers : ceux qu'elle saisit directement; ceux, au contraire, auxquels elle impose l'envoi en possession. Il n'y a pas de place, entre les deux, pour une troisième catégorie d'héritiers, qui seraient dans cette situation singulière, que, tout en n'ayant pas la saisine, ils auraient du jour du décès l'exercice de tous leurs droits.

Nous ne pouvons pas interpréter le silence des articles 770 et 773 dans le sens où le font les jurisconsultes de l'opinion contraire, car ce serait faire la loi, et prêter aux rédacteurs du Code des idées qu'ils n'ont jamais eues peut-être. Le rôle de l'interprète consiste à signaler les lacunes de la loi, mais il n'a pas le droit de les suppléer. Du reste, l'envoi en possession aura encore son utilité : il servira à constater la validité du titre des successeurs irréguliers à la vocation héréditaire, à s'assurer de leur état qui n'a point la même notoriété que celui des parents légitimes.

Pourtant, on pourrait apporter une atténuation à notre règle : le Tribunal devrait dispenser les père et mère, frère et sœur de l'enfant naturel, des frais de publication et des autres mesures, si, en fait, l'inutilité en était dès à présent démontrée. Si le *de cujus,* par exemple, était mort *impubere,* laissant pour héritier ses père et mère naturels, il n'a pas pu avoir d'enfants ou de légataires, c'est évident; en conséquence, ces formalités seraient tout à fait inutiles.

II. — Quel est l'effet de l'accomplissement, soit de l'inaccomplissement des formalités et conditions de l'envoi en possession?

Et tout d'abord nous ne devons point nous préoccuper ni du cas où le successeur irrégulier, qui a été envoyé ou encore s'est mis en possession de son autorité privée des biens héréditaires, n'est pas évincé en tout ou en partie de l'hérédité par un autre successeur égal ou préférable ; car, dans ce cas, il demeure propriétaire incommutable, tout ce qu'il a fait est bien fait. Il faut donc supposer le cas où il est évincé en tout ou en partie par un successeur égal ou préférable. Quel est alors l'effet de l'envoi en possession accompagné de toutes les formalités prescrites par le législateur? Le successeur envoyé en possession est devenu le possesseur de l'hérédité; il a pu en poursuivre les débiteurs comme il a pu être actionné par les créanciers héréditaires.

Mais le droit qu'il a acquis n'est pas incommutable; s'il se présente un héritier égal ou préférable, il pourra agir contre le successeur irrégulier par la pétition d'hérédité, dans le délai où cette action peut être intentée. Ils peuvent, dès le jour même de l'envoi en possession, disposer librement du mobilier, et, sur ce point, je crois la théorie professée par certains auteurs complètement fausse. Ils admettent que c'est seulement au bout de trois ans que le mobilier se trouve être à la disposition du successeur irrégulier (art. 771). Tout ce qui résulte de l'article 771, à mon avis, c'est la décharge de la caution; or, si le successeur a fait emploi du mobilier aliéné, il pourra user des biens à son gré, car l'obligation relative à l'emploi cesse en même temps que celle du cautionnement.

Les garanties dont il est question ont été constituées simplement dans l'intérêt des héritiers préférables, et n'empêchent nullement, entre les mains des successeurs irréguliers, l'exercice des droits qui leur compètent en vertu de la loi et de l'envoi en possession.

Maintenant, quant à l'effet de la pétition d'hérédité entre le demandeur et le défendeur, quel est le sort des actes de l'héritier apparent à l'égard des tiers? La règle est la même que pour les héritiers légitimes, et cette question est en dehors de cette thèse. En cas d'inaccomplissement des formalités exigées par la loi, les successeurs pourront être condamnés à des dommages et intérêts, suivant l'application du grand principe de l'article 1382; la règle est la même pour tous les successeurs irréguliers : enfants naturels, père, mère, sœur, frère d'enfant naturel, époux survivant et l'État.

L'article 772 porte, du reste « *pourront être condamnées* », ce qui signifie que la condamnation n'aura lieu que dans le cas où l'omission des formalités prescrites aura été, pour les parties, la source d'un préjudice; une fois le dommage apprécié et constaté, le juge doit prononcer la condamnation.

L'omission de chacune de ces formalités peut, en effet, entraîner un préjudice assez considérable pour les ayants-droit.

Le successeur irrégulier s'est mis en possession sans apposition de scellés, sans inventaire, que va-t-il arriver? Ceux qui agiront en pétition d'hérédité pourront prouver la consistance du mobilier par tout mode de preuve, même par commune renommée. Cette preuve sera faite aux frais du successeur qui s'est mis en possession. C'est sa faute, le juge, du reste, pourrait ordonner cette enquête à titre de dommages et intérêts.

Il n'a pas fait d'emploi, il n'a pas donné de caution. Dans ce cas, on s'explique difficilement l'utilité d'une condamnation à des dommages-intérêts, car, de deux choses l'une, ou le successeur irrégulier sera solvable et les réclamants obtiendront tout ce à quoi ils ont droit, et il n'y aura pas lieu à dommages et intérêts, parce qu'il ne paraît pas y avoir de préjudice; ou il est insolvable, et, dans ce cas, à quoi pourra servir une condamnation à des dommages et intérêts? Ne pouvant obtenir le principal, on n'aura point les accessoires. Elle ne peut se comprendre que dans le cas où le débiteur est solvable, car alors elle sera la représentation du préjudice que pourraient causer les difficultés et les retards dans le recouvrement. Pourtant, même au cas d'insolvabilité, elle a encore sa raison d'être; ce sera une créance susceptible de recouvrements peut-être, si le débiteur revient à meilleure fortune.

Enfin, le successeur n'a pas fait faire les affiches et les pu-

blications ; cet oubli a peut-être empêché les héritiers plus
proches de connaître l'ouverture de la succession. Ils n'ont
donc pu ni réclamer, ni posséder : il en est résulté pour eux
une perte de jouissance et de fruits. En conséquence, l'article 772 sera applicable, et le juge prononcera en ces circonstances une condamnation à des dommages et intérêts.

## CHAPITRE IV.

### De la saisine dans les transmissions de patrimoine qui s'opère par la volonté de l'homme.

Le Code n'a suivi sur ce point ni le système des Coutumes,
ni celui du Droit écrit. Il opère entre les principes différents
de cette double législation une sorte de transaction qui fera
naître en pratique de nombreuses difficultés. Tout en refusant, conformément au Droit coutumier, le titre et la qualité
d'héritier aux successeurs institués par testament, tout en
ne reconnaisssant pas les legs, il accorde dans certains cas,
aux légataires universels, la saisine de l'héritier testamentaire du Droit écrit. Les articles 1004 et 1006 du Code civil
traitent cette matière.

Il ressort clairement de ces deux dispositions que le fait
auquel la loi s'attache pour attribuer la saisine, est l'existence ou l'absence d'héritiers réservataires. Pour justifier
cette distinction, les rédacteurs du Code civil, dans les travaux préparatoires, ont invoqué la nécessité d'assurer la
réserve. C'est pour permettre au réservataire de constater l'état de la succession et empêcher le légataire universel de dissimuler la situation véritable et de détourner les
biens, qu'on ne lui permet pas de se mettre en possession
de sa propre autorité.

Je crois que l'avantage qu'accorde l'article 1004 repose

sur une raison plus générale encore. L'esprit du Code, en cette matière, est d'assurer la prééminence aux héritiers du sang ; c'est seulement dans le cas où l'existence du testament les prive de la totalité du patrimoine, que le législateur se décide à leur refuser la saisine, et il suffit qu'un parent légitime puisse concourir avec un légataire pour qu'il lui soit préféré et qu'il soit saisi de toute la succession. C'est ce qui arrive lorsque le testateur n'a institué que des légataires à titre universel.

Etant donné ces principes, nous allons passer en revue quelques hypothèses spéciales.

Le testateur ne laisse de réservataires que dans une seule ligne. Il a pour héritier, par exemple, un cousin maternel et un ascendant paternel ; le légataire universel n'aura pas la saisine qui sera attribuée pour le tout à l'ascendant.

M. Marcadé, dans sa théorie sur l'article 1004, proposait de faire une application cumulative des deux articles 1004 et 1006, si bien que le légataire universel ne devrait demander la délivrance que pour le quart qu'il enlève à la ligne paternelle. Mais je ne crois pas pouvoir me ranger à cette expression, car ce serait aller directement contre les motifs de la loi et contre le texte. Quels sont-ils, en effet ? Garantir l'intégrité de la réserve. Elle ne le serait plus du moment où le légataire pourrait, pour une portion quelconque, s'immiscer dans les biens de la succession sans le consentement de l'ascendant. Certainement, dans ce cas particulier, la saisine de l'ascendant comprendra des biens auxquels elle ne serait point étendue, sans la présence du testament ; mais on ne peut point dire qu'il y ait là rien de contraire aux principes. L'article 755 ne déclare-t-il pas, de la façon la plus formelle, que si les parents d'une ligne ne viennent pas à la succession pour une cause quelconque, la saisine entière appartient aux héritiers de l'autre ligne. Donc, nous appliquerons dans notre espèce les dispositions de l'article 1004.

Mais cet article ne prévoit que le cas où il s'agit d'un réservataire héritier légitime, auquel il conserve la saisine que lui accordent les principes du Droit commun.

Que décider, si le légataire universel se trouve en concours avec un enfant naturel reconnu, et des parents non réservataires? Sera-t-il saisi, ou, au contraire, devra-t-il demander à ce dernier la délivrance de son legs ? La question pourrait donner lieu à controverse, car on s'accorde à reconnaître à l'enfant naturel un droit à une réserve. Toutefois, je crois que c'est ici le lieu d'appliquer l'article 1006, car l'enfant naturel n'est pas héritier aux yeux de la loi, et il n'est point saisi. Il devra demander, en conséquence, la délivrance de sa réserve, dont il n'a pas la saisine de plein droit, au légataire universel.

Enfin, le légataire universel se trouve en présence de frères et sœurs et d'un aïeul? Aura-t-il la saisine ? On pourra résoudre cette question d'une manière différente, suivant que l'on admettra que, dans notre hypothèse, l'ascendant a ou n'a pas droit à la réserve; car, dans le premier cas on appliquera l'article 1004, tandis que ce sera l'article 1006 dans le second.

Les auteurs sont partagés sur cette question, et ont présenté trois systèmes que nous allons examiner; mais tout d'abord, pour faciliter leur intelligence, nous devrons poser ces deux principes que la question suppose admis :

1º La réserve est une portion de la succession *ab intestat* que la loi met à l'abri des libéralités du défunt; il faut, pour y prétendre, n'avoir point seulement la qualité de parent, mais celle d'héritier ; 2º Il n'est pas nécessaire que l'ascendant, au jour du décès, occupe le premier degré ; de quelque manière qu'il vienne à la succession, du moment qu'il est héritier, il doit être réservataire.

Cette seconde proposition est vivement contestée. Je le sais, MM. Aubry et Rau, tome v, pages 540 et suivantes, décident d'une façon générale que la réserve ne doit s'apprécier qu'en tenant compte de la qualité des héritiers du premier

degré; et quand bien même l'hérédité viendrait à être dévolue à l'ascendant, dans un cas donné, s'il était précédé par
des frères et sœurs, il ne saurait avoir en cette circonstance
des droits plus élevés que ces derniers. Je ne discuterai point
ce système, qui n'appartient pas à mon sujet, et où la présence de l'ascendant ne saurait être un obstacle à la saisine de l'article 1006, puisqu'alors même qu'il n'y aurait pas
de légataire universel, l'ascendant ne pourrait avoir de réserve en présence des frères et sœurs.

Je me demande seulement, en me rangeant à l'opinion
généralement suivie, à savoir que l'ascendant est toujours
réservataire quand il est héritier, si, dans l'espèce précédemment posée, il est susceptible d'arriver à la succession ?
Trois opinions se trouvent en présence. La première refuse
toujours la réserve à l'ascendant.

D'abord, les partisans de ce système dénient aux frères
et sœurs tout droit à la renonciation, se fondant sur ceci que
la renonciation est possible dans le cas où l'on est appelé à
une succession, mais dans ce cas seul. Or, les frères et
sœurs n'ont ici aucune vocation à une hérédité déjà déférée
à un légataire universel. En vain objectera-t-on, pour échapper à cet argument, que le frère exclu par un légataire universel conserve le droit d'attaquer le testament, et que, par
suite, ce droit serait suffisant pour servir d'objet à la renonciation et lui faire produire ses effets ordinaires.

Ce serait exagérer singulièrement les choses que de
mettre sur la même ligne le droit héréditaire avec l'action
en nullité du testament, alors que l'un ne peut sortir que du
succès de l'autre; aussi, tant que le testament ne sera pas
annulé en justice, la renonciation à une succession à laquelle ils ne sont pas appelés n'aura pas sa raison d'être.
Certainement, le frère pourra renoncer au droit d'attaquer
le testament, mais il ne saurait ouvrir par là à l'ascendant
une succession qui ne lui était pas déférée; tout au plus
pourrait-il transmettre, par cette voie, l'action en nullité

qu'il a répudiée. En conséquence, puisque l'ascendant n'est point héritier au jour du décès, puisqu'il ne saurait arriver plus tard à la succession, la réserve ne peut exister en sa faveur.

Une seconde opinion accorde, dans tous les cas, la réserve à l'ascendant, sans s'inquiéter de l'attitude des frères et sœurs. Comme dans le précédent système, les auteurs qui défendent cette théorie reconnaissent que la renonciation émanée de ces personnes ne peut produire aucun effet à l'égard de l'ascendant. Ces droits, il les tient de la loi, qui, en principe, lui accorde la réserve : dans l'hypothèse où les frères et sœurs n'arrivent point à la succession, quel qu'en soit le motif, du moment où cette classe d'héritiers ne peut réclamer l'hérédité, en est exclue, son tour est arrivé.

Je n'accepterai pas ce système, car si je m'explique très-bien en thèse générale qu'en cas de renonciation ou d'ingnité du frère ou de la sœur, la saisine passe à l'ascendant avec la succession, puisqu'elle ne peut appartenir qu'à un héritier légitime, je ne crois pas que, dans notre hypothèse, il résulte nécessairement de ce fait que la saisine est enlevée au frère, une attribution de ce droit à l'ascendant, alors surtout que la question se réduit précisément à savoir qui de lui ou du légataire universel doit en être investi.

Enfin, les partisans de ce système invoquent encore l'esprit de la loi et les motifs qui, selon eux, ont guidé le législateur.

Par sa nature même, la réserve doit être accordée d'une manière absolue et définitive; elle doit exister dans tous les cas et vis-à-vis de tous. Aussi, le législateur, en faisant cesser la réserve de l'ascendant en faveur des frères et sœurs, exige que la succession leur soit effectivement acquise. C'est une exception unique, basée sur les intentions présumées de l'ascendant. Le législateur a pensé qu'il préférait ses enfants à lui-même, et qu'il leur abandonnait les biens qui pouvaient leur venir de la succession de leurs frères ou sœurs décédés. Ce motif, qui ne sera plus exact dans le cas où les frères et sœurs ne sont point les enfants de l'ascendant, n'en légitime pas moins le système que nous avons présenté. La loi a donc voulu sacrifier à l'intérêt des frères et sœurs l'avantage de l'ascendant, mais il faut que cet intérêt existe, il faut qu'ils succèdent, sinon les raisons qui ont fait attribuer à l'ascendant sa réserve reprennent leur empire, même vis-à-vis du légataire universel.

Ces raisons ne s'appuient sur aucun texte, et je me range définitivement au troisième système, qui a été admis par les derniers arrêts de la Cour de cassation.

Cette opinion enseigne que l'ascendant n'a droit à la réserve que si les frères et sœurs renoncent à la succession. La présence des frères et sœurs est le seul obstacle à la réserve de l'ascendant, puisqu'elle l'exclut de l'hérédité. Il suffit donc que cet obstacle disparaisse, pour que l'ascendant puisse arriver à la succession. Or, comment obtenir ce résultat? Par une renonciation émanée des frères et sœurs. Si elle a lieu, l'ascendant sera présumé avoir toujours été héritier et saisi du jour du décès du testateur; dans le cas contraire, la saisine appartiendra au légataire.

J'adopte ce système. Je sais bien qu'il ne donne aux principes qu'une satisfaction plutôt apparente que réelle; je sais qu'il peut créer une situation dangereuse, et que l'on a soutenu que cette renonciation faite par les frères et sœurs à une succession qui ne s'est pas ouverte à leur profit, était une simple formalité, une sorte de simulacre dénué de toute valeur puisqu'elle n'a pas d'objet.

Je crois, malgré l'opinion soutenue par les partisans du premier système, qu'il n'est pas exact de prétendre, dans l'espèce, que les frères et sœurs n'aient aucun titre à la succession *ab intestat*. Leur titre n'est pas effacé, bien qu'il n'en aient plus le bénéfice.

Ils peuvent toujours attaquer le testament pour cause de

captation ou de nullité; et je crois que ce droit éventuel de ressaisir la succession, dans le cas où le legs universel viendrait à disparaître, peut servir d'objet à une acceptation ou une renonciation valable.

En second lieu, faire dépendre la réserve de l'ascendant de la renonciation des frères et sœurs, ce serait ouvrir la porte, a-t-on dit, à des spéculations peu morales. Tout sera livré à leur caprice ou à leur avidité. Ils chercheront évidemment à profiter de l'intérêt opposé des deux adversaires, et, suivant le prix que l'on mettra à leur renonciation ou à leur silence, ils se décideront à prendre l'un des deux partis. Dans la plupart des cas, la réserve de l'ascendant sera sacrifiée, sans qu'il puisse se plaindre de cette sorte d'enchères; car il ne peut invoquer ni l'article 1167, ni l'article 1382. La faculté de renoncer ne peut entraîner aucune responsabilité de la part de celui qui l'exerce ou omet de l'exercer.

Cela est bizarre, c'est possible; mais n'avons-nous pas vu, au titre des *Successions*, la loi préférer les frères et sœurs aux aïeuls et aïeules? alors qu'ici, au titre des *Donations*, elle accorde à ces dernières personnes une réserve qu'elle refuse aux premières? Nous n'en persistons donc pas moins dans notre opinion, qui paraît être celle de la Cour suprême. Elle a été consacrée, en effet, dans deux arrêts récents. (Sirey, 63, 1, 190, 21 février 1863; 22 mars 1869. Sirey, 1870, 1, 9.)

Nous revenons à la saisine du légataire universel vis-à-vis des tiers; il produit les mêmes effets que celle de l'héritier légitime.

Il s'est élevé une controverse sur le point de savoir si le légataire universel était tenu *ultra vires* des dettes de la succession?

Pour le légataire à titre universel, je ne crois pas que la question puisse offrir de difficultés. L'ancien Droit, en effet, n'a jamais considéré les légataires que comme des successeurs aux biens, et rien ne vient prouver que le Code ait voulu apporter quelques modifications à cette théorie. Bien au contraire, si l'on rapproche de la disposition de l'article 1002 la proposition qui avait été présentée par le Tribunat lors de la rédaction du Code civil, on arrivera à cette conclusion, que le législateur a entendu consacrer la doctrine coutumière et suivre l'ancien principe, que les héritiers du sang sont seuls continuateurs de la personne. L'article 1002 reproduit dans une certaine mesure la teneur de l'article 299 de la *Coutume de Paris*, en décidant « que l'institution d'héritier qui aura lieu en fait, produit son effet suivant les règles ci-après établies pour les *legs* ». Le Tribunat demandait la rédaction d'un article ainsi conçu :

« On annoncerait bien précisément qu'il n'y aura désormais aucune différence entre la dénomination d'héritier et celle de légataire, et que tous les effets attachés par les lois romaines au titre d'héritier sont entièrement détruits ».

Je sais bien que l'on peut objecter qu'en somme, l'article 1002 ne contient qu'un renvoi, et que, dans les règles qui suivraient, le Code aurait fort bien pu édicter l'obligation *ultra vires* en matière de legs. Mais la seule disposition que puissent invoquer nos adversaires est l'article 1009, qui ordonne que le légataire soit tenu personnellement pour sa part et portion, et hypothécairement pour le tout. On essaie de soutenir, en s'étayant sur l'article 2092, que ce mot *personnellement* signifie d'une manière indéfinie. Mais je crois que, dans notre article, le sens de ce terme est tout autre. Il est là en opposition avec le mot *hypothécairement*, et n'exprime que la façon dont la loi entend que l'obligation soit exécutée; c'est-à-dire, le légataire pourra être poursuivi hypothécairement pour le tout, sauf son recours, et personnellement pour sa part et portion.

Quant au montant de cette portion, elle est réglée par les articles 870 et 871 du Code civil.

Donc, le légataire à titre universel n'est pas la continuateur de la personne et ne peut être tenu des dettes *ultra vires*.

Mais déciderons-nous de même vis-à-vis des légataires qui ont la saisine?

La négative a été vivement soutenue. Voilà les arguments que présentent les partisans de ce système : L'article 724 a réuni, à tort ou à raison, les deux idées de saisine et d'obligation aux dettes *ultra vires ;* la seconde est la condition de la première. Or, puisqu'on admet que la saisine de l'article 1006 est la même que celle de l'article 724, elle doit entraîner aussi l'obligation *ultra vires*, pour être logique.

Du reste, on sera pénétré de la véracité de cette assertion si l'on songe que l'article 1006 n'a été qu'une satisfaction accordée à l'élément du Droit écrit, fortement représenté au sein même du Conseil d'Etat. Si les partisans du Droit coutumier firent triompher leur système d'une façon générale dans l'article 1002, leurs adversaires l'emportèrent à leur tour en faisant admettre la distinction des articles 1004 et 1006; c'était une transaction entre les deux systèmes, et le légataire universel est un véritable continuateur de la personne comme l'ancien héritier testamentaire du Droit écrit. Enfin, puisque la succession *ab intestat* n'est pas ouverte, il est de l'intérêt des créanciers de pouvoir exercer leurs actions contre un représentant de la personne du défunt, tenu de ses obligations avec toute leur étendue primitive ; et, en l'absence des parents légitimes, c'est le légataire, saisi en leur lieu et place, qui doit supporter tout le poids des charges héréditaires.

Je ne crois pas ce système exact. D'abord, l'article 724 a surtout pour but d'éviter toute interruption dans l'exercice des actions des créanciers, je sais bien que les rédacteurs du Code semblent rattacher à la saisine l'obligation de payer indéfiniment les dettes, mais nous avons remarqué déjà bien souvent que si l'héritier est tenu *ultra vires*, cela tient à sa qualité de continuateur de la personne. En présence de cette explication, le principal argument de nos adversaires se trouve réfuté pour l'héritier, car, si la saisine de l'article 724 n'est pas véritablement la cause efficiente de l'obligation aux dettes *ultra vires*, la saisine de l'article 1006 ne le sera point davantage pour le légataire universel. En second lieu, les travaux préparatoires et leurs discussions, invoquées par les partisans de l'opinion adverse, ne leur sont guère plus favorables. S'il y est fort souvent question d'héritiers institués, ce n'est le plus souvent que la manifestation d'une opinion individuelle, incapable de prévaloir contre le langage du Code, qui n'emploie jamais que la dénomination de léga-taire, en réservant le titre d'héritier pour les continuateurs de la personne seule.

Ce qui ressort clairement de la discussion de l'article 1006, c'est que les rédacteurs du Code n'ont songé qu'à dispenser, dans ce cas, le légataire universel de la demande en déli-vrance, tandis qu'ils l'y soumettaient, dans l'hypothèse de l'article 1004, pour maintenir intacts les droits des réserva-taires. Si l'on cherche une autre explication à la saisine de l'article 1006, et si l'on établit une distinction entre l'arti-cle 1004 et l'article 1006, au point de vue des droits et des obligations qu'établit entre eux l'autre système, on arrivera à des conséquences inexplicables, car il est difficile de com-prendre que, dans le cas de l'article 1004, la nature de l'obliga-tion du légataire dépendra du parti que va prendre le réserva-taire, et variera suivant son acceptation ou sa renonciation.

Je conclurai pour les legs comme pour les dettes, le léga-taire universel n'est pas tenu *ultra vires*.

Pour terminer ce qui nous reste à dire sur les légataires universels, nous devons expliquer l'article 1008, qui semble-rait, au premier abord, ajouter une seconde condition à la saisine de l'article 1006. Le légataire universel, pour en être investi, devrait être institué par un testament public. Cet article décide, en effet, que dans le cas où le testament est olographe ou mystique, le légataire universel sera tenu de

se faire envoyer en possession par une ordonnance présiden-
tielle.

Mais toutes ces formalités, prévues par les articles 1001 et
1008, sont des mesures d'ordre public complètement étran-
gères au fond.

Tandis que le testament public a par lui-même un caractère d'authenticité qui le rend exécutoire, le testament olographe ou mystique a moins d'autorité et est soumis par la
loi à une vérification sommaire. Le président, en s'assurant
de sa validité, lui donne une sorte d'exequatur, mais ce n'est
pas son ordonnance qui confère la saisine. Elle n'est pas
rendue contradictoirement avec les héritiers, mais sur simple
requête. Ainsi donc, les formalités de l'article 1008 ne sont
pas modificatives du fonds du Droit; le légataire universel est
saisi par la loi elle-même. Je dois ajouter, au contraire,
qu'en présence d'héritiers réservataires, le légataire universel, et, dans tous les cas, les légataires à titre universel
ou particulier, doivent demander délivrance soit à l'héritier,
soit au légataire universel saisi, soit au curateur à succession
vacante.

Avant de terminer ce chapitre, je crois devoir dire un mot
de certaines dispositions entre vifs de l'universalité, ou
d'une quote-part de l'universalité des patrimoines, permise
en faveur du mariage (1082, 1083).

Ces dispositions ont la plus grande analogie avec les institutions contractuelles de l'ancien Droit; elles produisent leur
effet au jour du décès et confèrent le droit de prendre part
à la succession.

Ces donataires auront-ils la saisine? Cette question offre
des difficultés. Une première opinion consiste à traiter ces
donataires suivant les traditions du Droit coutumier, et à leur
donner la saisine dans tous les cas, comme aux institués
contractuels, en se fondant sur l'universalité de leur titre.

Je crois cette décision trop catégorique; car le Code se
garde bien de qualifier les donataires de biens à venir d'hé-

ritiers institués, et c'est précisément ce point, cette considération, qui détruit en cette circonstance la solution de
l'ancien Droit. Le principe n'ayant point trouvé sa place dans
le Code, il serait illogique d'y admettre ses conséquences.

D'autres auteurs ont pensé que le donateur n'aura jamais
la saisine, alors même qu'il recueillerait la totalité de la succession. Le Code, en effet, n'accorde la saisine qu'aux héritiers légitimes, comme une faveur exclusive. S'il a bien voulu
l'étendre dans l'article 1006 au cas du légataire universel,
c'est là une exception dont nous ne saurions nous autoriser
pour agir de même vis-à-vis le donataire de biens à venir.

Je n'admets pas ce système. Que les rédacteurs du Code
n'aient pas voulu faire aux donataires une situation aussi
belle que dans l'ancien Droit; qu'ils ne les regardent pas
comme de véritables héritiers, j'en conviens; mais ce que
je ne puis admettre, c'est qu'ils aient eu l'intention de traiter
plus défavorablement que les légataires des gens qui se
trouvaient jadis dans une situation supérieure. Aussi, je crois
qu'on doit faire une assimilation complète entre ces deux
classes de personnes; et, malgré le silence de la loi, considérant que le droit des donataires a plus de stabilité que
celui des légataires, je n'hésite pas à leur donner la saisine
lorsqu'ils seront dans l'hypothèse de l'article 1006.

On a essayé de tourner la difficulté en accordant aux donataires le droit de se mettre en possession sans pourtant
leur donner la saisine.

On a fait le raisonnement suivant en se basant sur les articles 711, 938 et 1138 du Code civil. Les conventions entre
vifs, par le seul effet du consentement, transfèrent chez
nous la propriété avec la possession. Point n'est besoin de
tradition ni de délivrance. Sans doute, le donataire ne devient propriétaire qu'au décès du disposant, mais il l'est en
vertu du contrat. Pourquoi donc n'exercerait-il pas de son
chef tous les droits qui lui sont transmis en se fondant sur
l'article 1138?

. Cette manière de voir ne me semble pas fondée.

A quoi revient-elle, en effet? A accorder au donataire tous les avantages de la saisine, tout en la lui refusant nominalement. Mais là ne serait pas le plus grave défaut de cette théorie. Nous avons vu que le principal motif qui a engagé le législateur à refuser la saisine au légataire universel en concours avec un héritier légitime, c'est la crainte de le voir embrouiller la succession et porter atteinte à la réserve. Or, la situation n'est-elle pas la même vis-à-vis le donataire? Et si nous admettions cette idée que le donataire universel pourra, de sa propre autorité, se mettre en possession, ne devrions-nous pas aller jusqu'à dire qu'il aurait cette faculté alors même qu'il ne serait que donataire à titre universel, puisque son droit émane d'un contrat entre vifs, dans un cas comme dans l'autre.

Nous irions donc contre le vœu de la loi, et je persiste plus que jamais à assimiler les institués contractuels aux légataires en leur faisant l'application des articles 1004 et 1006, car je ne crois pas exacte cette idée, que la donation de biens à venir produise l'effet d'une transmission entre vifs.

Ce qu'elle confère, c'est un droit héréditaire véritable: elle donne au gratifié le droit qu'a tout autre successeur d'accepter ou de renoncer. Sans doute, elle transfère la propriété dès le jour même du décès, mais elle a cela de commun avec le testament. Puisqu'il y a tant de ressemblance entre ces deux dispositions, pourquoi ne pas les régir par des règles communes, en présence du silence de la loi?

Les substitués ont-ils la saisine, ou doivent-ils former contre la succession du grevé une demande en délivrance?

Dans l'ancien Droit, on décidait généralement que les substitués devaient demander la délivrance, et certains auteurs modernes soutiennent que, dans le silence du Code, il faut suivre les traditions anciennes, qui sont conformes aux principes de cette matière, et ils en tirent les conséquences suivantes : 1º C'est que les substitués n'ont droit aux fruits que du jour de cette demande ou du jour de la délivrance qui leur aurait été volontairement consentie ; 2º Qu'ils n'ont pas le droit, jusque-là, d'évincer les tiers acquéreurs, ni de poursuivre les débiteurs des créances substituées.

Nous n'adopterons pas ce système. Nous croyons, au contraire, que l'appelé devient propriétaire immédiat et qu'il est dispensé de toute demande en délivrance.

Nous remarquerons tout d'abord que notre Code n'a pas reproduit l'ancienne théorie, et qu'il décide dans l'article 1053, au contraire, que les droits des appelés seront ouverts au jour où cessera la substitution. Le grevé n'avait, en somme, qu'un droit résoluble sur les biens ; sa propriété et sa possession disparaissent avec lui, ils ne figurent plus à aucun titre dans sa succession. Or, si dès le jour de l'ouverture de la substitution, les appelés sont propriétaires des biens substitués, pourquoi ne jouiraient-ils pas des fruits aux termes de l'article 516, et surtout pourquoi les obliger à demander délivrance ?

De deux choses l'une : Ou c'est par donation entre vifs qu'a été faite la substitution ? Il serait extraordinaire d'imposer à l'appelé une demande en délivrance que le grevé n'a pas eu besoin de former contre le donateur.

Ou la substitution a pris naissance par suite d'une disposition testamentaire ? Or, pourquoi, dans ce cas, exiger de l'appelé plus que dans l'autre, qu'il adresse aux héritiers du grevé la demande en délivrance ?

Que le grevé ait été tenu de cette obligation vis-à-vis les héritiers du testateur, la chose est toute naturelle, car il fallait bien réclamer à ces derniers les biens qui formaient la substitution, et il n'y avait qu'un moyen : la demande en délivrance.

Mais dans la succession du grevé les choses ne se passent pas ainsi. Il ne s'agit plus ici des rapports de légataire à héritier, mais bien de légataire à légataire.

Et une fois la condition, à laquelle le second legs était subordonné, survenue, dans l'espèce le décès du grevé, l'appelé second légataire devient propriétaire immédiat, puisque rien ne s'oppose plus à l'exercice de son droit.

Je crois, en outre, la distinction apportée par quelques auteurs entre la substitution universelle et particulière parfaitement inexacte. Et je ne ferai point dans un cas l'application de l'article 1005, tandis que j'invoquerais dans l'autre l'article 1014. Mais je donnerai toujours à l'appelé la jouissances des fruits, du jour de l'ouverture de la substitution.

J'accorde donc la saisine à l'appelé, et le motif qui me détermine encore à accepter cette théorie, c'est que, dans le Code civil, les appelés sont toujours les descendants légitimes, et en conséquence les héritiers du grevé. S'ils acceptent la succession paternelle, leur qualité d'appelés se confondra avec leur qualité d'héritiers, ils auront donc la saisine de tous les biens sans distinction ; s'ils la répudient ou l'acceptent sous bénéfice d'inventaire, je déciderai de même ; autrement nous arriverons dans ces deux cas, au point de vue de l'acquisition du fruit, à des résultats défavorables ou inadmissibles.

Quel est le rôle de la saisine dans le partage d'ascendants ? Ce partage peut se faire par acte entre vifs ou testamentaire.

Nous n'avons à nous occuper que du partage opéré de la seconde manière.

Aujourd'hui, comme autrefois, le partage testamentaire n'est qu'un acte de distribution qui laisse subsister la vocation héréditaire des enfants ou descendants. Le père de famille, en partageant entre ses enfants son patrimoine par un acte qui ne recevra son exécution qu'après sa mort, divise sa succession entre ses héritiers, car les intéressés auront déjà ce titre au moment où le partage recevra son exécution. Il ne modifie point la dévolution légale de sa succession, qui s'accomplit toujours en vertu de la loi, il n'en modifié que le partage; il n'attribue pas, il distribue ses biens. Ce ne sont pas des legs, comme on le soutient quelquefois, que fait le père à ses enfants. Non, redoutant de voir la discorde se glisser après sa mort dans sa famille, craignant les querelles et les débats judiciaires, il prend lui-même l'office du juge et désigne à l'avance la composition de la part que doit recueillir chacun de ses héritiers. C'est donc en cette qualité, en qualité d'héritiers légitimes, que les descendants viendront à cette succession que la prévoyance paternelle a divisée.

Ils auront la saisine; seulement, au lieu d'embrasser la totalité du patrimoine, elle sera simplement réduite aux objets compris dans le lot de chaque héritier.

Mais, dira-t-on, ce partage n'est pas, à véritablement parler, un acte de distribution, puisqu'il est loisible au père de famille de faire, jusque dans une certaine limite, des avantages à certains de ses héritiers. Nous répondrons qu'il est bien difficile d'obtenir dans les partages une exactitude mathématique et absolue, et que la loi ne tient aucun compte de la valeur un peu plus considérable d'une des parts, tant qu'elle ne dépasse pas les limites permises.

Les auteurs qui regardent les copartagés comme des légataires et non pas des héritiers, font cette objection : La meilleure preuve que les enfants n'arrivent à la succession qu'à titre de légataires, c'est que l'ascendant, en assignant à ses héritiers une part quelconque, a fait un acte attributif et porté atteinte à la nature des droits de l'enfant : d'indivis qu'ils devaient être à l'ouverture de la succession, ils sont devenus spéciaux et déterminés.

Je crois qu'il ne faut pas attacher une grande importance à ce raisonnement.

Si, en règle générale, les héritiers sont saisis d'une façon indivise à la mort de leur auteur, il ne faut voir dans ce fait qu'une nécessité momentanée, un résultat fatal auquel on ne peut se soustraire. Mais une fois le partage effectué, ils sont censés n'avoir jamais hérité que des objets compris dans leur lot, n'avoir jamais été propriétaires que de la part que le sort leur a attribuée.

Or, qu'a fait l'ascendant? Il a anticipé sur les événements, soit; mais de là à modifier la nature même des droits de ses héritiers, il y a loin. En somme, il a agi comme un bon père de famille, il a usé de prévoyance en fixant lui-même, pour le jour de son décès, la portion que le partage aurait donnée à ses héritiers, quelques mois plus tard sans doute.

C'était, du reste, un principe généralement admis dans nos anciennes Coutumes, que les enfants arrivaient à la succession de leur ascendant, quand il avait fait un partage testamentaire, en qualité d'héritiers et non de légataires, à moins qu'il n'eût légué à tous leur part réciproque à titre de préciput, et encore fallait-il que son intention de procéder ainsi fût clairement manifestée.

Nous suivrons aujourd'hui la voie qui nous a été tracée par notre ancienne jurisprudence.

### Des exécuteurs testamentaires.

Je ne parlerai que pour mémoire de la saisine de l'exécuteur testamentaire. Le Code civil n'a fait que reproduire en grande partie dans cette matière ce qui était déjà la règle en Droit coutumier. C'est un mandataire imposé aux héritiers par le défunt, qui redoute que son testament et ses dernières volontés ne soient pas exécutés avec assez de diligence.

Sous l'empire de la Coutume, l'exécuteur testamentaire acquérait de plein droit la saisine des meubles; suivant quelques autres, des meubles et des immeubles.

Dans le Code civil, c'est le testateur qui l'accorde d'une façon expresse, et elle ne peut jamais frapper que sur le mobilier.

Quoique saisi, l'exécuteur n'acquiert point une véritable possession, et sa saisine n'a rien d'incompatible avec celle des héritiers de l'article 724. S'il détient les biens, c'est simplement à titre de dépôt et de sequestre ; il possède pour le compte de l'héritier.

La durée de cette saisine est aussi rigoureusement déterminée par la loi. Elle ne peut dépasser un an et un jour. C'est en vain qu'on a invoqué contre cette décision cet argument, en raisonnant *a fortiori* : Le défunt peut donner la propriété de ses meubles à son exécuteur testamentaire; il doit donc pouvoir en prolonger entre ses mains la possession pendant le temps qu'il jugera convenable. Qui peut le plus peut le moins.

Mais, ici, ce raisonnement n'est pas décisif; car si le legs de la propriété des meubles ne crée pas une situation dangereuse et anormale, la disposition par laquelle le testateur prolongerait pendant un temps assez long la saisine de ses exécuteurs testamentaires vis-à-vis des héritiers auxquels il aurait laissé la propriété, pourrait faire naître des conflits de nature à troubler l'ordre public.

Si la saisine ne peut être étendue au delà du mobilier, du moins elle peut le comprendre dans tous les cas. C'est à tort que l'on a soutenu qu'elle ne pourrait jamais porter sur la portion qui compose la réserve et échappe entièrement aux dispositions du testateur. Cette saisine, en effet, accordée à l'exécuteur, n'est pas une atteinte aux droits du réservataire, car sa possession s'exerce en même temps que celle de l'héritier et ne saurait lui préjudicier.

Du reste, la loi offre aux héritiers un moyen de faire cesser la saisine avant l'expiration de l'année, en remettant à l'exécuteur testamentaire une somme suffisante pour assurer le paiement des legs mobiliers (art. 1027).

La saisine, nous l'avons déjà remarqué, ne dure qu'une année, et ce délai court ordinairement du jour de l'ouverture de la succession, quand il n'est pas reculé par suite de l'impossibilité où l'exécuteur testamentaire peut se trouver de prendre immédiatement possession.

# POSITIONS

### DROIT ROMAIN.

1o La loi 86, § 1, *De hered instit.*, 28, 5, Dig., n'est pas en contradiction avec la loi 42, § 3, Dig., *De acquir, vel omitt hered.*, 29, 2.

2° La constitution de l'empereur Caracalla, mentionnée dans Ulpien, *Reg.*, tit. XVII, § 2, n'a pas aboli les priviléges des *patres* en matière de la *caducorum vindicatio*, elle n'a fait que substituer le trésor impérial (*fiscus*) au trésor du peuple (*œrarium*).

3° Uulpien, contrairement à l'opinion de la généralité des jurisconsultes romains, admettait qu'un legs pouvait être valablement subordonné par le testateur au pur bon vouloir d'un tiers.

4° Les héritiers siens ne sont pas possesseurs de plein droit.

### CODE CIVIL.

1° Les descendants de l'adopté ne peuvent pas succéder à l'adoptant.

2° Quels sont les droits de l'enfant naturel sur la succession des père et mère, lorsqu'il se trouve en concours avec des neveux et nièces? Il a droit aux trois quarts.

3° Les enfants qui, au décès de leur mère et par suite de leur minorité, passent sous la tutelle de leur père, doivent, sous peine d'encourir la déchéance prononcée par l'article 8 de la loi du 23 mars 1855, faire inscrire dans l'année qui suit la dissolution du mariage, l'hypothèque légale que leur mère leur a transmise.

4° Lorsque, parmi des héritiers venant à une succession par représentation, les uns acceptent, les autres renoncent, le rapport des libéralités faites au représenté est-il dû pour le tout? Oui. Par qui est-il dû? Par ceux qui acceptent.

## DROIT PÉNAL.

1° L'article 58 du Code pénal, modifié par la loi du 13 mai 1863, ne doit pas recevoir son application lorsque le condamné, poursuivi ultérieurement pour crime, ne peut être condanmé que pour des peines correctionnelles à raison de l'admision des circonstances atténuantes.

2° L'individu poursuivi devant les tribunaux, qui prend le nom d'une autre personne réellement existante, commet-il un faux? Oui.

## PROCÉDURE CIVILE.

1° Le défendeur étranger peut-il exiger la caution *judicatum solvi* du demandeur étranger? Non.

2° La déchéance résultant de l'expiration du délai d'appel est d'ordre public.

## DROIT ADMINISTRATIF.

1° L'article 17 de la loi du 3 mai 1841 sur l'expropriation a-t-il été abrogé par l'article 6 de la loi du 23 mai 1855? Non.

2° Un ministre du culte ne peut pas être poursuivi devant les tribunaux répressifs, à raison des faits délictueux commis dans l'exercice de ses fonctions, sans avoir été préalablement déféré au Conseil d'Etat pour abus.

## DROIT COMMERCIAL ET MARITIME.

1° L'assureur auquel l'assuré a fait le délaissement d'un navire naufragé à la suite d'un abordage, a contre l'auteur de cet évènement, une action directe et personnelle fondée sur l'article 1382.

2° La fin de non-recevoir édictée par les articles 435 et 436 du Code de commerce s'applique-t-elle au cas de perte totale du navire abordé aussi bien qu'au cas d'avaries partielles?

Les articles 435 et 436 ne règlent que le cas d'avaries partielles.

## DROIT COMMERCIAL.

1° Quelles sont les opérations de bourse prohibées par la loi?

2° Un Tribunal de répression peut-il accessoirement à une prévention ou à une accusation de banqueroute, statuer lui-même sur l'existence de la faillite? Non.

Vu par le Président de la Thèse :

P. DELOYNES,

Vu par le Doyen de la Faculté :

A. COURAUD.

Vu et permis d'imprimer :

*Le Recteur,*

J. M. SEGUIN.

# TABLE DES MATIÈRES

## DROIT ROMAIN.

### DES DIFFÉRENTES CLASSES D'HÉRITIERS.

## DROIT FRANÇAIS.

### DE LA SAISINE HÉRÉDITAIRE.

## CODE CIVIL.

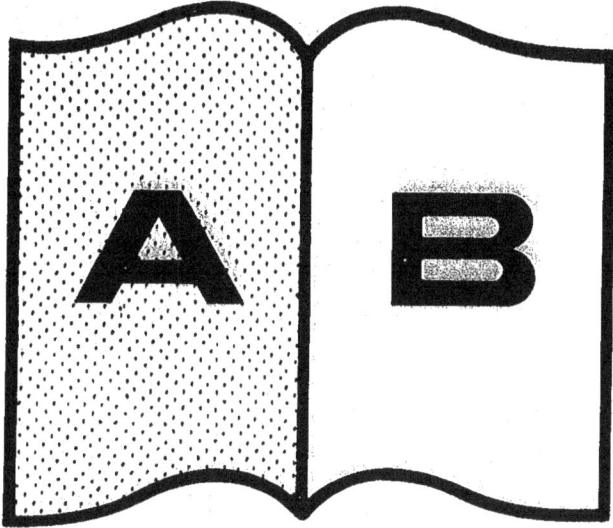

Contraste insuffisant

**NF Z 43**-120-14

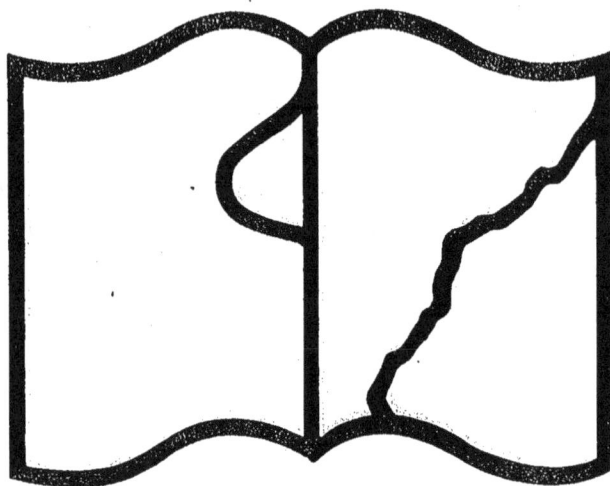

Texte détérioré — reliure défectueuse

**NF Z 43**-120-11